李哲 著

中国与日本的比较

信息化

教育

EDUCATION INFORMATIZATION

Comparison
between
China and Japan

社会科学文献出版社
SOCIAL SCIENCES ACADEMIC PRESS (CHINA)

日本作为世界第三大经济体，一直倡导科技立国，在新技术、新媒体发展上的投入不遗余力，尤其是在教育技术应用上有着比较明显的特点，以日本文部科学省、总务省等为主导的国家级项目在电子教科书、在线教育、学习分析等方面有着诸多实践和研究成果，而以大学和企业等为主导的研究也具有非常重要的实践和理论价值，在机器人教育、编程教育等方面进行了诸多课程实践研究活动。随着信息技术的快速普及和更新迭代，关于日本教育技术学领域的研究也与时俱进，相关学术团体纷纷成立，以日本教育工学会为代表的研究团体逐步建立了一套完整的研究实践体系。受历史和地缘等因素影响，中日两国的教育生态环境多有相似，20世纪八九十年代，日本教育技术学研究对中国产生了巨大影响，日本教育技术学研究者近藤勋等人带团在中国举办了五次教育技术学培训班，培养了大批教育技术人才。同时，日本诸多研究理论和著作也被大量翻译成中文，双方开展了非常多的国际研究合作和联合人才培养。这些成果都对中国的教育改革起到了一定推动作用，围绕着教育信息化、教育研究方法等领域，最近数十年中日两国之间频繁举办国际学术论坛，尤其是随着2017年中国教育技术协会与日本教育工学会签署合作框架协议，诸多研究成果得以进行深入的国际交流。这些研究成果来源于中日两国最优秀的教育技术研究者和一线教育工作者，结合这部分内容的分析将有利于掌握国际研究前沿动向，成为扩展新研究领域的重要参考。

中国自 2000 年后大力推动信息技术发展，进行产业转型，这也极大地推动了教育信息化的飞速发展。最近几年来，计算机教育、机器人教育、人工智能教育等都是热点话题。中国已经成为信息技术教育应用的全球前沿阵地，教育大数据的优秀应用案例层出不穷。鉴于中日两国之间的教育信息化发展具有诸多相同的历史发展轨迹，为明晰两国之间的差异，从对比分析中得到科学客观的经验教训和启示，本书将通过文献研究、案例分析、抽样分析等多样化的研究手段，对中日教育技术学的发展历程、研究方法、教学实践、研究热点等展开全面的论述。除参考两国的教育技术领域权威学术杂志、文献数据库、国家政策及公告、学科建设等内容外，还从学科建设、研究方法、系统研发、教学实践、课程研究、教育媒体、学习评价等多个维度梳理两国教育信息化建设的情况和发展趋势，尤其是针对研究前沿的新技术、新应用、新方法等进行综合分析，以期提出新的研究课题，进一步深化和扩展今后的研究内容。

本书具体结构如下。

第一章"中日教育信息化建设分析"：通过梳理中日两国教育信息化政策和实践的历史轨迹，总结两国在历史各阶段呈现的异同点，尤其是在国家战略层面、地区发展差异、教育改革等方面进行对比分析，为今后的对比研究提供一定的参考。

第二章"教育技术研究发展趋势分析"：围绕教育技术学研究的发展历程，具体分析信息技术发展背景、研究热点分布、研究方法变迁、科研课题分布、国际会议成果等内容，通过文献抽样调查研究等手段从多个维度对中日两国的科研发展情况展开立体化、综合性的国际对比分析。

第三章"人才培养与学科建设"：由于中日两国在教育体

制和法律法规等方面有着巨大差异，本书主要围绕日本高等教育中教育技术专业建设、中小学师资培养、人工智能专业建设方面展开讨论，特别分析了日本在近年少子高龄化快速发展、人口结构失衡的特殊情况下，如何通过教育解决人才培养的问题。

第四章"研究热点与专题分析"：本章抽选多个研究热点展开具体的专题分析，主要内容包括教育机器人现状、机器人辅助教育应用研究、教育大数据专题分析、游戏教育专题分析、特殊教育专题分析、虚拟教学空间、数字教材专题研究。这些内容均是近年来备受关注的研究热点，通过对这些内容的国际对比分析可以掌握主流研究动向和发展趋势，为今后开展深入研究指引方向。

第五章"在线教育与教育的多元化"：重点围绕基于在线教育的教学模式，重点突出远程在线教育在实际生活中的应用现状和问题点。2020年全球暴发新冠肺炎疫情，在校园被迫封闭的情况下，中日两国均大量使用了在线教育模式替代传统的教室面授模式。本章通过分析中日两国的实践应用案例和特点，总结其中的经验和教训，为今后教学和学习方式的变化提供深层次的思考。

本书的出版受到福建师范大学的资助，同时得到了来自清华大学、东北师范大学、中南财经政法大学、武汉大学、武汉理工大学、吉林大学、中国教育技术协会、人教数字出版有限公司以及日本教育工学会、美国教育信息技术协会、日本大阪大学、东京工业大学、神户大学等单位的专家学者和师生的大力支持与帮助，在此表示深深的谢意。

本书内容涉及信息技术学、教育技术学、教育学等学科的知识，适用于这些领域的研究人员、教学工作者和学习者作为教学或研究的参考资料。在分析与写作过程中，笔者力求兼顾学科知识的通俗表述与专业化分析之间的平衡，但由于水平有限，虽竭尽全力，书中难免有遗漏和不妥之处，敬请读者不吝赐教。

目 录

第一章　中日教育信息化建设分析

第一节　中国教育信息化建设

一　教育信息化政策变迁

19世纪中期，第二次工业革命极大促进了社会生产力的发展，推动了科学文化事业的繁荣，培养出一大批具有科学技术知识的人才，同时也提高了对教育的要求。19世纪末期，随着照相、幻灯、电影、无线电通信等技术的普及，这些科技成果逐渐被运用到教学实践当中，以受众规模大和直观可视化的特点打破了原有学徒制、小规模面授的传统教学模式，从而诞生了"视觉教育"和"视听教育"等概念。例如，1928年，柯达公司成立教学电影部，制作了一系列无声电影教学片提供给教学机构使用；同年，在南京成立的"中央广播电台"制作了一些科普类的无线广播教育节目；1930年，商务印书馆制作了《盲童教育》等电影，推动了出版业的影视多元化发展。

五四运动后，出于对封建思想的批判和科学教育的需要，当时的北洋政府也在教育中引入了新的教学工具，在各地采用各类多元化形式开展教学活动。1932年7月，在南京成立的"中国教育电影协会"开始使用电影、幻灯等形式开展视觉教育，后该协会成为国际教育电影协会会员。1934年起，金陵大学陆续拍摄了地理、文物、农业等相关教育电影，并开始进行宣传。1935年，江苏镇江民众教育馆将该馆的大会堂定名为"电化教学讲映场"，率先提出并采用"电化教学"这一概念。同年，大夏大学社会教育系开设"教育电影课"，开创了电化教育课程之先河。次年，江苏省立教育学院电影广播专修科开班，培养出一批中国最早的电教人才，也这是我国开设最早的电教专业。

1936 年，国民政府正式将"电影教育"和"播音教育"列为国策，成立"电影教育委员会"统管全国的电影教育工作，并行成立"播音教育委员会"主管广播教育工作，同时南京国民政府教育部委托金陵大学举办"教育部电化教育人员训练班"，在官方文件中首次采用了"电化教育"这一术语。此时在国外，尤其是在日本，主要采用的是"视听教育"等术语，为有别于国外的概念，对"电化教育"的主流定义是运用非教师面授的形式，采用幻灯、电影和广播进行教育传播的方式。1940 年，国民政府将"电影教育委员会"和"播音教育委员会"合并，成立"电化教育委员会"，同时在国民政府教育部社会教育司下设立"第三科"主管全国电化教育工作，通令全国各省市教育厅、局设立电化教育处，推广电化教育。

全面抗日战争时期，甘肃积极采用电影教育形式，将该省划分为 7 个电影巡回放映区，通过电影巡回放映的形式开展教育和宣传工作。解放战争至中华人民共和国成立初期，全国主要采用建立广播电台和电影放映队等形式播放教学讲座和教育节目，推广信息的传播。1945 年，国立社会教育学院建立电化教育系，成为我国最早的电化教育系部。20 世纪 50 年代至 60 年代中期，各地已陆续成立电化教育专门机构，部分电台定期播放广播教学课程，尤其是在外语教育中积极利用电化教育开展教学。1964 年，经中华人民共和国高等教育部批准，在上海外国语学院建造了我国第一栋电化教育大楼，极大地推动了电化教育的普及。

1978 年党的十一届三中全会后，教育部批准成立电化教育局

和中央电化教育馆，次年中央广播电视大学成立，后逐步建立了各级电化教育馆和广播电视大学。^①

1985 年 5 月 27 日颁布的《中共中央关于教育体制改革的决定》明确指出：必须从教育体制入手，有系统地进行改革，改革同社会主义现代化不相适应的教育思想、教育内容、教育方法；有步骤地实行九年制义务教育，制定义务教育法；建立一支有足够数量的、合格而稳定的师资队伍，对现有的教师进行认真的培训和考核；要为在职教师举办函授和广播电视讲座。^② 从此开启了利用函授和电视广播等各类形式开展教育信息化建设、师资培训和教学体制改革的序幕。

1988 年，国家教委发布《关于加强电化教育教材建设的意见》，开始进行系统化、科学化的电化教育教材工作改革，促进了广播电视教育的蓬勃发展。^③

1989 年，国家教委颁布《国家教育管理信息系统总体规划纲要》，并从 1993 年开始着手建立中国教育和科研计算机网（以下简称"中国教育科研网"）。

1993 年 3 月，《中国教育改革和发展纲要》公布，要求积极发展广播电视教育和学校电化教育，推广运用现代化教学手段，抓好教育卫生电视接收和播放网点的建设，到 20 世纪末，基本建成全国电教网络，覆盖大多数乡镇和边远地区。^④

1995 年，《中华人民共和国教育法》颁布，规定图书馆、博物馆、科技馆、文化馆、美术馆、体育馆（场）等社会公共文化体育设施以及历史文化古迹和革命纪念馆（地），应当对教师、学生实

①《教育史上的今天》，http：//www. moe. gov. cn/jyb_sjzl/moe_1695/tnull_38590. html。
②《中共中央关于教育体制改革的决定》，http：//www. moe. gov. cn/jyb_sjzl/moe_177/tnull_2482. html。
③《关于加强电化教育教材建设的意见》，https：//xuewen. cnki. net/R2006073170002666. html。
④《国务院关于〈中国教育改革和发展纲要〉的实施意见》，http：//www. moe. gov. cn/jyb_sjzl/moe_177/tnull_2483. html。

行优待，为受教育者接受教育提供便利；广播、电视台（站）应当开设教育节目，促进受教育者思想品德、文化和科学技术素质的提高。2015年修订后，提出要推进教育信息化，加快教育信息基础设施建设，利用信息技术促进优质教育资源普及共享，提高教育教学水平和教育管理水平；县级以上人民政府及其有关部门应当发展教育信息技术和其他现代化教学方式，有关行政部门应当优先安排、给予扶持；鼓励学校及其他教育机构推广运用现代化教学方式。① 基本以法规形式确定了"信息技术"教育应用的原则。

1998年12月，教育部制定《面向21世纪教育振兴行动计划》，指出信息技术的重要性，国家的综合国力和国际竞争能力将越来越取决于教育发展、科学技术和知识创新的水平，教育将始终处于优先发展的战略地位。实施"现代远程教育工程"，形成开放式教育网络，构建终身学习体系；以现有的中国教育和科研计算机网示范网和卫星视频传输系统为基础，进一步扩大中国教育和科研计算机网的传输容量和联网规模；建立全国大学生招生远程录取、计算机学籍管理、毕业生远程就业服务一体化的信息系统；继续发挥卫星电视教育在现代远程教育中的作用，改造现有广播电视教育传输网络，建设中央站，并与中国教育科研网进行高速连接，进行部分远程办学点的联网改造；到2000年，争取使全国农村绝大多数中小学都能收看教育电视节目，重点满足边远、海岛、深山、林牧等地区的教育需求；开发高质量教育软件，重点建设全国远程教育资源库和若干个教育软件开发生产基地；教育部对全国现代远程教育工作实行归口管理，负责组织制订全国"现代远程教育发展规划"并组织实施。② 这一计划基

---

① 《中华人民共和国教育法》，http：//www.moe.gov.cn/s78/A02/zfs__left/s5911/moe_619/201512/t20151228_226193.html。

② 《面向21世纪教育振兴行动计划》，http：//www.moe.gov.cn/jyb_sjzl/moe_177/tnull_2487.html。

本奠定了我国现代远程教育的标准，提出了教育领域中对信息技术和远程教育的详细要求，标志着我国教育信息化建设正式从"电化教育"变革为"现代远程教育"。

1999年6月，《中共中央国务院关于深化教育改革，全面推进素质教育的决定》中提出智育工作要转变教育观念，改革人才培养模式，积极实行启发式和讨论式教学，激发学生独立思考和创新的意识，切实提高教学质量；要让学生感受、理解知识产生和发展的过程，培养学生的科学精神和创新思维习惯，重视培养学生收集处理信息的能力、获取新知识的能力、分析和解决问题的能力、语言文字表达能力以及团结协作和社会活动的能力；大力提高教育技术手段的现代化水平和教育信息化程度，支持建设以中国教育科研网和卫星视频系统为基础的现代远程教育网络，加强经济实用型终端平台系统和校园网络或局域网络的建设，充分利用现有资源和各种音像手段，继续搞好多样化的电化教育和计算机辅助教学；在高中阶段的学校和有条件的初中、小学普及计算机操作和信息技术教育，使教育科研网络进入全部高等学校和骨干中等职业学校，逐步进入中小学；采取有效措施，大力开发优秀的教育教学软件；运用现代远程教育网络为社会成员提供终身学习的机会，为农村和边远地区提供适合当地需要的教育。[①]该文件正式提出信息处理能力成为素质教育中的重点之一，将教育信息化建设落实到远程教育、基础教育和社会教育等各个层面。

2000年10月，教育部主持召开了"全国中小学信息技术教育工作会议"，会议决定从次年开始、用五到十年的时间，在全国中小学普及信息技术教育，要求加快推进中小学信息技术课程

[①] 《中共中央国务院关于深化教育改革，全面推进素质教育的决定》，http://www.moe.gov.cn/jyb_sjzl/moe_177/tnull_2478.html。

建设、全面实施中小学"校校通"工程、加强中小学信息技术教育师资队伍建设、大力推进中小学普及信息技术教育工作。[①] 会议基本明确了 21 世纪初我国基础教育信息化的工作目标和具体任务，正式提出了在基础教育中普及信息技术教育，进一步强化师资和信息化建设的要求。

2001 年 7 月，《全国教育事业第十个五年计划》中要求积极推进教育改革，提高人才培养质量，大力发展终身教育，积极构建终身教育体系，高度重视信息技术对教育产生的革命性影响，大力推进教育信息化；指出我国中小学教师的学历层次和综合素质有待尽快提高，办学条件急需改善，教育手段现代化和信息化程度较低；从教育战略角度提出面向未来的挑战，努力在构建终身教育体系、教育手段现代化和教育信息化、鼓励和支持社会力量办学、发展高等职业技术教育等方面实现重大突破；提出到 2010 年各项教育、教学改革进一步深化，教育信息化达到较高水平，部分地区基本实现教育现代化，全国教育布局结构更加合理，基本建立全社会终身教育制度。值得一提的是，计划将教育信息化工程列入国家重点建设工程，以信息化带动教育现代化；重点支持并加快以中国教育科研网和卫星视频系统为基础的现代远程教育网络建设，建成一批网络学校。同时，完善高等学校的计算机网络建设，加快数字图书馆等公共服务体系建设，进一步改善高等教育的信息环境；提高初、中等学校的计算机配备水平，要求到 2005 年，全部高等学校、高中阶段学校和部分初中、小学均能连接国际互联网；普及九年义务教育的地区，每所中小学都应设立计算机教室，全国农村绝大多数中小学能够收看教育电视节目；推动各级各类学校普及计算机及网络知识教育，加强

---

① 《抓住机遇，加快发展，在中小学大力普及信息技术教育——在全国中小学信息技术教育工作会议上的报告》，http：//www.moe.gov.cn/s78/A06/jcys_left/zc_jyzb/s3332/201001/t20100128_82097.html。

各层次计算机软件人才的培养和培训；到 2005 年，全国初中及以上学校基本上均开设信息技术教育必修课；积极开发、共享教育信息资源，加强中小学信息技术课程与教材建设；加强对师范教育专业学生的信息技术教育，加强对中小学专任教师的计算机基础知识技能培训，建设一支适应教育信息化需要的师资队伍；推进各级各类学校充分利用现代信息技术，改进教学手段和方法，改进教育管理方式，提高教育教学及管理水平。① 这一计划确定了 21 世纪我国教育信息化的基本目标，将信息技术课程纳入基础教育必修课，同时推动了中小学校园信息化建设，促使学校加大对教师信息技术能力的培养，引入信息技术人才，进一步提升教育信息化建设的全国标准。

同年，教育部颁布《基础教育课程改革纲要（试行）》，规定在课程建设方面，小学至高中要设置综合实践活动并作为必修课程，内容主要包括：信息技术教育、研究性学习、社区服务与社会实践以及劳动与技术教育。强调学生通过实践，增强探究和创新意识，学习科学研究的方法，发展综合运用知识的能力；增进学校与社会的密切联系，培养学生的社会责任感；在课程的实施过程中，加强信息技术教育，培养学生利用信息技术的意识和能力。在教学方面，要求大力推进信息技术在教学过程中的普遍应用，促进信息技术与学科课程的整合，逐步实现教学内容的呈现方式、学生的学习方式、教师的教学方式和师生互动方式的变革，充分发挥信息技术的优势，为学生的学习和发展提供丰富多彩的教育环境和有力的学习工具，积极开发和利用信息化课程资源。②

---

① 《教育部关于印发〈全国教育事业第十个五年计划〉的通知》，http：//www.moe.gov.cn/jyb_xxgk/gk_gbgg/moe_0/moe_7/moe_17/tnull_210.html。
② 《教育部关于印发〈基础教育课程改革纲要（试行）〉的通知》，http：//www.moe.gov.cn/srcsite/A26/jcj_kcjcgh/200106/t20010608_167343.html。

2003 年 9 月，国务院召开全国农村教育工作会议，后经国务院批准，教育部、国家发展和改革委员会、财政部共同推行农村中小学现代远程教育工程。

2006 年，中国教育信息技术投资总规模为 304.8 亿元，其中硬件投资占 68%，中国教育科研网覆盖全国（不含港澳台地区）31 个省、市、自治区的 200 多座城市，联网的大学、教学机构和科研单位超过 1800 个，用户超过 2000 万人，各校进行课程互选、学分互认、资源共享。

2008 年，教育部启动《国家中长期教育改革和发展规划纲要（2010-2020 年）》研究制定工作，并于 2010 年正式发布。文件提出：需要加快教育信息化进程，充分发挥现代信息技术的作用，促进优质教学资源共享；加快教育信息基础设施建设，把教育信息化纳入国家信息化发展整体战略，超前部署教育信息网络，到 2020 年基本建成覆盖城乡各级各类学校的教育信息化体系，促进教育内容、教学手段和方法现代化；充分利用优质资源和先进技术，创新运行机制和管理模式，整合现有资源，构建先进、高效、实用的数字化教育基础设施；加快终端设施普及，推进数字化校园建设，实现多种方式接入互联网；重点加强农村学校信息基础建设，缩小城乡数字化差距。加快中国教育和科研计算机网、中国教育卫星宽带传输网升级换代。制定教育信息化基本标准，促进信息系统互联互通；加强优质教育资源开发与应用，加强网络教学资源体系建设，引进国际优质数字化教学资源，开发网络学习课程，建立数字图书馆和虚拟实验室，建立开放灵活的教育资源公共服务平台，促进优质教育资源普及共享；创新网络教学模式，开展高质量、高水平的远程学历教育；继续推进农村中小学远程教育，使农村和边远地区师生能够享受优质教育资源，强化信息技术应用，提高教师应用信息技术水平，更新教学观念、改进教学方法、提高教学效果，鼓励学生利用信息手段主动学习、自主学习，增强运用信息技术分析解决问题能力，加快全民信息技术普及和应用；构建国家教育管理信息系统，制定学校基础信息管理要求，加快学校管理信息化进程，促进学校管理标准化、规范化，推进政府教育管理信息化，积累基础资料，掌握总体状况，加强动态监测，提高管理效率。整合各级各类教育管理资源，搭建国家教育管理公共服务平台，为宏观决策提供科学依据，为公众提供公共教育信息，不断提高教育管理现代化水平。[①]

2012 年，《教育信息化十年发展规划（2011-2020 年）》进一步指出十年建设任务，包括：到 2020 年，全面完成《国家中长期教育改革和发展规划纲要（2010-2020 年）》所提出的教育信息化目标任务，形成与国家教育现代化发展目标相适应的教育信息化体系，基本建成人人可享有优质教育资源的信息化学习环境，基本形成学习型社会的信息化支撑服务体系，基本实现所有地区和各级各类学校宽带网络的全面覆盖，教育管理信息化水平显著提高，信息技术与教育融合发展的水平显著提升；教育信息化整体上接近国际先进水平；基本建成人人可享有优质教育资源的信息化学习环境，各级各类教育的数字资源日趋丰富并得到广泛共享，优质教育资源公共服务平台逐步建立，政府引导、多方参与、共建共享的资源建设机制不断完善，数字鸿沟显著缩小，人人可享有优质教育资源的信息化环境基本形成；基本形成学习型社会的信息化支撑服务体系，充分发挥政府、学校和社会力量的作用，面向全社会不同群体的学习需求建设便捷灵活和个性化的学习环境，终身学习和学习型社会的信息化支

---

① 《国家中长期教育改革和发展规划纲要（2010-2020 年）》，http://www.moe.gov.cn/jyb_xwfb/s6052/moe_838/201008/t20100802_93704.html。

撑服务体系基本形成；基本实现宽带网络的全面覆盖，充分依托公共通信资源，地面网络与卫星网络有机结合，超前部署覆盖城乡各级各类学校和教育机构的教育信息网络，实现校校通宽带、人人可接入；教育管理信息化水平显著提高，进一步整合和集成教育管理信息系统，建设覆盖全国所有地区和各级各类学校的教育管理信息体系，教育决策与社会服务水平显著提高，学校管理信息化应用广泛普及；信息技术与教育融合发展的水平显著提升，充分发挥现代信息技术独特优势，信息化环境下学生自主学习能力明显增强，教学方式与教育模式创新不断深入，信息化对教育变革的促进作用充分显现。[①] 该规划提出了科学体系化的建设目标，成为 2020 年以前教育信息化建设的主要依据。

随着中国产业结构调整升级，2015 年《中国制造 2025》公布，提出坚持"创新驱动、质量为先、绿色发展、结构优化、人才为本"的基本方针，要求到 2020 年基本实现工业化，制造业信息化水平大幅提升，制造业数字化、网络化、智能化取得明显进展；开展新一代信息技术与制造装备融合的集成创新和工程应用；支持"政产学研用"联合攻关，开发智能产品和自主可控的智能装置并实现产业化。[②] 此计划被认为是中国对新一代信息技术产业提出了人才需求和教研目标。

2016 年，教育部印发《教育信息化"十三五"规划》，提出到 2020 年基本建成"人人皆学、处处能学、时时可学"、与国家教育现代化发展目标相适应的教育信息化体系；基本实现教育信息化对学生全面发展的促进作用、对深化教育领域综合

---

① 《教育部关于印发〈教育信息化十年发展规划（2011－2020 年）〉的通知》，http://www.moe.gov.cn/srcsite/A16/s3342/201203/t20120313_133322.html。

② 《国务院关于印发〈中国制造 2025〉的通知》，http://www.gov.cn/zhengce/content/2015－05/19/content_9784.htm。

改革的支撑作用和对教育创新发展、均衡发展、优质发展的提升作用；基本形成具有国际先进水平、信息技术与教育融合创新发展的中国特色教育信息化发展路子。主要任务有：完成"三通工程"建设，全面提升教育信息化基础支撑能力；实现公共服务平台协同发展，大幅提升信息化服务教育教学与管理的能力；不断扩大优质教育资源覆盖面，优先提升教育信息化促进教育公平、提高教育质量的能力；加快探索数字教育资源服务供给模式，有效提升数字教育资源服务水平与能力；深化信息技术与教育教学的融合发展，从服务教育教学拓展为服务育人全过程；深入推进管理信息化，从服务教育管理拓展为全面提升教育治理能力；紧密结合国家战略需求，从服务教育自身拓展为服务国家经济社会发展。[①] 该规划紧密配合国家战略要求，从教育信息化落实角度，提出了以教育服务国家战略的具体方针，强调要重点提升教学信息化普及和应用水平，为今后我国教育信息化建设指明了方向。

同年，教育部在《2016 年教育信息化工作要点》中提出，要推进并完成国家教育资源公共服务体系建设，采取多种方式为教学应用提供服务，特别是为农村、边远、贫困、民族地区提供免费服务。[②]

二　信息化教育发展历程

我国的信息化教育发展萌芽于电化教育，经过多年发展，基本上形成了以视听教学工具为主的电化教育模式，到 1989 年《国家教育管理信息系统总体规划纲要》发布，电化教育转变为

---

① 《教育部关于印发〈教育信息化"十三五"规划〉的通知》，http：//www. moe. gov. cn/srcsite/A16/s3342/201606/t20160622_269367. html。

② 《教育部办公厅关于印发〈2016 年教育信息化工作要点〉的通知》，http：//www. moe. gov. cn/srcsite/A16/s3342/201602/t20160219_229804. html。

信息教育，随后到 2000 年前后进入现代信息技术教育阶段。因此，回顾我国信息化教育发展的历程，可以分为五个阶段。

（一）电影播音教育阶段（19 世纪末至 1936 年）

这一时期主要以无声电影、幻灯片、无线广播等为手段开展电影教育和播音教育，主要表现为民间自发组织电影制作、电影播放、广播节目等教育素材的教育活动形式。尤其是以培养江浙沿海一带的电影工作人员和广播人员为主，但因为战争持续不断和工业制造业的限制，相关设备无法普及，影响力有限，仅有部分从业人员意识到了电影和广播对于宣传工作的重要性。期间，电影播音教育以反战争、反侵略为主，并开始逐步普及科技、民主等相关知识，出版了一系列相关著作和期刊，如 1933 年上海群学社出版了《电影教育》（徐公美著），1934 年《科学教育》杂志刊载《视觉教育》一文（金陵大学范谦衷著），1934 年《电影教育实施法》（刘之常等著），1935 年由南京国民政府教育部社会教育处创办《播音教育月刊》，等等。

（二）电化教育阶段（1936~1988 年）

1937 年抗日战争全面爆发，教育主要肩负着政治宣传、军事训练、增产建设等责任，从早期的电影播音教育逐渐发展为视听教育，由南京国民政府教育部提出来"电化教育"这一术语，南京国民政府于 1940 年成立"电化教育委员会"，开展统一的电化教育工作，培养相关人才，主要在社会人才培训、政府公职人员培训、高等教育课程方面开展有限的电化教育。1978 年党的十一届三中全会后成立中央电化教育馆，1979 年成立中央广播电视大学，标志着我国电化教育进入正轨，通过各级电化教育馆普及电化教育，并通过各级电大开展高等教育建设。1982 年，教育部决定在清华大学、北京大学和北京师范大学等五所大学的附属中学开设计算机选修课，主要讲授 BASIC 语言，这成为中小学计算机教育的起源。

1981年，我国自行研发了计算机辅助教学系统和辅助教学管理系统。1983年，邓小平为北京景山学校题词："教育要面向现代化，面向世界，面向未来。"次年，邓小平又在上海视察时提出："计算机普及要从娃娃抓起。"1986年，"中华学习机"和"中华学习机"教育软件面市，成为我国最早自行研发的信息化教学设备。

（三）远程教育阶段（1989~1998年）

1989年，国家教委正式颁布了《国家教育管理信息系统总体规划纲要》。之后，以中央广播电视大学和中央电化教育馆为主导的远程教育网络覆盖全国，成为构筑教育信息化的主体框架。1990年，在内蒙古师范大学召开的"北方地区电化教育学科建设研讨会"上，由北京师范大学首次提出建设"教育技术学"专业的设想，成为"电化教育"至"教育技术"变革的开端。1993年，国家教委颁布普通高等学校本科专业目录，将"电化教育"专业正式更名为"教育技术学"专业，至此，我国教育技术学科基本建立了从专科、本科到硕博的完整的人才培养体系。

1994年底，"中国教育和科研计算机网示范工程"由清华大学等10所高校共同承建。1997年，湖南大学与湖南电信合作，建立了中国第一所网上大学。1998年9月，教育部批准清华大学、湖南大学、浙江大学、北京邮电大学成为现代远程教育首批试点校，开创了我国网络远程高等教育的先河。1999年以后，教育部又新增了一批试点高校。

至此，全国已经形成了由中央电大、44所省级电大、814所地市级电大分校、1742所县级电大分校以及17076个教学点组成的学科齐全、功能完备、特色突出、面向基层的远程教育系统。

20世纪90年代后，计算机相继进入学校和家庭，以计算机为主要媒介的计算机教育在一线城市逐步开展起来。到20世纪90年代中期，随着网络教育的兴起，远程教育开始普及，以网络教室和校园网的建设为基础，开展各类网上课程和数字化教材的建设，成为支撑成人教育的主体，并从电化教育时期的以广播电视媒介为主逐渐转变为以多媒体技术和网络技术为主，同时，建构主义学习理论开始被广泛接受。

（四）现代信息化教育阶段（1999～2009年）

1999年，教育部从《面向21世纪教育振兴行动计划》的"现代远程教育工程"经费中拨出1800万元，专门用于开发面向中小学的数字化资源，这是国内第一个严格按照元数据规范进行编码管理的国家级大型基础教育资源库。

在此阶段，中小学开始进行校园信息化基础建设，部分有条件的地区和学校开始购买信息化设备，开设计算机教室，用于教授计算机基础课程。随后高等院校纷纷建立多媒体教室或多媒体技术中心，积极开展多媒体计算机的教学应用。随着中国教育科研网、教育城域网和校园网络的建设、完善，高校校园网与互联网并网后，开展了大规模网络教育资源建设和信息技术人才的培养，并逐步形成了一套信息化教材和教学资源。

2000年，教育部要求中小学开始逐步开设信息技术课程，并发布了《中小学信息技术课程指导纲要（试行）》。教育部在"全国中小学信息技术教育工作会议"上提出，自2001年起，在中小学以及中等职业技术学校中普及信息技术教育，以信息化带动教育现代化，努力实现我国基础阶段信息化教育的跨越式发展。从此，"中小学信息技术教育"取代了沿用近二十年的"中小学计算机教育"，我国基础教育也进入了现代信息化教育阶段。

1999 年 1 月，教育部制定《关于发展我国现代远程教育的意见》，并于次年 7 月颁布《教育网站和网校暂行管理方法》，批准中国人民大学等 15 所高校成为开展现代远程教育的第二批试点院校。随后，又颁布《关于支持若干所高等院校建设网络教育学院 开展现代远程教育试点工作的几点意见》，明确 31 所试点院校可自己制定招生标准并决定招生数量，可开设专业目录之外的专业，有权发放国家承认的学历文凭。

2000 年 10 月，教育部开始实施"校校通"工程，教育信息化成为当年中国教育界改革的主要标志。随着国家政策的支持和企业的大力投入，2003 年教育行业信息化建设市场规模超过 200 亿元，年增长率达到 20% 以上，成为当年信息产业中增长最为强劲的行业。2003 年非典的冲击使全社会充分认识到远程教育的重要性，由教育部和李嘉诚基金会共同实施建设，在 12 个省、自治区、直辖市的 240 个贫困县中建成 1 万所乡村中小学远程教学示范点，教育信息化建设开始逐步覆盖农村和广大中西部地区。2005 年，中国教育行业信息化投资额为 272.6 亿元，2006 年总投资额达到 290 亿元，比 2005 年增长了 6.4%。至此，中国教育信息化经过近十年的发展，总投资额已超过 1000 亿元。到 2008 年前后，全国建立了约 11 万个具备计算机教学光盘播放等信息化教学功能的农村教学点，在约 37 万所农村小学中建设了卫星教学收视点，并在 3.7 万所农村初中建设了计算机教室。

2001 年，"中国高等教育文献保障系统（CALIS）"开始建设，有 150 多所大学加盟。同时，《面向 21 世纪教育振兴行动计划》"现代远程教育工程"中的大学数字博物馆建设项目已建成 15 个数字博物馆。另外，"高等学校精品课程建设工程"计划在 2003 年至 2007 年间打造 1500 门大学本科的名师名课，并利用教育信息技术手段将精品课程的相关内容上网并免费开放，以实现优质教学资源共享。2002 年，全国教育科学"十五"规划首次设立了"教育信息技术"学科组，包括教育技术和信息技术教育，此后，教育信息技术科研立项开始逐渐增多，促进了教育信息技术专业的长足发展。截至 2004 年，我国拥有教育技术学专业的本科院校有 140 余个，硕士点 38 个，博士点 6 个，形成了一个包括专科、本科、硕士、博士以及博士后流动站在内的完整的教育技术专业人才培养体系。同时，在这期间还创刊了一批教育技术专业学术刊物，如《电化教育研究》《中国电化教育》《中国远程教育》《开放教育研究》《中国教育信息化》《现代教育技术》等，逐渐汇集成我国现代信息化教育的主要学术资源库。

（五）信息化教育提升阶段（2010 年至今）

2010 年《国家中长期教育改革和发展规划纲要（2010－2020年）》公布，将教育信息化纳入国家信息化发展整体战略，标志着全国信息化教育正式进入提升阶段，此后将开展更为科学、体系化的全民信息化教育普及工作。

2012 年 7 月，中央广播电视大学改组为国家开放大学，从此"广播电视教育"升级为"开放教育"，主要是以现代信息技术为支撑，整合、共享优质教育资源，创新教育教学模式，为社会成员提供更加灵活便捷、公平开放的学习方式和多层次、多样化的教育服务，将中小学、专科、大学等各层次信息化教育提升到建设学习型社会的高度上，形成信息化教育体系，支撑新时代信息化社会建设。

随着国家产业战略的调整，信息技术已经成为国家重点战略产业，围绕新一代信息技术、机器人、人工智能等领域，需继续推动开展深层次、专业化的信息化教育。2017 年 7 月，国务院印发《新一代人工智能发展规划》，要求在重点领域全面展开创新应用，聚集起一批高水平的人才队伍和创新团队，建成一批全球领先的人工智能科技创新和人才培养基地，建设人工智能学科。完善人工智能领域学科布局，设立人工智能专业，推动人工智能领域一级学科建设，尽快在试点院校建立人工智能学院，增加人工智能相关学科方向的博士、硕士招生名额。鼓励高校在原有基础上拓宽人工智能专业教育内容，形成"人工智能+X"复合专业培养新模式，重视人工智能与数学、计算机科学、物理学、生物学、心理学、社会学、法学等学科专业教育的交叉融合。加强"产学研"合作，鼓励高校、科研院所与企业等机构合作开展人工智能学科建设。这一趋势必然要求信息化教育的低龄化发展，开展教育技术学科与其他专业相融合的跨专业建设，同时需要面向社会开展基于信息技术的终身教育和全民教育。[1]

如图 1-1 所示，中国教育信息化发端于 20 世纪 20 年代开始于民间的"电影播音教育"，后经历了 20 世纪 40 年代由政府统管的"电化教育"时代，再到 20 世纪 90 年代"教育技术"的定性，整体历程受到较强的政治和历史等诸多因素的影响，也体现了我国教育发展的主要脉络，即从媒介工具应用到专业教育发展，从知识普及到科研学术推动，从高等教育逐渐向基础教育延伸，这也说明了教育信息化建设真正落实了国家战略政策，培养了几代信息技术人才，为教育和科研的发展打下了坚实的基础。

---

[1] 《国务院关于印发新一代人工智能发展规划的通知》，http://www.gov.cn/zhengce/content/2017-07/20/content_5211996.htm。

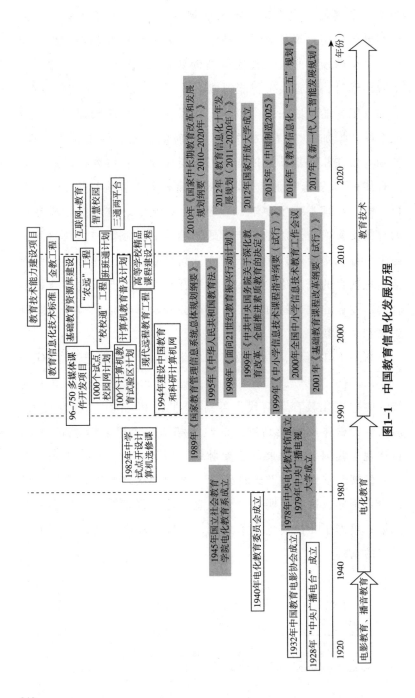

图1-1 中国教育信息化发展历程

第二节　日本教育信息化建设

一　日本教育信息化政策变迁

自 20 世纪 50 年代起，日本开始逐渐利用电视、广播等多媒体设备开展教育活动。日本教育信息化进程与信息通信领域政策紧密相连，在 1985 年以前，日本信息通信领域基本上由国家垄断，1984 年进行民营化改革，20 世纪 90 年代则将信息通信定位为国家战略产业。此后经过一段突飞猛进的发展，围绕信息通信产业领域，日本不断出台各类国家政策，通过政策引导、基础建设、教育实践和研究讨论，逐步推进教育信息化。日本教育信息化政策的变迁历程，可大致归纳为以下三个阶段。

（一）萌芽阶段（1945~1980 年）

二战后日本经济第一次腾飞，需要培养大量优秀的技术工人，其中就包括职业教育出身的信息技术专业人才。随着广播电视、录像带等媒介的出现，日本开始利用这些媒介开设各类全日制、定时制和通信制等课程培养人才，其中利用电视广播形式、影响力最大的就是"NHK 高校讲座"（原名"通信高校讲座"）。该讲座于 1953 年 4 月开始广播，1959 年 1 月改为电视播出，以高中教材为主要内容，通过收听（或收看）可在一年内学完高中课程。

1961 年《学校教育法》改革，通过"高专法"，开始设立高等专门学校，多招收初中毕业生，实行五年制教学，开设工学、技术类等专业，1962 年时仅有 12 所，随后数量激增，以通信技术、信息处理等专业最受欢迎。由此，以培养电子信息方面产业技术人才为目标，开展职业化的信息教育成为日本信息教育的萌芽，主要以"视听觉"和"广播电视"教育为主。1981 年开始，日本文部省划拨"学校教育设备整备费等补助金"，以购置教具的形式开始为学校配置录音机、电视机、磁带、电脑等多媒体设备，成为日本多媒体教育的开端。①

（二）定性阶段（1981~2000 年）

在 1984 年以前，日本信息通信领域基本上由国家垄断，此后由于《电信通信事业法案》《日本电信电话株式会社法案》等通信改革相关的法案陆续实施，强制将日本电信电话公司民营化，拆分了国有垄断资源，通过民营化放开信息通信市场，极大促进了信息技术的蓬勃发展。日本并无专门负责信息教育的相关机构，当时主要由中央教育审议会（1952 年至今）、临时教育审议会（1984~1987 年）、教育课程审议会（1985~1987 年）以及各类临时设置的机构来进行相关政策的研究和发布。1983 年，中央教育审议会"教育内容等小委员会"在审议报告中指出，要求开展信息化社会下的相应教育，率先提出通过教授信息选择和应用等知识来培养学生的"自我教育能力"。1984 年，为进行新一轮教育改革，日本设立了直属首相的教育咨询机构"临时教育审议会"，专门负责教育改革提案的制定。1985 年，文部省发布了"有关对应信息化社会初、中等教育现状的调查合作会议第一次审议总结报告"，同时投入 20 亿日元用于购买信息设备。同年，"临时教育审议会"发布《关于教育改革的第一次报告》，提出社会信息化确实提高了人们的生活质量，在社会信息化中有必要培养自主选择和使用信息的能力，要求学校教育针对信息化做出变革。因此，1985 年被称为日本"信息教育元年"，确立了信息应用能力培养的重要性地位。②

1986 年"临时教育审议会"发布《关于教育改革的第二次

---

① 「教育基本法」、日本文部科学省、https：//www.mext.go.jp/b_menu/kihon/about/mext_00003.html。

② 「臨時教育審議会の答申」、日本文部科学省、https：//www.mext.go.jp/b_menu/hakusho/html/others/detail/1318297.htm。

报告》，将培养选择和利用信息及信息手段的信息应用能力作为与读、写、算等能力并列的基本教育目标，这标志着信息教育正式成为国家教育目标。同年，"有关信息化社会中初、中等教育情况的调查研究合作会议"提出信息应用能力的四点要求，包括：①信息判断、选择、整理、处理能力及新信息的创造和传达能力；②对信息化社会和人类影响的理解；③信息重要性的认识、对信息的责任感；④信息科学基础及信息手段特征的理解，基本操作能力的习得。

这四点加上其后提及的"信息应用实践能力"成为日本信息应用能力的基本概念。1987年和1988年开始的"新媒体教育利用开发事业"和"新媒体教材研究开发事业"标志着日本以多媒体教学为代表的信息教育研究正式开启。

1989年文部省发布新版《学习指导要领》，首次加入信息技术相关内容，在初中阶段新设"信息基础"选修内容，并在社会、公民、数学等科目中也加入信息相关内容，并明文规定在各科目教学中应使用教育信息化设备。1991年日本发布了信息教育的指导性文件——《信息教育手册》，专门定义和说明了信息教育的范畴、教学内容和指导方法。①

在国家战略层面，日本于1994年8月成立"高度信息通信社会推进总部"，以首相为总部长，内阁官房长官、邮政大臣、通商产业大臣为副部长，其他所有内阁成员为总部成员，正式将信息通信产业定位为国家优先发展产业，也就是第一次战略定位。此后，为落实国家战略政策，开展信息技术人才培养，1996年"中央教育审议会第一次报告"提出开展体系化信息教育，培养"生存能力"，利用信息设备和信息通信网络改善教育质量，

---

① 「平成29・30年改訂 学習指導要領、解説等」、日本文部科学省、https://www.mext.go.jp/a_menu/shotou/new-cs/1384661.htm。

建设高度信息化社会下的新学校，并首次提及需要注意信息化中的"阴影"部分，即信息技术带来的负面影响，这也成为教育信息化伦理教育的开端。

1997年"有关对应信息化进展的初、中等教育中信息教育进展等的调查研究合作会议"第一次报告中将信息应用能力定义为"信息应用实践能力、信息的科学理解、参与信息社会的态度"三个方面的能力，简称"信息应用能力三观点"。这一报告将1986年提出的信息技术应用能力四点要求进一步深化，明确了日本基础教育中信息技术能力的培养目标。1998年《学习指导要领》再次修订，要求在各小学、初中将"技术·家庭"科目中的"信息与计算机"内容定为必修，高中新设必修"信息"科目。另外，教师资格证也在1994年高中部分加入"信息技术""信息处理内容"，2000年又追加了"信息"内容，强制要求高中教师具备信息技术应用能力和指导能力。这段时间主要以教育信息化和信息应用能力的培养为主题。[①]

（三）变革阶段（2001年至今）

2000年7月，日本政府把"高度信息通信社会推进总部"改组为"信息通信技术战略总部"，正式宣布"IT基本战略"，并颁布《高度信息通信网络社会形成基本法》（简称"IT基本法"），以立法形式全面推动信息通信领域的变革，将信息技术产业提升到国家战略产业层面。这是日本当时极其重大的一项战略举措，主要目的就是紧跟美国的产业变革步伐，加速信息化宽带建设，以求占领全球信息化产业建设的制高点。[②]

---

① 「体系的な情報教育の実施に向けて（平成9年10月3日）（情報化の進展に対応した初等中等教育における情報教育の推進等に関する調査研究協力者会議「第1次報告」）」、日本文部科学省、https://www.mext.go.jp/b_menu/shingi/chousa/shotou/002/toushin/971001.htm。
② 「高度情報通信ネットワーク社会形成基本法（「IT基本法」）」、日本首相官邸、http://www.kantei.go.jp/jp/singi/it2/hourei/index.html。

2001 年，日本国家机构改革，负责信息通信的部门由邮政省改为总务省，负责教育的文部省改组为文部科学省、并由其下属的中央教育审议会统管教育政策调研和颁布，同时进一步设立以日本内阁为首的"高度信息通信网络社会推进战略总部"（简称"IT 战略总部"），制定"e-Japan 战略"，重点扶持超高速网络基础设施建设、电子商务交易、电子政务、信息技术人才培养等方面。为落实战略的具体实施，政府整合资源制定了"e-Japan 战略重点计划"，明确规定要建设世界最高水平的信息通信网络，推进信息通信产业领域的人才教育，同时要求各级部门加快信息技术的实际应用，强化落实行政信息化（电子政务）和公共领域的技术应用，并要求在确保通信网络安全的同时，积极推动商业领域的信息化发展，如电子商务、信息金融等。

2002 年，《信息教育实践与学校信息化——新〈信息教育手册〉》发布，提出信息应用能力的"11 个要素"，进一步扩展了培养信息技术能力的范畴。2004 年，为进一步推动"e-Japan 战略"的落实，负责日本基础建设的总务省出台了"u-Japan 政策"，以实现整个日本社会信息技术泛在化为目的，意指"Ubiquitous"，通过 Universal、User-Centered、Unique 三个部分，进行泛在性网络建设、ICT 应用高度化、ICT 应用环境建设，谋求在 2010 年前实现随时、随地、任何事、任何人均可自由连接互联网，充分享受信息自由化的泛在性信息网络，使日本成为世界一流的信息化社会。值得一提的是，为扩充信息技术的定义，首次在 IT（Information Technology）中加入 Communication 这个词，在国家政策中正式启用了 ICT（信息通信技术）这一术语。同年，《高等学校设置基准》中首次将"信息"作为专门主干学科，设立信息科或综合信息科，意味着日本将信息技术培养延伸到高中阶段，并开始论证中小学基础教育的信息教育必修化。同时，日本各大高校陆续开设教育技术专业，或在教育学科、社会学科开设相关信息技术课程。[①]

2006 年，"IT 新改革战略"率先提出要在 2010 年前达到 1 台计算机对 3.6 名学生的目标。其后，第一期"教育振兴基本计划"也提出同样的口号，并要求到 2010 年底达到校园网和高速互联网普及率 100%，所有教员均可利用 ICT 开展教学。同年制定新版《教育基本法》，以法律的形式规定"将研究成果回归社会是学校的义务和使命"，破除了原有的单一教育职责"铁饭碗格局"，将教育机构的社会职责进一步明确。

在上述背景下，日本内阁讨论通过了第一期"教育振兴基本计划"，要求在 2008 年至 2012 年五年内有计划、综合性地推进 77 个政策，其中包括保护青少年避免有害信息，培养各阶段的信息应用能力，充实信息伦理教育，提高教师能力，开展联合学校、地区及居民的教育措施，充实学校信息化建设，至 2010 年底达到校园网普及率 100%、超高速互联网连接率 100%、1 台教育用计算机对应 3.6 名学生，所有教员均可利用 ICT 开展教学，配备学校 CIO（Chief Information Officer，首席信息官），等等。2009 年文部科学省再次修订《学习指导要领》，将高中通识科目的"信息 A、B、C"3 科改为"社会与信息、信息科学"2 科，将专门科目由 11 科改为 13 科。2010 年，文部科学省发布《教育信息化手册》，明确并细分了"信息应用能力三观点"的具体内容。

如图 1-2 所示，这期间，尤其是从 2006 年开始，日本政府高密度、高规格地不断推出 ICT 相关的各类政策，包括 2006 年 "IT 新改革战略"和"重点计划-2006"；2008 年"重点计划-2008""IT 区域活性化等紧急项目""在线利用扩大行动计划"；2009 年"面向数字新时代的新战略——三年紧急计划""i-Japan 战略 2015"；2010 年"新信息通信技术战略"；2013 年"世界

---

① 「u-Japan 政策」、日本総務省、https://www.soumu.go.jp/menu_seisaku/ict/u-japan/。

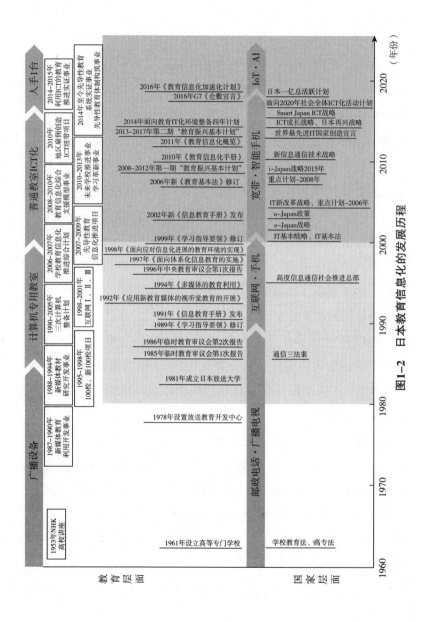

图1-2　日本教育信息化的发展历程

最先进 IT 国家创造宣言"及工程表、"ICT 成长战略"、"日本再兴战略-JAPAN is BACK-"；2014 年"Smart Japan ICT 战略"；2015 年"面向 2020 年社会全体 ICT 化活动计划"；等等。

其中，2012 年第一期"教育振兴基本计划"结束时，"教育信息化对策"所用直接经费达 1673 亿日元，占整个教育经费预算的 3%。紧接着，2013 年发布第二期"教育振兴基本计划"，要求在 2020 年前实现 1 台计算机对应 1 名学生，彻底实现"一人一台"的终极目标。同年，内阁会议制定的"世界最先进 IT 国家创造宣言"明确要求全面普及教育一线的高速宽带网，实现"一人一台"配备标准，增加电子黑板、无线网络、电子教材等的数量和实际应用，从初级教育阶段就开始优化教育信息化环境，强调信息技术能力应从娃娃抓起，加强"产官学"即政府、企业、学校等多方的紧密合作，构建学校与学校、学校与家庭之间无缝连接的教育信息化学习环境。

2013 年"日本再兴战略-JAPAN is BACK-"第一次明确提出了中小学信息化的建设目标，要求在 2020 年前建设完成中小学基础教育"1 人 1 台"信息终端的教学环境，推进电子教材的开发，提升教员指导能力，开展双向教育和国际化远程教育，同年发布的第二期"教育振兴基本计划"也要求在 2020 年前彻底实现"一人一台"。[①] 2014 年 12 月，高度信息通信网络社会推进战略总部制定了《创造性 IT 人才培养方针》，力求将日本建设成为世界最高水平的 IT 社会，强调要积极培养下一代 IT 人才，推进日本国民的信息利用能力，大力推进教育信息化，建立日本技术强国的教育基础。紧随其后颁布的"Smart Japan ICT 战略"以实现世界第一创新国家为任务，提出了在 2020 年前实现"知识信

① 「日本再興戦略」、日本首相官邸、http://www.kantei.go.jp/jp/singi/keizaisaisei/pdf/saikou_jpn.pdf。

息立国"的口号，要求以国际视野解决 ICT 课题。2015 年进一步提出在 2020 年东京奥运会前实现免费公众无线 LAN 环境和多语言语音翻译系统的构建，强化数字信息内容国际推广力度，提供 4K 和 8K 等高清数字媒介，实现第 5 代移动通信系统，推动开放数据（Open Data）和加强信息安全等内容。

2016 年 5 月，七国集团教育峰会发表《仓敷宣言》，提及在全球化中应加强适应技术革新的教育，培养信息应用能力并提高教师 ICT 技能，鼓励采用 ICT 帮助处于经济或社会劣势的学习者，积极利用远程教育加强国际交流，提高年轻人分辨信息质量的信息素养。①

2016 年 6 月，日本内阁发布"日本一亿总活跃计划"，宣布要提高全体一亿多日本国民的社会积极参与度，实现新"三支箭"，即"孕育希望强大经济、构筑梦想的育儿支援、安心的社会保障"，并成立由首相为议会长的"一亿总活跃国民会议"，听取多方面意见积极开展政策的研究和落实，在 2019 年前实现增加地区未来私塾至 5000 所，免费提供基于 ICT 应用的学习支援，并在初、中等教育中普及 ICT 教育，推动编程教育（programming education）必修化，加强高等教育中数理及信息的教育，培养顶尖的信息化人才，开发普及 IT 教材和教学资源，成立教育联盟，彻底完善教员培训和学校 IT 环境建设。根据该计划制定的时间表，2017 年完成《学习指导要领》的修订，成立教育联盟，2019 年前完成教材修订，2020 年起开始新教育课程，普通教室无线网络环境覆盖率达 100%。

随后，2016 年 7 月发布《教育信息化加速化计划》，提出在 IoT 等信息技术加速变革的时代，应利用 ICT 加速创造下一代学

---

① 「G7 倉敷教育大臣会合 倉敷宣言（骨子）」、日本文部科学省、https：//www. mext. go. jp/component/a_menu/other/detail/__icsFiles/afieldfile/2016/06/17/1370953_1_1. pdf。

校和进行地区建设，着手制订第三期"教育振兴基本计划"，要阶段性地完善"一人一台"的学习环境，为学校加快配置电视、投影仪、电子黑板等大型显示设备，并对下一版《学习指导要领》和《教育信息化手册》的修订提出建议，研究讨论出台《教育 ICT 教材整备指针》，评测 ICT 应用的效果，推动 ICT 标准化建设。同时，还提出应成立官民联合的相关组织，关注特殊教育和信息伦理方面的实际应用，加强教师培训和校务信息化建设，重新研究有关教员 ICT 应用指导能力的调查内容，为下一步开展"智慧学校"实证研究进行相关调研、讨论。特别是要重新研讨下一代国民所需的信息应用能力的定义，大力推进小初阶段的编程知识学习，要求学校与地区合作，实现面向社会的教育课程，积极利用 ICT 构筑社会综合教育体制。

2016 年 12 月的中央教育审议会报告指出，由于人工智能等技术的飞速发展，需要将"生存能力"概念具体化，提出"资质·能力的三大支柱"，具体包括：①生存劳动的"知识·技能"的习得；②可应对未知状态的"思考力·判断力·表现力等"的培养；③在人生和社会中利用学习的"面向学习的能力·人类型"的涵养。①

今后将以此三大支柱为准，对信息应用能力的教育标准和政策继续进行调整，要求从小学阶段开始培养 ICT 操作能力和编程性思考能力，充实编程教育，这也意味着从 2004 年开始的高中信息课程必修化正式延伸到小学阶段。同时，总务省出台"针对青年层编程教育的普及推进事业"，公布了面向 2020 年编程教育必修化的 11 所试点校及实践内容。因此，有日本媒体将 2016 年称为"编程教育"元年，意味着日本已将信息应用能力纳入生存

---

① 「中央教育審議会 諮問·答申等一覧」、日本文部科学省、https://www.mext.go.jp/b_menu/shingi/chukyo/chukyo0/toushin/index.html。

能力的培养范围，正在逐步加快贯彻落实信息技术教育的均一化和低龄化，以实现整个社会信息教育的终身化。

图 1-2 总结了日本教育信息化发展各阶段的特点、政策及国家项目，从发展脉络上可以看出，日本也是采用国家战略定向、政策引导、教育改革跟进的模式，重视对初、中等教育信息化的建设投入，从早期的校园信息化基础建设到制定整个基础教育"人手一台"的建设目标，将教育改革作为实现国家战略的重中之重，几乎所有国家战略都将教育信息化作为重点。

2017 年日本内阁制定"未来投资战略 2017"，提出为实现新型超智慧社会"Society 5.0"，应强化数理教育和信息技术教育，将人才培养和技术应用改革同步并举，强力推进人工智能的普及应用。[①] 随后，日本政府为 AI 产业所拨划的财务预算逐年递增，2019 年度达到 1200 亿日元，为 2018 年度的 1.5 倍。

2018 年，日本政府宣布从零到 6 岁的幼儿教育无偿化，随后又免除了国立、公立高等教育的学费，2019 年日本正式进入了从出生到大学毕业的免费教育体系化阶段。2019 年 3 月"综合创新战略推进会议"正式提出"AI 战略"，以尊重人类、多样性和持续可能为理念，设定人才、产业竞争力、技术体系、国际四大战略目标，提出：①推动教育改革和研究开发，培养全体国民的"数理·数据科学·AI"相关基础能力，实现学生人手一台信息终端，积极促进 AI 与各专业融合的跨界教育，强化 AI 实践校制度，建立一系列优秀的教育项目，推动年轻人才培养并向海外挑战，支持多样化创新研究，构建 AI 研发的日本模型和 AI 研发网络，确定下一代 AI 基础技术；②强化社会实际应用，建设世界一流的医疗 AI 研究体系，导入智慧农业技术，完善 AI 终端和大

---

① 「未来投資戦略 2017」、日本首相官邸、https：//www.kantei.go.jp/jp/singi/keizaisaisei/pdf/miraitousi2017_t.pdf.

数据基础，构建智慧城市，同时利用 AI 削减公共服务和行政成本，提高效率，进行 AI 服务标准化建设，扶持中小企业和新兴企业；③注重 AI 社会原则，开展 AI 伦理建设，构建国际合作体制等。[①]

由此，可以预计日本今后为提高生育率和培养下一代技术人才，国家政策将向这三个方面做出持续的调整，以求持续加大在教育方面的投入，进一步推进教育信息化的具体落实。

二 日本教育信息化政策特点

(一)"产官学"结合

"产官学"一词源于日本，依次指的是产业界、政府和学术界，日文中的"产官学连携"即"产官学结合"（the Combination of Industry，Official and University），意为利用三者优势进行互补，互相结合开展各类科研、商业、教育等活动，最终目的是为了推动社会经济、科技、教育等方面的发展。日本从 19 世纪中期开始逐渐注意到科研与商业相结合的重要性，逐步开始推动产学界合作，早在 1942 年开展的第一例产学合作案例就是日本千叶工业大学与企业合作开展的科研商业化项目。二战后，欧美各国纷纷加强知识产权保护，推出了一系列法律来保护高等教育机构和研究所的科研成果，这必然就产生了对科研成果商业化的需求。受到 20 世纪 90 年代以来几次经济危机的冲击，各国政府更加重视科技对经济发展和社会稳定的重要性，日本也不例外，将知识产权与"产官学"结合作为振兴经济的基本国策，连续出台一系列政策和法规，如 1995 年《科学技术基本法》、1998 年《大学等技术转移促进法》、1999 年《产业活力再生特别处置法》等，加

---

① 「AI 戦略 2019」、日本首相官邸、https：//www. kantei. go. jp/jp/singi/tougou-innovation/pdf/aisenryaku2019. pdf。

大对科技研发和商业化的投入，使得获得政府资金的研发成果能够实际应用于商业化运作中，促进经济的发展。而在教育界方面，2004 年制定《国立大学法人法》，2006 年制定新版《教育基本法》，以政策法规的形式明文规定了将研究成果回归社会是大学的义务和使命，破除了原有的大学单一教育职责"铁饭碗格局"，将高等教育机构的社会职责进一步明确化。

由于日本长期以来并未设置一个主管教育信息化的上层机构，一般认为从广播电视教育到教育信息化的过程中，起着这类作用的国家机构主要有媒体教育开发中心、日本放送大学和教育信息国际中心等。1978 年文部省设置国立大学共同利用机关放送教育开发中心，1997 年改组为媒体教育开发中心，主要对大学和高等专门学校的信息技术及教育资源进行项目开发、应用、运营和调研等工作，2009 年该机构被废止，其业务被移交日本放送大学。日本放送大学成立于 1981 年，通过广播电视授课、面对面授课和在线授课开展教学，同时开展成人教育、远程教育、教育资源开发、电台运营等活动，2002 年由于《新放送大学学园法》的颁布，被改组为私立大学，与国家的直属关系被切断。另外，教育信息国际中心于 2001 年设置在国立教育政策研究所下，负责提供教育信息资源及相关检索服务，运营的官网共收录教育资源 30 多万个，访问数量达六千多万次，但同样在 2011 年被废止。至此，由于上述两个中心被废止以及日本放送大学私立法人化，导致日本再没有一个机构能统管教育信息化的实际操作，再加上日本国家经费划拨多以单年度进行结算和评估，也使得项目难以长久运作，所以 2000 年后的项目多以各部门经费核算为准，呈明显的分散状态，各级政府和教育机构都是采用国家财政补助加自身筹措财源来解决教育信息化建设问题，也使得各地教育信息化建设存在不均衡的状况，教育层次越高地区差异就越明显。因此，就需要采用"产官学"等多元化模式进行教育信息化建设。

综合来说，日本的"产官学"结合是一个比较宽泛的概念，既包括"产官学"三者的结合，也包括"产学"或者"官学"等两者的结合，并没有一个统一的部门进行统筹安排，除了公司、政府、大学外，其实还有科研机构、金融界、非营利性组织等各类机构的参与。由于"产官学"的出发点在于将科研成果商业化，因此高等教育机构作为承担整个国家科技研发的主要力量，都纷纷设置了"产官学"相关的部门，比如大阪大学产学联合本部（Office University·Industry Collaboration）、东京大学产学协创推进本部（Division of University Corporate Relations）、京都大学产官学联合本部（Office of Society-Academia Collaboration for Innovation）等机构，将原本分散的各部门、各专业横向联合起来，并与大学外部机构和政府建立良好的沟通机制，集中力量申报国家、企业及各类组织的横向与纵向科研项目，积极推动共同研究、委托研究、国际化研究等各种科研项目。除科研项目外，还有各类校企合作的教育实践类项目，如大阪大学的"AQUA SOCIAL FES"项目，是由丰田公司、各地政府和教育机构联合组织的参与型活动项目，以学生为对象，采用实地调查、小组活动等形式开展各类自然公益教育活动，由丰田公司、大阪政府、大阪大学联合组织，参加者从小学生到退休人员共90多名，以箕面川垃圾调查、动植物调查等为主题进行野外调研活动，强调生态环保、重视水资源、实地调研教育等。

（二）日本国家项目

日本每年根据国家政策的调整，逐步开展各类教育信息化相关项目，以计算机和网络环境建设为例，自1985年开始，每五年开展一次计算机整备计划，由国家补助为小初高及盲聋养护学校配置计算机设备；1998 年至 2003 年之间，由国家补助完成所有学校的互联网连通建设，并根据"e-Japan 2002"项目于 2005 年基本配备完成所有公立学校高速网络。而在教育软件和数字化教学资源的开发方面，通过国家或当地政府提供补贴，鼓励企业和学校教员进行开发，如 1990 年开始实施的"学习用软件开发事业"。

2000 年后，日本开始利用各种经费进行电子教材、教育应用软件、博物馆及图书馆的学习资源、研究机构的研究成果数据库等的开发。另外，从 1988 年开始实施面向小初高教师的信息化研修，1999 年至 2002 年实施"教育信息化推进指导者养成研修"项目，由国家组织在教员研修中心集中培养各地区选派的带头人，并在各地区开展校内研修，再通过各类形式继续对教员开展信息技术培训活动。但在此之后，日本就再也没有组织国家规模的教员信息技术集中培训，而是将培训工作基本上移交给了地方。

日本教育信息化方面的国家项目主要是由负责基础设施建设的总务省和负责教育科学的文部科学省牵头，再加上其他各部门的配合，与教育机构（包括小初高、大学等）合作或以教育机构为试点单位，采用政府投资、教育机构实践、企业提供技术等多种合作方式，进行教育信息化方面的软硬件建设及研究实践。如表 1-1 所示，早期教育信息化建设主要由文部省负责，如 1990 年至 2005 年间的三次计算机整备计划、1998 年至 2001 年间的互联网 I、II、III 项目等，为中小学大量购置计算机设备并连通互联网，基本上完成了日本最初的教育信息化环境建设。

其后根据国家战略的调整，日本通过政策扶持，分阶段推出诸多国家级项目。尤其是近年来根据 2006 年"IT 新改革战略"提出的"1 台对 3.6 名学生"的建设目标，以及 2013 年

"日本再兴战略"提出的"一人一台"的建设目标。此后的教育信息化相关项目就带有明显的政策扶持倾向，连续推出多个国家级项目，以实现教学设备普及化为目标开展了多个试验性、示范性的项目，包括"未来学校推进事业""学习革新事业""先导性教育系统实证事业""先导性教育体制构筑事业"等。前两者为试点建设项目，从全国选拔了10所小学、8所初中、2所特别支援学校作为试点校，分批完成信息化建设，实现了"一人一台"信息终端配备，开展各类教学实践和验证工作，如电子教材、电子档案、翻转学习、远程在线学习等。但总结发现，由于各单位开发标准不统一，存在重复建设和利用率偏低等问题，推广起来比较困难，因此，再次推出后两个项目，创造性地选拔了3个地区12所试点校，再加上68所合作学校以及11所被称为"ICT梦想学校"的试验校，以构建统一的教育云平台为目标，共建教学资源并开放数据，加强学校与社会及国际间的联系，积累教学资源和实践案例，构建并验证可向全国推广的信息化学校模型。

此外，日本还有如"ICT应用下新城市建设事业""人口减少社会中基于ICT应用的教育质量维持提升实证事业"等项目，通过ICT从多方面解决各类课题，以政府与学校、企业等合作促进社会经济的发展，改变各地区在人口、经济、政策等方面的差距。

这些项目的变化表现出日本教育信息化建设的发展思路，即从示范性试点校的独立验证到云教育平台的综合布局，从教学资源的分散开发到标准规格的研究验证，从教育集中建设到社会资源整合，逐步在探索和反思信息技术教育的普及化和可行性。接下来日本将会从注重学习环境的"未来学校"建设进一步推进到注重社会终身学习的"智慧学校"建设上，最终建成"一人一台"均一化教学环境，将从小学到大学的信息技术教育彻底普及，通过 ICT 来构建贯穿整个社会的终身学习体制，培养国民 ICT 应用能力和信息道德观念，为培养下一代信息技术人才打下了坚实基础。综合来说，日本各类项目的特点是没有一个统一的组织，分散进行，经费结束后项目即终止，延续性较弱，但经费立项紧跟国家政策，总体与国家战略一致，信息收集和反馈、验证及反思等节奏较快，也有利于信息技术的快速更新换代、及时调整，如通过试点实证研究，改善学校教学设施，加强信息技术应用实际能力，在起到带头示范作用的同时也能够为下一步国家战略的制定提供科学依据。

表 1-1　日本主要的国家级教育信息化项目

项目名称	经费来源	起止年份	项目内容
学校教育设备整备事业	文部省	1981~	为中小学等提供教学设备购置经费，购买录音机、相机、电视、计算机等设备。
新媒体教育利用开发事业	文部省	1987~1990	在各地试点校开展包括通信网络、数据库、信息系统、视频教材和计算机等多媒体的教育实践和研究活动。
新媒体教材研究开发事业	文部省	1988~1994	由日本视听觉教育协会负责，1991 年起改名为"新媒体教材开发事业"，主要用于开发视频、超链接等多媒体教材。
计算机整备计划	文部省	1990~2005	5 年 1 期，共设 3 期，购置计算机信息化设备。
100 校项目、新 100 校项目	通商产业省	1994~1998	属于"网络利用环境提供事业"，建设学校网络环境，前三年建设小初高等 111 所，后两年新设 108 所。
互联网 I、II、III	文部省、邮政省	1998~2001	先后选拔 2000 多所学校，主要进行以网络建设为主的教材数据库、电视会议系统、高速宽带等的研究和实践。

续表

项目名称	经费来源	起止年份	项目内容
学校教育信息化推进综合计划	文部科学省	2006～2007	开展学校 ICT 环境建设，充实 ICT 教育和信息伦理教育，提高教师 ICT 应用指导能力，推进校务信息化。
先导性教育信息化推进项目	文部科学省	2007～2009	对 ICT 教育实施情况、ICT 教学环境、教员 ICT 指导能力和校务信息化等开展实践调研。
教育信息化综合支援模型事业	文部科学省	2008～2010	选择五个地区开展教务信息化，提高教师 ICT 指导能力，设置教育 CIO 和派遣 ICT 辅助人员，强化教师支援体制。
地区雇佣创造 ICT 纽带项目	总务省	2010	通过配置 ICT 辅助人员和培养教育协调专员，联合本地人才和资源，构建 ICT 环境，推动教育信息化，提高就业率。
未来学校推进事业	总务省	2010～2013	以部分中小学作为试点，构建 ICT 学习环境，开展教学应用研究，验证学习环境的有效性。
学习革新事业	文部科学省	2011～2013	以部分中小学作为试点，验证 ICT 应用下的教育效果和影响，开发教育指导方法和电子教材。
利用 ICT 的教育推进实证事业	文部科学省	2014～2015	为试点校配置 ICT 辅助人员，与大学和企业合作，开发 ICT 应用教学效果的验证方法和最佳指导方法。
先导性教育系统实证事业	总务省	2014 年至今	构筑低成本、应用扩展性强的教育云平台，开展云服务、数据分析、教务系统研发等各类试点性实证研究。
先导性教育体制构筑事业	文部科学省	2014 年至今	构建先导性教育体制，无缝连接学校与学校以及学校与家庭，开展基于教育云平台的各类试点研究。

第三节　中日比较分析

梳理中日教育信息化发展历程，结合相关国家政策和教育建设开展的实际情况，可以发现两国各有异同，具体分析有如下几个特点。

一　国家战略引导

日本围绕信息技术产业制定国家战略，连续推出的各类国家政策均旗帜鲜明地提到要以国际领先为目标，通过政策引导、基础设施建设、人才培养等措施，逐步推进教育信息化建设。若以信息设备建设情况为准，也可将日本教育信息化分为三个阶段，即1.0（在职业教育中引入信息设备，开展信息设备的改善）、2.0（逐渐在教育中普及信息设备，将信息技术纳入初、中等教育范畴）、3.0（强调"一人一台"，重心转移至网络环境建设，构建教育云平台）。1988年开始，日本文部科学省每年进行一次"有关学校教育信息化现状的调查"，针对日本国内公立小初高及特别支援学校开展有关信息设备、网络、软件、教员ICT应用能力和研修学习等情况的调查。该调查数据反映了日本教育信息化的变迁，根据2016年文部科学省公布的"有关学校教育信息化现状的调查"结果显示，日本初、中等教育中平均1台计算机对应6.2名学生，教师为1.2台对应1名，校务系统普及率为83.4%，超高速互联网普及率已达84.2%，八成以上中小学教师均能使用ICT开展教学。由此可见日本已经逐渐进入教育信息化3.0阶段，其整体的信息化建设水平已经位居世界前列，促成这一成果的背后就是日本以IT立国的国家战略高度，从内阁、总务省、文部科学省等国家部门到各级地方政府、学校、企业都在大力开展各类实践活动，几乎在 1980 年以后的各类重要国家政策文件中都能找到强调教育信息化的内容，说明日本重视从国家战略角度实现信息技术软硬件设备的普及，不断培养信息技术人才，逐步将信息教育低龄化，通过政策的连贯性最终实现科技立国、国际领先的目标。

在政策制定方面，日本政府采用的模式是先组织讨论会，多以恳谈会、协议会等会议形式召集相关人员进行研究讨论，然后发布研讨结果，最后经过政府部门审核后批准政策或项目立项，经费相关的内容则根据情况需要由议会讨论。地方政府也有成立相关的组织，如 2016 年成立的"全国 ICT 教育首长协议会"就集合了多名市长、区长，以各地区行政长官参与的形式，专门研讨教育 ICT 加速化所涉及的议案、经费、信息交流和项目实施等内容。

相比之下，中国的教育信息化建设起步较晚，在国家战略定位上，更加偏重产业和经济建设，教育经费投入的比例相对较低，到 2010 年才通过"十二五"规划提出加快教育信息化进程，将教育信息化上升到国家战略层面。日本则在国家战略中明确提出各阶段的建设目标，如信息设备对应教师和学生的比例，校园网和互联网的普及率，教师指导能力的具体指标等。而且由于日本基层教育部门在执行国家标准时会质疑国家政策的模糊性和不明确性，通过信息反馈后促进政府不断修订《学习指导要领》《信息教育手册》等指导性文件，将软硬件建设标准、设备数量、教学内容、评估方法等及时更新，将各时期提出的"生存能力""信息应用能力""ICT 指导能力"等培养目标分阶段逐步细化。因此，若借鉴日本的经验，我国在制定国家政策和指导性文件时，有必要按照各阶段的建设目标制定具体的量化标准，使得教育信息化建设有明确的规范和参考依据，做到有法可依，有章可循。

二　消除地区差异

日本文部科学省制定了面向 2020 年的教育信息化综合推进方案——《教育信息化展望》，要求培养 21 世纪儿童生存能力，实现初、中等教育的全面信息化。基于该要求，为建立信息时代下面向未来的学校教育环境，日本总务省制定了为期 4 年的"未来学校推进事业"，在 2010 年至 2013 年以建设日本初、中等教育一线的信息化教学环境模型为主要目的，从全国挑选了部分学校作为试点，在这些试点学校中，文部科学省在 2011 年至 2013 年同步推进"学习革新事业"，联合开展 ICT 教育信息化实证研究。

由于日本总务省主要负责全国基础设施等硬件方面的建设，因此总务省引导的"未来学校推进事业"重点在于基础建设投入，包括导入高速宽带网络和无线网络、人手一台信息设备终端、云服务教育系统、交互式白板、远程卫星通信等软硬件建设。而文部科学省主要负责教育、科研等方面的政策和管理，在"未来学校推进事业"中负责开展 ICT 教学的效果及影响的实践研究，开发有效的教学指导方法和标准化电子教材，实现互教互学的协同学习，根据学生个人能力和个性开展教学指导，达到教员间信息共享，开发出小学四五年级和初中一二年级国语、数学、外语、社会、理科等科目的电子教科书，以及特殊学校专用教材，总结与学校类别、学生发展阶段、科目等相适应的 ICT 应用教学方法。两个项目同步进行以探索 ICT 实践应用的可行性方法，实现"一人一台"信息终端所需的功能校验，完成信息技术教育模型的实证研究和测试，找出可行性方案和问题，以便今后进行改善和普及。

为均衡各地区的经济发展情况分布，作为试点从日本全国各地挑选了 10 所小学、8 所初中和 2 所特别支援学校，这些学校充分照顾偏远地区，均衡地区教育资源，尤其是包括 2011 年东日本大地震重灾区的福岛县，经济发达的东京和大阪地区仅各有一所。均衡试点学校的目的就是希望测试和验证通过信息技术消除地区差异的可能性，达到初、中等教育质量的均一化。

2016 年的调查数据显示，日本 47 个都道府县中，只有 9 个地区略低于 1 台计算机对应 6.2 名学生的平均水平，并且教师作为国家公务员，已经达到了人手一台计算机配置的全国均一化，教学用计算机和教务系统已完全普及。① 日本通过积极划拨政府补贴，注重照顾偏远地区，均衡教育资源，从软硬件设备上基本消除了地区差异和数据鸿沟，每个项目所选拔的学校并不完全重复，极大保证了各地区试点的均衡程度，而且从最新的项目中可以发现，日本已经将海外的日本人学校纳入国际化联合实践当中，并积极加速建设统一的教育云平台和教学资源开发标准，通过这种示范性建设，能在短时间内验证和构建优质可行的教学模型，以点带面，加速了教育信息化的全国推广和普及。如七国集团教育峰会上发表的《仓敷宣言》中所言，ICT 可以帮助处于经济或社会劣势的学生，通过信息技术的教育应用，能照顾到偏远地区以及需要特别照顾的学生，在消除地区差异和辅助特殊教育等方面具有良好的效果。因此，借鉴日本的经验，应该积极利用信息技术的特点，建设统一化的教育云平台和教育资源开发标准，制定完善的信息教育体制，加强教育信息化建设的顶层设计，加强各类资源的互联互通、整合共享和统筹协调，避免"信息孤岛"和重复低效建设，以便大范围地推广和控制成本。

三 缺乏统筹机构

信息化教学环境构建必须联合"产官学"，相对中国而言，

---

① 「学校基本調查」、日本文部科学省、https：//www.mext.go.jp/b_menu/toukei/chousa01/kihon/1267995.htm。

日本在 20 世纪 80 年代开始便通过政策法规开放了国家垄断的信息通信行业，同时也放开了教育信息化及教师培训市场，从 20 世纪 80 年代开始，日本纷纷成立各类利用信息技术的私立学校、培训学校以及企业。而中国当时仍然对办学有着非常严格的限制，私立学校很难设立，资金来源也受到限制，使得政府、企业和学校的合作起步较晚，发展缓慢。

进入 21 世纪以后，日本仍然强调全国均一化政策，但教育信息化发展开始变缓，各地义务制教育基本设施完善后，信息化设备采购更新却跟不上技术的发展变化。与此相反，由于中国放开了对私立学校的限制，企业纷纷开始投资办学，发展反而迅速超过日本。

日本政府采用的模式是先组织讨论会，多以政府牵头组织恳谈会、协议会等形式召集教师、学者、企业一起研究讨论，在公示研讨结果以及汇集反馈意见后，再经议会等部门审核批准，通过各类项目开展具体政策操作和落实，同时按年度进行成果复核及再讨论。通过这种良性循环的模式积极开展企业、政府、学校"产官学"联合运作，集中各类资源，听取多方意见。同时，日本各地也自发成立各类组织，例如 2016 年成立的"全国 ICT 教育首长协议会"就以集合各地市长、区长等行政领导的形式，专门研讨教育 ICT 加速化所涉及的议案、经费和项目实施等内容，这样可以根据当地实际需求，开展个性化的教育。尤其是目前日本少子化和老龄化现象严重，大部分人口集中在大城市，人口过疏的地区信息化过度建设会造成资源浪费，地区建设更需贴近实际要求。日本希望通过利用 ICT 在达到教育均质化目的的同时，也照顾到各地区间的差异，如灾区、离岛、多雪地区等，积极开放地区无线网络环境和导入教育资源云服务，并在残障教育、特殊支援教育、成人教育、职业教育、归国子女和外国人教育方面给予更多关注。

中华人民共和国教育部在《2016 年教育信息化工作要点》中提出，要推进并完成国家教育资源公共服务体系建设，采取多种方式为教学应用提供服务，特别是为农村、边远、贫困、民族地区提供免费服务——这就要求一方面贴近地区的实际需要，另一方面继续加大力度开展教育信息化的体系化建设。若借鉴日本的经验，中国可在完善学校的信息化建设、落实相关政策的同时放眼于教育体系之外，积极推动成立联合各界的组织，提高 IT 业界的参与度，与相关企事业单位形成良好的合作机制，带动教育信息化行业标准的制定，调动各类社会资源，探索良性循环的建设模式。

四　教育改革问题

日本通过《学习指导要领》《信息教育手册》等指导性文件对地方进行积极引导，每年均通过政府或委托第三方进行调查，如从 1988 年开始每年一次的《有关学校教育信息化现状的调查》、2007 年以两百多所小初高为调查对象的《应用 ICT 的授课效果调查》、2014 年调研 ICT 对学生健康影响的《关注学生健康利用 ICT 的指导手册》等。通过这类调查研究，积极对教育信息化的实际情况进行摸底和复核，并注重信息公开，使得信息更加透明，便于各类研究的深入开展。尤其是对于 ICT 应用效果方面，由文部科学省统一制定调查问卷和评估项目表，调查教师 ICT 应用指导能力、学生 ICT 应用水平和满意度等内容，通过数据分析和科学评估，研究验证政策或项目的可行性和效果，对于实际操作中存在的问题，积极提出反思，然后快速将结论反馈到下一步操作中。

《信息教育手册》从 1990 年到 2002 年不断修订，再到 2010

年更新，然后 2011 年公布了《教育信息化概览》，2016 年制定了《教育信息化加速化计划》，最终要求以到 2020 年实现全面教育信息化为目标展开政策制定、软硬件建设、研究实践等多方面的实际行动。

此外，文部科学省陆续发布各类政策及报告，如 2006 年详细列表说明信息应用能力相关教学内容及案例的《初、中等教育的信息教育中学习活动的具体展开》、2007 年以 251 所小初高为调查对象的《应用 ICT 的授课效果调查》、2007 年分五类详细设定信息伦理教学目标的《信息伦理指导模型课程》、2008 年面向教师的《学习提高 ICT 应用指导手册》、2008 年提供各类信息伦理教学案例和教学资源的"信息伦理指导门户网站"、2014 年调研 ICT 对学生健康影响的《关注学生健康利用 ICT 的指导手册》、2016 年规定包括信息教育等各项教学评估指标的新版《学校评价指导方针》等。

与日本相比，中国在政策引领方面做得还不够，特别是缺少每年不间断的调研，在 ICT 对健康的影响、信息伦理、教师教学指导能力和学生应用能力等方面也都缺乏相关的调研标准。在科技发展日新月异的情况下，中国针对教育信息化的建设情况、教育内容、调研标准等都需及时跟进，并有必要积极导入设备租赁制度和第三方调研制度，避免重复建设和延迟建设，提高信息的透明度和科学建设的水平。

不过，日本各类调研结果显示其教育信息化也还存在着不少问题，如小学阶段信息教育不足，小初高及各学年之间教学内容差异和衔接不明确，各科目之间的信息教育实际情况不明，信息应用能力培养目标尚需细分，信息技术课程的教师资格证考核有待改革，持证教员人数和实际雇佣人数偏少，地区信息化水平还存在差异，信息伦理教育内容不够充分，特殊教育中的信息教育应用不足，教员研修体制尚不健全，各地区和各学校信息技术的相关权责不够明晰等。分析日本教育信息化建设存在的问题，总结其中的经验教训，有利于中国更加清醒地认识到教育信息化的复杂性，并在今后的实践和研究中开展有针对性的研究，持续探索大数据时代下教育信息化建设的新模式。

第二章　教育技术研究发展趋势分析

第一节　日本教育技术学研究历程

一　信息技术发展背景

教育技术的研究离不开信息技术的发展，信息技术更新迭代是促进教育技术发展的深层动因。沿袭欧美的术语定义，日本一般将 ICT 作为信息技术的代名词，包括通信、广播、信息服务、互联网、影视音像等领域。以日本总务省《信息通信白皮书》为基准，可将日本 ICT 发展历程分为三个主要阶段，即邮政电话和广播时代（1954~1994 年）、互联网和手机时代（1994~2005 年）、宽带和智能手机时代（2005 年至今）。①

（一）第一阶段：邮政电话和广播时代（1954~1994 年）

二战后，以电话、广播、电视、电影等媒介发展为主体，尤其是在 1984 年《电信通信事业法案》《日本电信电话株式会社法案》等通信改革"三法案"通过后，日本电信电话公司开始民营化，由此消除了官本位国有垄断，提供低廉的信息通信服务，鼓励技术研发，极大刺激了信息通信产业的发展。此后，日本涌现了一大批电信服务、卫星通信服务、移动服务和互联网服务等各类通信运营商及周边产业。信息通信技术在教育界的应用为日本教育技术学的诞生和发展创造了良好的环境，日本最大的教育技

① 「情報通信白書」、日本総務省、https：//www. soumu. go. jp/johotsusintokei/whitepaper/。

术学领域学术团体——日本教育工学会于 1984 年诞生，与当时的电子通信信息学会、CAI 学会等学术团体一起开展教育技术相关研究。这段时间内，"日本通信制课程"以 NHK（日本放送协会）的"通信高校讲座"和日本发送大学的广播电视课程为代表，开展了各类利用信息技术的教学实践，也极大促进了日本中、高等教育的普及和发展。1985 年，日本"临时教育审议会"《关于教育改革的第一次报告》中提出"在社会信息化中有必要培养自主选择和使用信息的能力"，要求学校教育针对信息化做出相关改革，该年度被称为日本"信息教育元年"。

（二）第二阶段：互联网和手机时代（1994~2005 年）

1984 年，JUNET（Japan University/Unix NETwork）开始运营，为东京大学、东京工业大学、庆应义塾大学提供科研网络。1989 年日本关西地区蜂窝电话系统开始运营，1993 年互联网连接服务开始全面商业化。随着互联网的数字化，1995 年日本数字方式移动电话签约数量超过了模拟方式。作为国家战略，为超越美国 2015 年完成高速网络普及的计划，1994 年日本邮政省提出网络规划方案，要求在 2010 年前普及光纤高速网络。根据该方案，由政府向企业提供基础建设特别融资，降低企业负担，使得日本开始了新一轮的宽带网络提速。这一时期，出现了以计算机通信辅助的教育模式，中、高等教育院校开始大量采用计算机教室进行教学，信息技术也逐渐进入教育课程范围，CAI、CMI、CSCL 等计算机辅助教学相关的研究和实践也开始增多，同时，电子信息通信学会教育工学研究会、日本教育工学会、CAI 学会、视听觉放送教育学会等团体的研究领域开始了交叉融合，进一步推动了教育技术学的发展。

（三）第三阶段：宽带和智能手机时代（2005 年至今）

从 2000 年起，日本开始大规模铺设光纤网络，该年被称为日本"宽带元年"。2001 年日本制定"e-Japan 战略"，提出到 2003 年，互联网服务普及率超过 10%。与之相比，同样达到该普及率，电脑花了 13 年，移动电话花了 15 年，传真花了 19 年，寻呼机花了 24 年，电话则足足花了 76 年。2013 年日本网速为当时世界第二，半数以上的用户由电话拨号的窄带网络连接转向以 FTTH、DSL、CATV 等为代表的宽带网络连接，几乎所有移动手机用户都可以利用宽带上网，从 1G 到 3G，日本用了不到十年的时间，在通信制式、硬件制造、系统建设等方面制定了一系列日本专用或国际通用的标准，引起了巨大的社会经济效应，使得国家政策、法律法规、资本等逐渐向信息产业倾斜。2014 年日本总务省发布了《宽带基础设施建设情况》，宣告超高速网络覆盖率已达到 99.9%，日本从此迈入超高速网络时代，使得更多创新服务成为现实，如高清电视、3D 电视、互联网游戏、在线机器人、开放教育、云服务等新技术和新应用层出不穷。日本涌现出了大批以互联网课程为主的教育机构，同时信息教育开始从中等教育向初等教育延伸，日本政府开始讨论制定义务制教育阶段的信息技术相关科目，社会大众也逐渐认识到数字化信息时代新的伦理道德和生存能力培养的重要性。教育技术专业已经从传统的教育学中分离出来，成为一个独立的研究领域，同时兼具教育学、信息学、传播学、计算机科学等多学科融合的特征，从原有的纯技术辅助教学的狭义领域扩展到教学方法研究、教学设备研究、学习效果研究、教学系统研究、教师培训研究、新媒体特征研究等多个领域，这段时期成为教育技术学变革最为重要的时期，重要的研究方法、理论框架、教材内容等都在这段时间内得以确定基调。

二　日本教育技术学的研究领域与发展趋势

以时间划分日本教育技术学的研究历程，大致可以分为三个阶段，如图 2-1 所示，第一阶段为初创发展阶段，从 20 世纪 50 年代开始，以教学设备研发和应用为主，为适应大规模培训的需要，以经验主义、行动主义为理论指导，设立各类教育培训中心，通过远程教育、通信培训等开展各类教育实践和研究；第二阶段为创新转变阶段，20 世纪 80 年代后期逐渐开始将教育技术与信息社会的需要挂钩，学习理论转变为社会建构主义，培养社会数字化生存的技能，开展教育和技术的反思及重构，教育信息化逐渐向初、中等教育深入；第三阶段为智能多元化阶段，进入 21 世纪后，多学科融合加速，技术发展和教育应用实践开始趋于同步，重视智能应用、信息管理和共享，涌现出了大量与新信息技术相关的实践研究。在这三个阶段中，日本因适应当地教育和技术的需求，呈现出不同的发展态势，下面依次展开论述。

（一）初创发展阶段

此阶段始于 20 世纪 50 年代，以教学设备研发和应用为主。为适应大规模培训的需要，日本在此阶段以经验主义、行动主义为理论指导，设立了各类教育培训中心，通过远程教育、通信培训等开展各类研究、实践。二战结束后，日本为在大规模产业化运动中开展技术职业教育，开始使用影像和广播等方式进行教学，诞生了许多学术团体。如表 2-1 所示，1955 年成立"日本放送教育学会"，这是日本成立最早的关于教育技术的学术团体，主要以初、中等教育为主开展广播电视及通信教育研究。1967 年，日本"电子通信学会"注意到信息通信技术对教育的作用，专门设置"教育技术研究会"，"教育技术"这一术语开始普及。1971 年日本教育工学协会成立，1974 年 CAI 学会成立（现改组为教育系统信息学会），1984 年日本教育工学会成立。此外，视听觉放送教育学会、科学教育学会、教育方法学会、教育心理学会、信息处理学会、人工智能学会、认知科学学会等诸多团体也从不同角度对教育技术展开研究。

表 2-1　日本相关学术团体的研究内容

研究团体	沿革	研究内容
日本教育媒体学会	1955 年成立日本放送教育学会，1964 年成立日本视听觉教育学会，1994 年合并为日本视听觉放送教育学会，1998 年改称日本教育媒体学会。	初、中等教育、教育媒体、教育信息化、远程教育、教育方法、学习分析、教辅系统等。
电子信息通信学会	1967 年，电子通信学会设置教育技术研究会，1987 年改称电子信息通信学会。	教育技术基础理论、教辅系统、教育设计、信息教育等。
教育系统信息学会	1974 年成立 CAI 学会，1995 年改称教育系统信息学会。	教育系统、学习资源、人工智能、信息教育等。
日本教育工学会	1984 年成立，2014 年设置 SIG（Special Interest Group）。	高等教育、教师教育、教辅系统、教育信息化、学习科学、交互设计、媒介教育等。

　　在各类学术团体纷纷成立的同时，作为学科建设和研究据点，1973 年东京工业大学成立教育工学开发中心，主要负责人为第一代教育技术学者坂元昂。1978 年在日本文部省主导下成立大学共同利用机关放送教育开发中心，1981 年成立日本放送大学，至此日本教育技术研究的格局已初步奠定。作为这段时期的研究成果，以 1971 年坂元昂的《教育工学的原理和方法》和井上光洋的《教育工学基础》等专著为代表，加上各学会的学术期刊，在通信教育、广播电视教学、教学设计和教学辅导等方面开展各类研究实践，逐渐形成了日本特有的教育技术理论体系和研究方法。

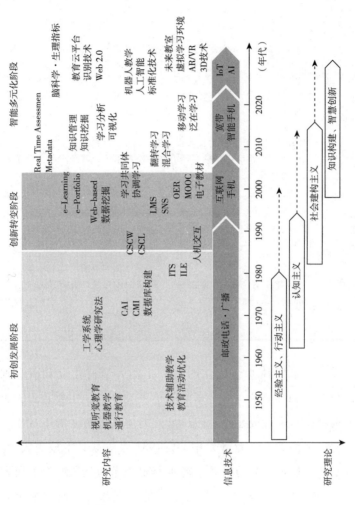

图2-1 日本教育技术学研究发展历程

日本的教育学习理论从 20 世纪五六十年代的经验主义、行动主义逐渐转变为认知主义、发现学习和假说—验证学习理论，因此，教育技术主要以教育辅助手段的方式开展研究，侧重于对技术本身的研究。第一代教育技术学研究者多出身于工科，尤其是计算机、通信、电子等领域。以计算机辅助教学的 CAI（Computer Assisted Instruction）、利用计算机直接开展教育活动的 CMI（Computer Managed Instruction），主要思路是采用程序学习模式，由计算机控制或辅助教学过程，完成教育信息的整理、加工、运用和管理等内容。随后，进一步从学习者角度进行思维和设计，例如 ITS（Intelligent Tutoring System）采用教材或教学内容构建知识、教学方法、学习反馈等学习模型，进行交互性学习。此外还有从语言组织结构角度出发，分析和理解学习对象思维的自然语言对话型系统，以专家知识库为主的问题分析和解决型专家辅助系统，等等。

（二）创新转变阶段

1985 年"信息教育元年"之后，1989 年文部省修订《学习指导要领》，正式将信息技术列入初、中等教育课程，随后在 1991 年发布《信息教育手册》，开始通过国家政策进行教育引导。受此影响，教育技术研究逐渐转向基于信息技术的学习模式研究、教育方法研究、学习成果分析和评价等，认知科学成为主流，分散认知、社会状况认知等基于社会相互作用的学习共同体、知识构成和知识创新等相关研究得到重视。同时，由于信息技术的快速普及，信息技术的应用能力成为必要的社会生存能力之一，用于辅助学习活动，提高教学质量；培养评价计划能力及设计制作能力，评价能力、表现和信息传达能力成为主要研究内容，对社会交流和跨学科的理解也开始转变。研究对象包括 CSCW（Computer Supported Cooperative Working）、CSCL（Computer

Supported Collaborative Learning）、Hypermedia、Multimedia、Authoring System、Navigation System、Data Mining 等各类技术和应用形态。例如，CSCL 相关研究是利用计算机辅助系统协助多样化学习目的进行远程教学，使分散的多个用户可以分时或者同时学习；Authoring System 为编写系统，能够让使用者简易高效地开发各类教学系统和软件，以满足不同的教学需求。各类技术的应用效果主要从协调学习角度进行教学效果监测和评估，学习者也可以进行自我评价，通过知识重构与知识创新来理解和学习知识，从而获得新的技能和概念。基于网络和多媒体的教学辅助系统、教务系统、学习系统、电子教材等新技术和研究成果大量出现，使自主学习、主动学习、导向学习成为现实。互联网服务开始大量吸收固定电话、手机和计算机网络用户，大量信息的共享和发布带来了新的商机，搜索、广告推送、个人主页等业务开始流行，由此，教育技术领域也开始采用信息过滤、数据挖掘、学习内容推送等新手法来开展教学实践活动，移动学习、协同学习等概念也开始产生。

这一时期，各学术团体开始整合，1994 年日本放送教育学会与日本视听觉教育学会合并为日本视听觉放送教育学会，1995 年 CAI 学会改为日本教育系统信息学会，而后起的日本教育工学会发展迅速，在吸纳了各领域研究学者后，逐渐成为日本最大的教育技术学术团体。同时，学科和专业建设也发生改变，由第一代教育技术研究者培养的第二代研究者开始崛起，加入了诸多教育学、心理学、外语教育、计算机语言学、传播学等各研究领域的学者，除东京工业大学外，大阪大学、早稻田大学、熊本大学等均设置了教育技术相关课程，逐渐向人间科学、信息技术学、传播学等学科延伸。

（三）智能多元化阶段

2000 年以后，宽带的普及使得日本进入数字信息化社会，日本开始注意到社会性研究手法的重要性，教育技术研究领域扩展，从信息可视化和数据挖掘到辅助个人学习、小组学习、协调学习等多元化学习模式，开发具备知识管理和学习管理等功能的LMS（Learning Management System）、采用模块化技术构建可扩展的CMS（Content Management System）、基于社交网络服务或流媒体视频的教学辅助平台等。2000年后信息技术的发展变化加速，新出现的智能手机、可穿戴技术、AR、VR、高清视频技术、机器人技术、传感器技术等开始普及，各类应用新技术、新方法的研究开始加入到教育技术研究领域，由此涌现出了新的课题，如技术标准、国际化规则、云计算、知识管理、开放教育资源等，尤其是最近出现的MOOC、基于大数据的学习分析、多元化非对称型DWH（Data Ware House）管理、知识可视化及知识管理模型等。

与此同时，各学科的研究继续加速融合，教育技术学已经不只是原先单纯辅助教育的技术，而是融合教育学、心理学、社会学、信息学、计算机科学、通信、电子、传播学等各类学科的交叉领域，可以说是文、理、工多个领域中横跨多学科的典型代表。东京工业大学在2015年撤销了原有的教育工学开发中心，次年与社会理工学研究科合作，新建教育革新中心；东京大学在2000年新设信息学环·学际信息学府，开设教育技术相关课程。另外值得一提的是，随着影像技术、动画技术、音频处理技术、虚拟技术和3D技术的发展，日本也逐渐成立了多媒体处理、动画美工处理等学科，再加上日本以动漫大国为目标，开始向全世界推广日本的漫画、动画、电影、游戏等，这类学科一时广受欢迎。此类技术如何应用于教材开发、教学研究也成为新的研究领域，如利用游戏开展教学、利用动漫人物制作教材及各类动画讲座等。

由于信息技术的飞速发展，日本教育技术的研究对象更加多元化，首先是教育资源的变化，如电子教材从简单的信息展示转变为交互式多媒体结构，从经验学习到适应性、主动性学习的教学资源，以及动画、视频等融合角色扮演、教学引导、剧本研发、信息反馈、可视化变现、协作学习等各类新型电子资源开始大量研发。其次，非对称型多元化的 DHW、基于云平台的 e-Learning 系统等利用信息的共享、处理、存储、分析、挖掘、可视化等技术，对计算机和互联网辅助教学进行了深刻变革，流媒体技术、高清视频、3D 虚拟空间、SNS、交互式游戏、人形机器人等新技术也层出不穷，使得互联网应用无处不在，移动学习和泛在学习成为新的研究课题。最后，在知识的表现、管理、储存等方面，由于图书馆学和信息学的发展，知识的可视化、知识管理、文本分析、自然语言处理、Ontology、Mentoring、Heuristics Assessment 等技术也得到重视，知识专业化和信息的多元化催生了以 OCW、MOOC 等为代表的开放教育和在线教育模式，诸如翻转学习、混合学习等教学和学习模式也可能会随时出现。信息化社会对于学习环境的要求也逐渐提高，教育技术学从个性化、移动化、自由化、多元化、可视化、虚拟化等各个方面进行研究，"未来教室"这一概念也在此时出现，传统意义上"黑板加粉笔"的课堂集中授课式教学模式得到了多样化的改变，随着日本国家级项目"未来学校""ICT 梦想学校""先导性教育系统"等逐步实施，配备电子白板、投影仪、教学辅助系统、人手一台信息终端和高速无线网络的教学环境成为学校的标准配置，教室桌椅、空间配置等也随之变化，教师主导型教学模式已转变为教学互动和学生主导型模式。日本以筹备 2020 年东京奥运会为契机，推动第五代通信系统、4K·8K 高清数字媒介、开放数据和物联网（IoT：Internet of Things）的研发和应用，新版《学习指导要领》

也在加速修订中，今后将有更多智能化设备和技术应用于课堂，预计会产生更多新的研究成果。

第二节　日本教育技术学研究方法的变迁

一　研究方法的分类

日本《教育工学事典》中指出，教育技术学一方面以教育为研究对象，与人类的学习和发展等人文科学相关联，另一方面以信息通信技术及媒体的应用为研究对象，与科学和技术等理工学科相关联。这种跨领域的融合创新为教育技术学的研究方法提供了新视角、新观点和新方法，能够更全面、深刻地解释教育现象和问题。永野和男（2011）认为教育技术学并没有统一的方法论，它是由持有不同方法论的众多研究领域集合而成的学科体系。日本教育技术学研究方法受到元理论方法论变革的影响，野家启一（1993）则提出科学研究方法正在从逻辑学向解释学演变。逻辑实证主义作为逻辑学的主要理论，采用客观量性的研究方法诠释科学理论；而解释学对科学的认识基于文脉情境主义（Contextualism），利用解释性的质性研究方法剖析对科学的认识。日本教育技术学经历了从行为主义向社会建构主义的范式转换过程，其研究方法的变化与科学研究方法的发展趋势相似。本书以菅井胜雄（2000）提出的四个重要研究取向为标准，对日本教育技术学研究方法的变迁展开讨论。

（一）实验研究取向

20世纪中叶，日本教育技术学采用的研究方法为基于普遍主义立场的"实验室研究"，该方法通过精心设计研究过程，创造高度控制干扰因素的实验室环境，探究各变量间的关系，以便从中总结出普遍性规律，被广泛地应用于基于实证研究的行为科学中，如教学实验、标准化测验、调查法等，通过测试或调查问卷来收集、统计、分析数据。受行为主义主导，研究者将其应用于教学研究、教辅系统研发等各类研究实践中，力求使研究结论更具客观性和普遍性。但该方法主要是将数值量化后进行统计分析，再将数值还原为有意义的解释，将研究对象和过程都孤立起来，具有一定的局限性和片面性，常被质疑仅在"实验室"内有效。

（二）生态学研究取向

20 世纪 70 年代后期，在生态学研究的影响下，关于学习和认知的研究发生了巨大变化。以生态效度观点的提出为契机，日本的教育技术学研究开始考虑环境和情境等因素。生态效度观点批判性地指出人为控制下的实验室研究脱离日常生活、忽略环境因素影响，提出将内在认知信息处理模式和生态学研究方式相结合，以便于从整体着手研究人类的认知活动。受此观点的影响，日本开始关注学习所依存的历史、文化、社会等背景因素，并为学习赋予了新的意义和解释。对真实情境下的学习活动进行观察分析的实地研究日益增多，使得解释性的研究方法开始逐渐受到关注。

（三）建构主义研究取向

从 20 世纪 80 年代开始，日本学校课程标准和《学习指导要领》引入了皮亚杰的"认知发展阶段理论"，建构主义研究开始在日本流行起来，并发展成为该时期教育技术学的指导性理论。久保田贤一（2003）指出建构主义多采用解释性的质性研究法，如观察法、访谈法、实地研究法等，结合实证主义的研究方法，与传统学习进行比较，对事前与事后评测结果进行对比分析，通过测定显著性差异来解释建构研究的有效性。然而，建构主义将知识解释为个体与事物、环境交互过程中取得的经验，忽略了社会和文化的影响，随着文脉情境主义的发展，建构主义逐渐瓦解。

（四）社会建构主义研究取向

20 世纪 90 年代以后，随着分布式学习理论的出现，社会建构主义的研究势如破竹。社会建构主义主张个体认知受到社会文化因素的影响，在与他人的讨论中会不断地被调整和修正。山田政宽（2013）认为学习者的知识结构会在与他人或学习辅助工具的相互作用中实现再构建。立足于社会建构主义立场的研究方法重视背景和文脉等因素，否定数据的一般化。因此，重视基于社会建构研究的协作学习，研究方法多以质性研究为主，如观察法、行为研究法等。但社会建构主义理论仍然亟待深入研究，目前并未确立统一的研究框架和研究方法。

二 文献分析

2000 年以后，随着新一代信息技术的快速发展，日本教育技术学研究有了新的变化并呈现出新的特点。为掌握该时期研究方法的特点与趋势，我们以《日本教育工学会论文志》为数据来源进行抽样分析。该刊物为日本教育工学会唯一的学术期刊，每年发行 1 卷，包括正刊 4 期、增刊 1 期及英文特刊 1 期。而日本教育工学会为日本教育技术学领域规模最大、人数最多、学术影响力最大的权威学术团体，以该期刊为分析对象更加具有代表性和权威性。通过对 2001 年至 2016 年第一季度发表的文献进行筛选，除去英文特刊，共从 78 期中获得 1385 篇日文文献，并从以下三个方面对其研究方法进行分析。

（一）基于文献类别

日本教育技术学研究主要包括基础类研究、开发类研究和实践类研究三种。其中，基础类研究着重于根据学习者外在行为的变化来测量学习者和学习过程发生的变化；开发类研究则重点关注研发和应用信息技术、教学资源等内容，探究有效的教学和学习方法；实践类研究关注已被证实有效的理论和观点，并将其应用于教学实践中。《日本教育工学会论文志》中收录文献的类别包括学术论文、学术资料、短篇论文、特约稿四大类，审稿时会根据研究内容和内外效度等进行归类。从 2010 年起，学术论文类又被进一步细分为基础类、开发类和实践类。具体而言，基础研究论文应具有独创性和可信度，并具有能促进学科发展的特点；教育系统开发论文侧重系统开发；教育实践研究论文以研究教学实践为主。另外，学术资料多为研究报告和数据等，短篇论文则因篇幅限制多精简背景描述等内容，更重视创新性和新奇性。值得一提的是，每年第 3 期均设置年度主题，代表该年度重点关注的热门研究内容（见图 2-2）。

如图 2-2 所示，自 2002 年开始，文献总数呈递增趋势，2005 年较 2001 年数量翻倍，2006～2013 年刊发数量较为稳定，自 2013 年起又开始减少。从类别分析上看，学术论文类数量并无显著变化，而学术资料类却明显减少。在研究内容逐渐扩宽的背景下，并未增加收录文献的数量，而是逐步降低学术资料类所占比例，这说明审稿标准逐渐趋于严格，形成了更为完善、体系化的评审标准。此外，通过对学术论文三个子类的文献收录情况分析可知，开发类论文呈逐年递减趋势，且 2015 年以来仅有 1 篇。这说明虽然 2010 年出于对教育系统开发的重视而提出这一文献类别，但由于仅停留在开发阶段的研究很难有严谨的数据分析和效果验证，因此，开发类研究论文很难被采用。而实践类文献数量虽然在 2010 年刚分类时较少，但近几年在数量上有所上升，甚至有超过基础类研究的趋势，由此可见，日本的教育技术学研究不仅重视理论创新，更重视实践探究。

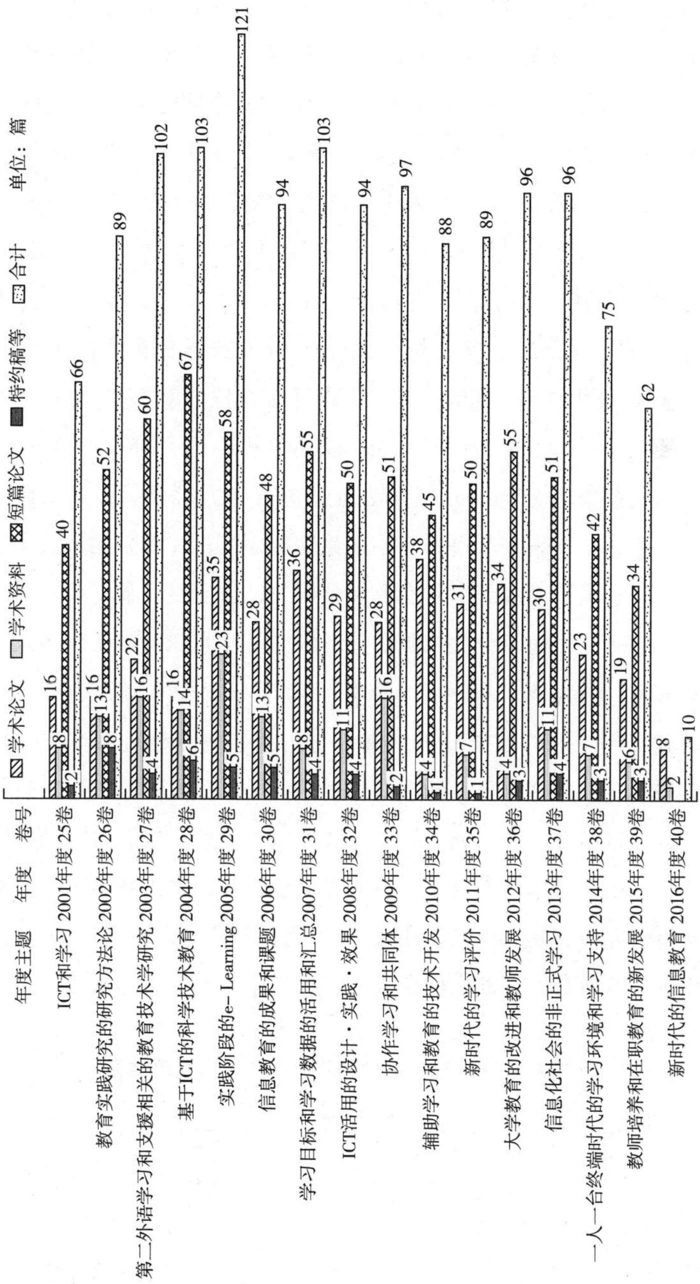
单位：篇
学术论文
学术资料
短篇论文
特约稿等
合计
年度主题 年度 卷号
ICT和学习 2001年度 25卷 16 8 40 2 66
教育实践研究的研究方法论 2002年度 26卷 16 13 52 8 89
第二外语学习和支援相关的教育技术学研究 2003年度 27卷 22 16 60 4 102
基于ICT的科学技术教育 2004年度 28卷 16 14 67 6 103
实践阶段的e- Learning 2005年度 29卷 35 23 58 5 121
信息教育的成果和课题 2006年度 30卷 28 13 48 5 94
学习目标和学习数据的活用和汇总2007年度 31卷 36 8 55 4 103
ICT活用的设计・实践・效果 2008年度 32卷 29 11 50 4 94
协作学习和共同体 2009年度 33卷 28 16 51 2 97
辅助学习和教育的技术开发 2010年度 34卷 38 4 45 1 88
新时代的学习评价 2011年度 35卷 31 7 50 1 89
大学教育的改进和教师发展 2012年度 36卷 34 4 55 3 96
信息化社会的非正式学习 2013年度 37卷 30 11 51 4 96
一人一台终端时代的学习环境和学习支持 2014年度 38卷 23 7 42 3 75
教师培养和在职教育的新发展 2015年度 39卷 19 6 34 3 62
新时代的信息教育 2016年度 40卷 8 2 10

图2-2　日本教育工学会论文志的文献数量及种类（2001年至2016年第一季度）

　　研究方法的选择在很大程度上基于研究者的认识论观点，即上文提到的采用定量实证方法的逻辑实证主义和采用定性解释方法的社会建构主义。为了分析文献中所采用的研究方法，剔除特约稿等 55 篇非研究性文献，最终获得文献 1330 篇。按照定量实证方法和定性解释方法分类后进行卡方检验，得到的结果如表 2-2 和表 2-3 所示。定量分析论文共计 1084 篇，占总数的 81.5%；定性分析论文共计 246 篇，占总数的 18.5%。其中，定量分析多采用标准偏差分析、方差分析、因子分析等数据分析方法，并将多种分析方法相结合。定性分析多采用面谈法、观察法、实地考察法、KJ 法（又称 A 型图解法）、谈话分析、语言分析等方法。

　　在对文献类别分组与研究方法分组进行卡方检验后，其结果具有显著性差异。从表 2-2 可知，学术论文与短篇论文多采用定量实证分析法，而学术资料多采用定性解释分析法。这说明日本依然重视实证性的定量研究，而解释性的质性分析研究由于实证性较低，多收录为学术资料。参考清水康敬等（2012）对学习阶段（初、中等教育和高等教育）分组的数据分析结果，与研究方法分组进行卡方检验后也发现具有显著性差异，如表 2-3 所示，关于幼儿园到高中教育的研究中以定量研究为主，而定性研究多为对大学教育或者对社会人的教育研究。由于日本研究者大多在大学就职，难以融入初、中等教育进行实地研究或观察，而且访谈法和对话分析等很多定性研究方法也不适用于初等教育，因此定性研究方法多集中在高等教育研究上。

表 2-2　定量实证方法和定性解释方法的卡方检验结果一
（文献类别分组）

		基础研究	教育系统开发	教学实践研究	学术资料	短篇论文	合计
定量研究	论文数	282	21	57	35	689	1084
	所占比例	89.24%	84.00%	83.82%	21.47%	90.90%	81.50%
	标准化残差	1.5 **	0.1 **	0.2 **	-8.5 **	2.9 **	

续表

		基础研究	教育系统开发	教学实践研究	学术资料	短篇论文	合计
定性研究	论文数	34	4	11	128	69	246
	所占比例	10.76%	16.00%	16.18%	78.53%	9.10%	18.50%
	标准化残差	-3.2**	-0.3**	-0.4**	17.8**	-6**	
合计	论文数	316	25	68	163	758	1330
	比例	23.76%	1.88%	5.11%	12.26%	56.99%	100.00%

注：＊p<0.05，＊＊p<0.01，＊＊＊p<0.001。

表 2-3　定量实证方法和定性解释方法的卡方检验结果二
（研究参与者的学习阶段分组）

		初等中等教育	大学以上	合计
定量研究	论文数	711	373	1084
	所占比例	53.46%	28.05%	81.50%
	标准化残差	3.7**	-4.2**	
定性研究	论文数	49	197	246
	所占比例	3.68%	14.81%	18.50%
	标准化残差	-7.7**	8.9**	
合计	论文数	760	570	1330
	比例	57.14%	42.86%	100%

注：＊p<0.05，＊＊p<0.01，＊＊＊p<0.001。

（二）基于研究的实践性

日本教育技术学的研究以实践为导向，向后千春（2002）将分子生物学的条件干预分类方法应用于教育技术学中，将研究方法按照严密条件控制下的实验室研究（简称 Vitro 研究）、某种程度的条件控制研究（简称 Vivo 研究）、真实的教学环境研究（简称 Situ 研究）和调查研究四个标准进行分类。其中，Vitro 研究将因变量减少到最低，通常研究学习者个体表现或系统性能；Vivo 研究是为了适用于真实教育情境，牺牲一定程度的条件控制，增加不可控的因变量，比如学习者间的互动，以换取更高的外部有效性；Situ 研究目的是验证设计方案或新系统的效果，多采用设计实验的方法或行动研究的方法；调查研究则是不实施任何干预进行分析调查。具体分析这四类研究可知，Vitro 研究和 Vivo 研究多为开发设计类基础性研究，而 Situ 研究和调查研究多为改善学习效果的实践类研究。

由于增刊的短篇论文多为研究初、中期的结果，且 Situ 研究居多，导致数据分布失衡，因此剔除增刊中的 758 篇短篇论文，对学术论文和学术资料两大类的 572 篇文献进行分析。分析结果如图 2-3 所示，Vitro 研究和 Situ 研究的数量接近，Vivo 研究数量最少，调查研究数量最多。进一步通过 Pearson X^2 检定可知，组间存在显著相关（$X^2 = 104.814$，$p < 0.05$），说明实践调查研究与基础类实验研究比重接近。在此分组基础上按论文类别分类，其中，学术论文共计 409 篇（含基础研究论文，教学系统开发论文及教学实践研究论文），学术资料则为 163 篇。图 2-4 为对这两类文献中四种研究所占比例的比较分析结果，其中学术论文多为基础类的实验研究，学术资料则更多为实践或调查研究性内容，这说明实验实证型研究更容易被收录为学术论文，而实践调查类研究多被认定为学术资料。由此可见，基础类的 Vitro 研究和实践类的 Situ 研究数量接近，而按照学术论文和学术资料分组后，

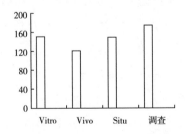

图 2-3　根据研究的实践性分类的论文数

Vitro 研究基本按照学术论文收录，而 Situ 研究半数按照学术资料收录。鉴于学术论文和学术资料的区别在于创新性和独创性，以改善现状为出发点的实践研究很难有独创。

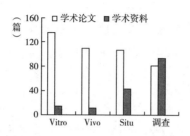

图 2-4　学术论文和学术资料在四种研究类别文献中数量的比较

（三）基于分析方法

本书对包括增刊短篇论文在内的 1330 篇文献进行数据分析方法的总结，因为短篇论文中有具体的数据分析方法，适合通过分析方法进行描述。通过关键词"分析"检索共得到 836 篇论文，再删除不涉及分析方法的 254 篇文献，最终得到 582 篇论文。根据对文献的分析方法归类分析得知，采用方差分析的研究最多，约占总数的一半，其次为因子分析。所有论文共计使用了 732 种分析方法，远大于抽样的文献总数，这说明不少文献中结合了多种分析方法。其中，86.7% 的论文采用显著性差异的有无来进行论证。此外，关于使用分组对比的情况，抽样文献中有 63 篇使用实验组和对照组，25 篇使用学习优良组和学习一般组，180 篇则按学校和学年分组，另外还有按性别（43 篇）、按能力（8 篇）、随机分组（10 篇）的分组方法。由此可见，日本极其重视数据分组对比的分析方法，对于教育实际情况会考虑到不同层次、年级、性别、学时等各类因素，通过对比分析来论证有效性。

第三节　日本科研课题分布

一　科研背景

（一）日本国家级科技发展战略及课题概况

日本一直以"科技立国"为国家战略，早期由内阁专门制定"科学技术政策大纲"，其后于 1995 年正式颁布《科学技术基本法》，以法律形式明确了科技发展方针和基本准则，并以此为依据，日本政府每五年制定一次"科学技术基本计划"，主要涉及科研政策制定、科研经费分配、人才培养及信息公开与交流等内容。[①] 1996 年至 2000 年的第一期基本计划投入经费为 17 兆日元，其后第二期为 24 兆日元，第三期为 25 兆日元，第四期（2011 年至 2015 年）总额约为 25 兆日元。这类由国家财政拨款的科研类经费主要包括由文部科学省、经济产业省、总务省等国家部委拨划的经费，以及委托给地方部门和各类团体组织管理的经费。

在上述经费中，涉及科学技术研究方面的主要可划分为两大类，一类是拨划给国立大学和科研院所等的"运营费交付金"，以及拨划给私立大学的"日常经费补助金"，此类经费可由单位自行立项，主要用于保障教育或科研单位的日常运营，也包括科研经费的支出。而另外一类则是拨划给独立行政法人等机构的经费，该类机构受政府委托进行经费管理、立项审查及成果发布等，主要由各类院校、研究机构、企事业单位及个人等申请，类似中国国家社科基金等单位管理的经费，以科研立项为主，尤其是文部科学省以"竞争性资金"形式拨划给独立行政法人日本学术振兴会（Japan Society for the Promotion of Science，以下简称 JSPS）的科学研究经

---

① 「科学技術基本法」、日本文部科学省、https：//www. mext. go. jp/b_menu/hakusho/html/hpaa201901/detail/1418474. htm。

费。近年来日本受经济停滞、人口少子化和老龄化的影响，国家财政一直在削减教育及科研经费，在财政拨款额度有限的情况下，日本主要通过削减大学和研究机构的日常运营经费、增加具有竞争性的研究经费来进行协调，以 JSPS 为主导的科研经费占据了整体的六成以上，成为日本科研经费的主要来源。

（二）课题分布

日本学术振兴会最早成立于 1932 年，当初是以日本天皇名义下拨学术奖励经费，其后因《独立行政法人通则法》颁布，于 2003 年变更为独立行政法人，一直以来与文部科学省等部门合作，进行学术研究、人才培养、学术交流及科研调查和信息推广等。该机构目前开展的学术项目包括科学研究费助成事业、人文社科类研究推进事业、东日本大地震学术调查和世界顶级研究据点项目等，类似于中国的国家级课题（即纵向课题经费），其中科学研究费助成事业又简称"科研费"，日文为 KAKENHI，英语为 Grants-in-Aid for Scientific Research。该经费的立项范围极为广泛，包括自然科学及人文社科等各领域的学术研究均可申请，主要采用同行评审方式，优先资助具有独创性、先驱性的研究项目。

科学研究费助成事业自 1964 年立项至今，由当初的 34 亿日元递增至 2017 年的 2284 亿日元，资助超过 85 万个课题，累计超 3 兆日元。申请方主要为研究机构和科研人员，截至 2015 年登记在册约 28 万人。其立项类别会根据国家科研发展需要和学术领域的变化随时进行调整，至今包括废止的类别在内，共计 44 大类。类别变化最大的一次是在 1996 年前后，综合研究、一般研究、试验研究和特别研究等主要类别被废止，改为基盘研究、特定领域研究、萌芽研究等类型。表 2-4 列出了目前在编的主要类别，其中立项最多的为基盘研究、挑战的萌芽研究和青年研究，单个课题经费额度一般在 500 万~5000 万日元，是目前竞争最为激烈的纵向科研经费来源。

表 2-4 科学研究费助成事业类别

类别		内容	年限	额度（日元）
科学研究费	特别推进研究	国际高水平且有望获得优异研究成果的课题	3~5 年	约 5 亿，不设上限
	新学术领域研究	新领域或跨学科的课题	5 年	每年 1000 万~3 亿
	基盘研究 S 类	个人或少数人进行的课题	5 年	5000 万~2 亿
	基盘研究 A 类	个人或多人共同进行的课题	3~5 年	2000 万~5000 万
	基盘研究 B 类			500 万~2000 万
	基盘研究 C 类			500 万以下
	挑战的萌芽研究	个人或多人共同进行的，具有独创性、挑战性的，且处在研究萌芽阶段的课题	1~3 年	500 万以下
	青年研究 A 类	39 岁以下个人进行的课题	2~4 年	500 万~3000 万
	青年研究 B 类			500 万以下
	研究活动启动支援	新录用研究人员或休产假等后回研究岗位的个人所进行的课题	2 年以内	每年 150 万以下
	奖励研究	教育或研究机构、企业及其他单位人员进行的单人研究课题	1 年以内	10 万~100 万
特别研究促进费		紧急且重大研究课题	特定	特定
研究成果公开促进费	研究成果公开发表	由学会等机构开展的高水平研究成果资助	特定	特定
	国际信息交流强化	学术国际交流资助	特定	特定
	学术定期刊物	学术类期刊的资助	特定	特定
	学术图书	个人或团体学术图书的资助	特定	特定
	数据库	个人或团体制作的开源数据库资助	特定	特定
特别研究员奖励费		JSPS 特别研究员研究资助	3 年内	特定
国际共同研究加速基金	国际共同研究强化	立项人员在国外的国际共同研究资助	半年~1 年	1200 万以下
	国际活动支援班	新学术领域国际活动资助	特定	每年 1500 万以下

二 课题热点分布

为掌握日本科研经费中教育技术类课题立项的具体情况，我们以日本科学研究费助成事业数据库为数据来源，抽选与科学研究费中教育技术相关的子类进行统计分析，截至 2017 年 3 月，四十年间共有 4461 个项目立项，课题经费累计约 216.5 亿日元（约合人民币 13 亿元），以下展开具体分析。

（一）历时分析

从立项的时间顺序来看，如图 2-5 所示，教育技术这一类别最早出现在 1977 年，当时被划为跨学科领域下科学教育的子类，当年共 59 个课题获得立项。至 1992 年期间，历年获批数量一直稳定在 60 个左右，仅占该时期获批项目总数的 0.6%，主要集中在数理类学科教育辅助研究和计算机教育应用两部分，可以说是日本教育技术研究的萌芽期。日本教育技术相关的研究最初是在教育和电子通信领域萌芽，由早期成立的日本放送教育学会和电子通信学会等学术团体开展，所以这段时间内教育技术还附属于科学教育，研究方法和研究范畴仍然处于摸索阶段。

其后，随着 1984 年日本教育工学会成立，且 1993 年日本互联网服务正式开始商业化，作为国家科研风向标的"科研费"终于在 1993 年将教育技术从科学教育中独立出来，成为与其平级的跨学科领域子类，直至今天，JSPS 仍然将教育技术列为与生活科学、医工学、科学技术史、脑科学、博物馆学等同级别的跨学科综合学术领域。这不仅确立了教育技术作为独立学科的学术地位，也将教育技术从其他跨学科领域中细分出来，因此，从 1993 年开始至 2000 年的八年间，教育技术类课题的立项数量稳步增长，平均每年有 92 个课题获得立项，研究范围也在逐渐扩展，包括多媒体研究、互联网应用、学习环境开发等相关内容。

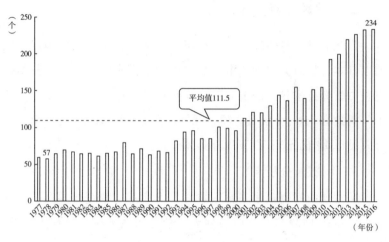

图2-5　日本教育技术类课题立项时间分布

2000年开始，日本大规模建设高速宽带网络，教育信息化建设被正式提到国家战略中，因此从2001年开始，教育技术类课题立项数量呈现井喷状态，当年便突破了四十年来的平均值，达到113个，随后直线增长，到2016年翻倍，达到历史顶峰的234项，该时期内立项数量占了四十年间教育技术类立项课题总数的六成，体现了教育技术研究发展的成熟，在研究领域进一步扩大的同时，逐渐形成了完整的研究理论和研究方法，尤其是大数据分析、数据库建设、学习分析等更加受重视，且这部分获立项课题的研究人员主要来自于理工科，而非传统的教育领域。其中，一个值得注意的变化是，2013年开始新设"学习系统"这一新的类别，并将其划分至信息学领域中，虽然立项总数仅16个，但说明在科研立项方面，教育技术学的研究发展有着一定的分裂倾向，这点与日本教育工学会开始设置SIG有着一定的关系，纯信息技术的工学研究领域将有可能从教育技术学中分离出来，成为独立且系统的新型综合学科。

虽然教育技术类课题立项一直呈稳定发展态势，但从整个"科研费"立项分布来说，教育技术类课题四十年来的立项总数仅占全部课题立项总数的一成不到，即便是达到立项数量顶峰的 2016 年，也仅占当年整体的 0.7%，这也说明教育技术类课题发展还有待提升，跨学科领域的学术建设仍然任重道远。

（二）类别分析

从统计类别上看，如图 2-6 所示，所有教育技术类课题中，基础研究的立项最多，共计 2121 项，约占整体的一半。基础研究类别设置始于 1994 年，是"科研费"中资助额度相对较大的一类，包含 S、A、B、C 四类，是"科研费"中的主干类别，1994 年以前的主干类别为一般研究，两类获批课题合计占教育技术类课题立项总数的 63%。由于这类课题的主要申请人多为教授职称，这也说明教育技术类课题的研究者以高级职称为主。其中基础研究 S 为资助额度最大的类别，获得该类立项的课题仅有两项，即 2016 年九州大学的"教育大数据云信息基础研究"和 2001 年媒体教育开发中心的"教育信息国际中心的构建与评价"，前者项目经费为 1.83 亿日元，后者为 1.2 亿日元，其他基础类别课题的资助金额在 50 万~5000 万日元之间，这也说明了教育技术类课题在大额度资助的主干类别中获批的难度较高。

另外，青年研究、奖励研究和萌芽研究虽然分别占比远比基础研究和一般研究要低，但合计也占了 32%，这部分课题主要来自于中青年研究者的申请，说明在教育技术类科研人才培养方面，科研经费还是有一定的倾斜，尤其是青年研究和萌芽研究本身也规定了主要资助刚跨入研究者领域的青年学者及具有独创性、突破性的前沿研究课题。

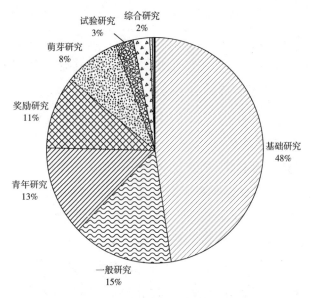

图 2-6 日本教育技术类课题类别分布

（三）申报单位分析

从申报单位来看，如图 2-7 所示，高校方面主要以国、公立大学为主，而其中又以教育类大学为主。日本教育类大学类似于我国师范类院校，主要培养中小学教师，因此比较重视教育技术相关研究，共计有 577 个课题获批，再加上其他国、公立大学的立项数量，已占据整体立项课题数的 62%。国、公立大学中，东京工业大学以 150 个位居榜首，其次是东京学艺大学 111 个、大阪大学 85 个、东京大学 77 个。这说明日本教育技术学研究学者主要来源于这几所大学，尤其是东京工业大学可谓是日本教育技术学的发源地，几位主要的申报人均为日本教育技术届的元老。另外，在私立大学中立项最多的是早稻田大学，有 105 个，其次是帝京大学 29 个、庆应义塾大学 17 个，可见私立大学之间的实力对比非常强烈，早稻田大学在私立大学中独树一帜，不仅设有教育技术相关研究领域的硕博点，而且在教育信息化、在线教育、外语教育信息化等方面具有非常强的实力。值得一提的是放送大学，类似中国电大或开放大学，由于受到招生规模和法律的限制，在教育技术方面的师资力量比国立大学弱很多，导致学术科研远远落后于教育类大学，仅30个课题获批。

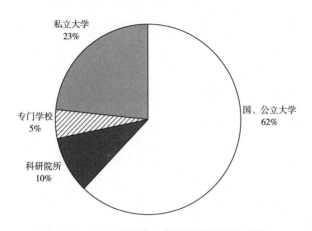

图2-7　日本教育技术类课题申报单位分布

　　另外，主管日本教育信息化和教学研究的独立机构为媒体教育开发中心，后改制成为独立行政法人，并入东京工业大学，其职能类似于中国的中央电化教育馆，共计有82个项目获批。其次是国立教育研究所73个、国立教育政策研究所47个、大学考试中心46个。这些单位合计有超过200个项目获批，也说明日本在科研立项上除大学外，其他相关研究机构也非常活跃。再就是日本的专门学校，类似于国内职业技术类院校，却获批项目诸多，共计有218个项目获批，这一数量已经接近科研院所，说明教育技术学在日本职业技术院校中有着更为广阔的发展空间和实际需求。

　　从地区分布上来看，申报单位主要以东京和大阪地区为主，这也是因为科研院所基本上聚集在东京，然后依次是广岛、信州、岐阜等国立大学较为出名的地区，说明了日本学术研究地区分布极为不平衡。

（四）内容分析

为掌握立项课题的研究热点，以课题名称为准，进行词频分析统计后发现，如表2-5所示，排名前20的高频词为研究、开发、教育、系统、学习等涉及教育技术研究的主要词语，值得一提的是排名第八的教材，说明教学资源建设是日本研究的重点之一。

表 2-5　高频词分类统计

单位：个

动词类		学科类		技术类		方法类		其他	
研究	1880	数学	169	系统	1297	学习辅助	287	授课	373
开发	1818	理科	109	教材	523	CAI	139	课程	184
教育	1410	社会	80	媒介	245	交流	97	残障	181
学习	1270	国语	59	数据库	183	远程教育	65	教师	150
支援	962	化学	53	计算机	157	可视化	65	教员	146
评价	528	物理	49	e-Learning	124	检索	56	教科	72
构筑	399	算数	48	视频	111	在线	44	科学教育	58
应用	294	外国语	46	互联网	87	学习共同体	40	教师教育	28
分析	194	音乐	25	声音	72	信息处理	33	项目	20
培养	159	家庭	23	Portfolio	66	学习效果	28	伦理	18

再进一步对高频词进行分类统计发现，如图2-8所示，课题多采用研究、开发、教育、学习等词进行课题描述，在中小学教学科目上，数学和理科的相关研究最多，这也说明教育技术的实践研究更加偏重理科。在技术类中，系统是使用最多的词，其次是教材，再根据时间顺序对技术类词汇排序发现，除表2-5中的高频词外，2000年后新出现的词还有平板电脑（41）、机器人

（28）、大数据（22）、VR（17）、3D（12）、MR（8）等，说明了课题立项紧跟前沿技术，同步发展。而在其他类别的词汇中可以发现日本还比较关注残障方面的研究，其词频甚至接近分析、数据库、课程等常见词。

最后，以日本教育工学会编著的《教育工学事典》中研究类别的分类为参考，将所有抽选出来的课题按研究内容分为 10 个类别，虽有部分课题横跨多个类别，但也能比较全面地反映课题分布情况。如图 2-9 所示，技术研发及应用类课题有 2677 个，占据榜首，其次是学习分析类和远程教育及在线教育类，而理论研究则排在倒数第一位，仅 198 个。同时，若将课程研究和教学方法合并，则超过了学习分析，这说明日本科研课题以研发和实践分析为主，更注重量化分析和数据分析。

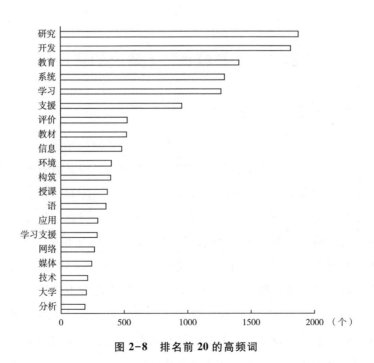

图 2-8 排名前 20 的高频词

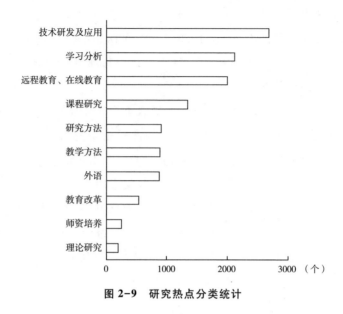

图 2-9　研究热点分类统计

第四节　中日教育技术研究的特点

一　研究历程

从日本信息技术发展的历程来看，日本教育技术研究紧跟信息技术的变革和时代发展，配合国家信息产业和信息教育政策的变化，逐渐由单一的信息技术实践研究转变为适应社会发展和教育变革的综合性研究。从学习理论的变化历程上可以看出技术对教育的影响，在萌芽探索阶段以行动主义学习观为主流，通过客观观察行为进行刺激与反应的教学模式，注重学习的最终结果，故而以教学设备和程序学习设计为主。其后在融合发展阶段，以认知主义、发现学习、假说—验证学习为主流，通过学习过程发现、理解信息的含义，注重学习过程的教学反馈。而在创新转变阶段，开始注意到社会结构和社会认知对教育的影响，通过建构主义和分散认知等来研究多样化的学习形态和教育需求。到智能多元化阶段，要求知识创新，开始进行知识建构、智慧创新、非对称·非结构的教育相关研究，使教育技术开始在信息社会背景下开展协调学习的研究成为主流，今后将在社会文化学习观的影响下，通过对各类教学和学习模式的研究，开展跨学科、多领域的教学技术研究和实践，使教育技术向着智能多元化方向继续发展。

日本教育技术的发展也对中国产生了深刻的影响，以1985年开始的"中日理科教育协力事业"为基础，两国在信息技术、教学方法、媒介教育、教师培养方面开展了各类学术交流，日本相关研究成果也被翻译和介绍到中国，其后在中国教育技术协会和日本教育工学会的合作下，于2005年正式开设了中日教育技术论坛，在理论研究、教学实践、系统研发、人才培养等方面开始了紧密地合作和交流，尤其是在开放教育资源、机器人教育、脑科学·生理指标、游戏教育、学习环境等方面的学术交流和国际共同研究取得了诸多成果，紧密关注和研究日本信息技术发展和教育技术研究动向将有利于推动中日学术交流和国际化合作，对交叉学科创新和新研究领域的开发有着重要的参考价值和借鉴意义。

二　研究方法

通过第二节中对日本学术文献的统计分析，对比中国教育技术学研究，可以发现日本的研究方法有如下几个特点。

（一）重视定量实证研究

总体上看，日本文献中定量研究占总数的八成以上，为定性研究的4倍多，且定性研究多被认定为学术资料，而非学术论文。对比中国教育技术学的研究方法，以胡来林和安玉洁（2006）的抽样分析为参照，其所选的480篇文献中，定性研究与定量研究的比例约为 9∶1，与日本完全相反。此外，在中国的教育技术学研究中，定量研究多集中在高等教育阶段，而在日本，定量研究则更多集中在初等教育和中等教育阶段，高等教育阶段更偏重定性研究，总体上日本正在从定量实证研究向定性解释研究转变，但更重视定量实证研究，且呈现出定量与定性相结合的趋势。相比之下，中国的相关研究多从定性角度出发，倾向于描述性和综述性研究，导致定性研究与定量研究比例严重失衡。因此，今后我国应提高定量实证研究的比例，与定性研究结合，推进研究实践的进一步发展。

（二）注重研究实践性

通过分析可知，日本约七成以上的教育技术学研究围绕实践展开，而调查类研究仅占两成，且多被认定为学术资料，这说明日本更重视研究的实践性，并且在研究过程中注重创新性，会提出新方法、新观点，或开发新系统、新模型，再通过实践证明其有效性。例如在实践中测定新系统对学习效果的影响、对比传统学习环境和新开发的学习环境开展差异分析、验证教学设计模型对改善教学活动的有效性等。而中国多为书斋式的研究，倾向于通过阅读文献或资料进行思辨、概念推理和归纳。因此，有必要借鉴日本重视实践分析的特点，注重将研究成果在实践中验证并推广，促进实践与理论的结合，提高中国教育技术学学科建设和实践应用水平。

（三）采用多元化分析方法

日本的分析方法有着多元化、跨学科的特点，善于结合来自不同学科的多种分析方法进行分析和论证，并且在数据分析中能从多个维度展开，使得分析结果更为全面和客观，有助于增加研究的外在效度。相比而言，中国相关研究的分析方法较为单一，能从多个维度进行数据分析的文献并不多见，存在着对研究的信度和效度不加以具体说明等问题。此外，长期以来研究方法并无太大变化，主要使用解释结构模型法、S-P 分析法、比较分析法等，结合多种分析方法的文献比例也比较低。因此，有必要提高中国教育技术学研究的数据分析水平，重视采用多元化的分析方法，注意对研究结论的分析过程，增强分析结论的科学性和客观性。

（四）促进多学科融合和国际化发展

日本教育技术学除引用教育学的方法外，还融合了教育心理学、心理学、行为科学等领域的研究方法，近年来还呈现出多学科融合和国际化的趋势，逐渐纳入更多新的内容，如生物学、现象学、人种学等。如利用生物学研究方法测定学习过程中眼球运动、眨眼频率、心跳等生理指标，利用人种学研究方法开展实地调查，以定性研究法分析异文化体验和学习情况。此外，日本紧跟世界技术前沿，积极利用新技术开展各类研发实践，如利用 VR 技术开发虚拟提示系统，利用 AR 工具与传统书籍结合开发新教材。相比之下，中国教育技术学领域的研究者大多出身于理工科，受研究者的学科背景和研究理念影响，研究内容多集中在技术开发与应用领域，跨学科研究还存在诸多壁垒和障碍。目前中国在多学科交叉融合方面还需进一步有效地破除学科壁垒，促进多学科融合和国际化的发展，积极培养跨学科的综合性人才，同时完善研究方法，使其规范化和体系化，提高研究的综合水平，提升国际学术影响力。

三 科研立项

中日两国同处东亚文化圈，教育技术研究的热点除从研究历程和研究方法变迁进行比较外，还可以通过科研立项的数据上进行横向比较，尤其是国家级课题的立项情况既代表了政府的态度，也能够显示优秀研究者的研究取向，可以较好地显示出研究热点。而作为教育科技立国效果比较显著的国家之一，日本多年来在教育技术研究领域的热点取向，对我国具有较大的参考意义。

上文通过总结日本国家级课题中教育技术类课题的立项情况，对日本教育技术研究的热点进行了分析研究，日本科研费类似于我国国家社科基金或国家自然科学基金，是日本竞争性经费的主要来源，数据资料比较翔实，包括了课题单位、时间、金额及项目进展和成果，在此我们简要对比中日之间的异同。

（一）立项学科分类

在日本，教育技术作为独立学科领域申报，与脑科学、博物馆学等并列，受政府支持更大。截至 2017 年 3 月，近四十年间日本共有 4461 个教育技术类国家项目立项，相对而言中国教育技术类课题立项数量偏少，如国家社科基金中，教育类获批课题自 1983 年至今仅有 1489 个，且中国政府并未将教育技术列为二级子类，分类级别远低于日本。通过日本国家级教育技术课题的入选单位情况，可以看出日本大学中教育技术研究实力较强的机构按照获取课题的数量排序是：东京工业大学（150 个），东京学艺大学（111 个），早稻田大学（105 个），大阪大学（85 个），东京大学（77 个）。如果按照学缘结构分析，则可看出东京工业大学和大阪大学是日本教育技术研究的两大核心人才培养来源。

（二）资助额度

教育技术在中日获批项目中数量及资助额度均低于其他类别，而且都占比较低，这点基本相同，但差异在于日本可通过其他类别进行跨学科申报，且各类院校及各领域科研人员的分布较广，如专门学校获批数量较多，而中国职业技术类院校、民办高校的获批概率低于日本。截至 2017 年 3 月，近四十年间日本对教育技术类国家课题资助经费累计约 216.5 亿日元（约合人民币 13

亿元），而按照国家社科基金当前每项人民币 20 万元的资助力度，同时段内，中国教育类国家课题资助额不超过人民币 3 亿元，实际此前的单项资助力度还要更低。

（三）研究热点分布

从内容分析上看，日本研究热点偏重于技术研发和实践，特别是在 2000 年后有爆发式增长，而平板电脑、机器人、大数据、VR、3D、MR 等是近年热点研究领域，这与获批单位以理工院校或专业居多相关。随着学习系统这一新的子类产生，说明日本正在逐渐强化这一工科取向，这将对今后日本教育技术的发展具有深远的影响。

第五节　热点研究国际对比

最近数年来，随着教育技术研究的快速发展，围绕教育技术的研究热点产生了诸多优秀的研究成果和实践案例，为分析中日之间的异同，通过查阅在中日之间召开的主要国际会议成果，可以获得更为详尽的数据，掌握国际研究发展趋势与中日研究之间的异同，以便于我们快速定位国际热点，科学有效地调整研究思路和方向。

一　日本教育工学会全国大会

日本教育工学会成立于 1984 年，在 2014 年迎来创立 30 周年的纪念。第三十届日本全国教育工学大会（Japan Society for Educational Technology，简称 JSET 2014）于 2014 年 9 月 19～21日在名古屋县的岐阜大学举行，大会以"日本教育工学的过去和未来——回顾 30 年"为主题，彰显教育技术学在教育领域中的重要地位与作用。教育技术学正逐步改变教与学的方式，不断为教育带来技术和方法的创新，更推动了教育理念和模式的创新。大会共分为四大部分，包括 30 周年专题报告会、Workshop 研习会、SIG 研究集会、研究发表（一般发表和 Poster 发表）。本届大会录用论文 470 余篇，被录用的论文在大会上通过口头报告、Poster 等方式发表和讨论。大会评选出 1 篇优秀论文和 1 个优秀研究，并颁发了证书。来自日本上百所高等院校、科研机构、中小学校的研究者参加会议，参会人数达 1000 多人。

（一）专题报告会

大会由时任日本教育工学会会长、富山大学的山西润一教授介绍日本教育技术学这三十年以来的发展历程以及对教育技术学未来发展前景的展望。此外，大会邀请中国教育技术协会（China Association of Educational Technology，CAET）常务理事、东北师范大学董玉琦教授，韩国教育工学会（Korea Society of Educational Technology，KSET）时任会长 Dr. Insook Lee，以及美国教育传播与技术协会（The Association for Educational Communications and Technology，AECT）时任会长 Dr. Stephen W. Harmon 做主题演讲，介绍各国教育技术研究的发展现状，共享在不同教育制度下的教育技术学研究成果，互相借鉴学习。

1. 日本教育技术学的发展历程及展望

山西润一会长在题为"以解决现代教育课题为己任的教育工学"的报告中指出，教育技术学的相关研究以解决教育现场中存在的问题以及信息道德、学力问题等社会中存在的课题为出发点，整合教育学、心理学、社会学、人间科学、统计学、生理学、系统科学、电信通信工学、信息工学等学科领域，旨在促进教育和学习行为，实现教育最优化。在 1984 年日本教育工学会设立纪念会上，曾以"高度信息化社会中教育技术学的作用"为主题，探讨在高速发展的信息社会中进展的教育内容和方法，由此开始了日本教育技术学研究的探索。此后日本出台的一系列教育政策法规，比如 2001 年《IT 基本法》中的"e-Japan 战略"、2006 年的"IT 新改革战略"、2008 年和 2013 年的"教育振兴基本计划"、2011 年阶段性小初高学校全面实施的新版《学习指导要领》等，均体现了这三十年中以 ICT 应用为中心的教育信息化所带来的深远影响。在这些政策法规的指导下，学校 ICT 环境的整备、教员 ICT 活用指导力的提高、ICT 教育的充实、校务办公信息化的推进都一一得到落实，提高了教育技术学的社会存在感。2010 年日本总务省开展的"未来学校推进事业"和文部科学省开展的"学习创新事业"以及"培养儿童的信息活用能力和 21 世纪所需技能实证事业"中，教育技术学都发挥了重要作用。为了保证高等教育质量，2008 年日本各大学开展了 FD（Faculty Development）义务化事业。第二期"教育振兴基本计划"中，积极引入 MOOC 和 Active Learning 等教学实践，推进大学教育质的改变。

此外，该报告指出日本教育工学会加强与国际各国的交流合作，共享各国教育技术学研究事业信息，探索国际携手解决课题的可能性。东京学艺大学井上光洋教授在 1980 年代开启的"中日教育工学合作事业（1986~1990 年）"，揭开了中日教育技术学合作序幕。自 2005 年起至 2014 年成功召开四次（2005 年，华南师范大学；2007 年，关西大学；2009 年，东北师范大学；2012 年，奈良教育大学）中日教育技术学研讨会，介绍了各国教育技术研究的现状，增加了中国和日本教育技术学间的研究交流。在韩国教育工学会创立 20 周年之际，当时的日本教育工学会赤堀侃司会长受韩国之邀，考察韩国教育，围绕教育技术学研究开展国际交流讨论。此外，韩国教育工学会与日本教育媒体学会共同举办了 ICoME 国际会议，并刊发学术杂志。在未来发展中，日本教育工学会将走出亚洲，走向世界，为国际性人才提供更广阔的研究交流空间。

2. 各国教育技术的发展现状报告

时任中国教育技术协会常务理事、东北师范大学的董玉琦教授在会上简要说明了中国教育技术协会的构成和发展沿革，回顾了这三十年来中日教育技术合作交流事业的发展，并介绍在当前教育背景下中国教育技术学研究的现状和课题。报告指出，教育信息技术学科作为中国教育基金会 15 个学科中的 1 个，每年从教育部获得约 30 个研究项目，除此以外，教育部人文社会科学项目和地方教育科学计划项目一级教育信息科研究专属项目等也为教育技术学研究提供研究经费支持。基础教育信息化项目是中国教育技术学研究的重要组成部分之一，包括小学、中学、高中的学校信息技术课研究以及课堂 ICT 活用、教学管理信息化等。在会上，董教授以东北师范大学信息技术教育研究所开展的"小学、中学、高中学校信息教育实证研究""信息技术教育课发展研究""农村中学生 ICT 技能发展战略研究"等研究项目为例，介绍了中国教育技术研究课题的开展现状。

时任韩国教育工学会会长、世宗大学的 Dr. Insook Lee 以"国际教育工学共同体的生态合作"为题，介绍了韩国教育工学会的发展宗旨、使命以及推进国际合作所作出的努力。KSET 立足于教学理论策略及信息技术应用的相关研究，通过教育技术学的研究推进信息和技术在教育中的应用，优化学校教育。Lee 教授指出当前教育技术学国际合作研究中存在的问题，提出国际教育技术学组织"生态合作"的理念和建议，如成立国际性附属机构，创立国际合作研究项目，等等。

时任美国教育信息技术协会会长、佐治亚州立大学的 Dr. Stephen W. Harmon 以"AECT，JSET 和教育技术学缩小的世界"为题，介绍了 AECT 的发展进程和国际研究合作现状。报告指出，AECT 旨在通过技术促进学习，从最初的可视通信发展到基于跨领域跨学科的教育和培训视角的多方面系统，在探索新技术的新应用方式过程中，不变的是"充分利用新兴技术提高人类学习环境"的宗旨。Harmon 教授指出，美国教育技术学机构积极开展世界范围内的教育技术学合作研究，日本、中国、韩国、印度尼西亚、马来西亚、土耳其、加拿大、非洲等国家的教育技术学机构中都有 AECT 的分支机构，在教育技术学研究领域缩小了与世界的距离。

（二）Workshop 研习会

Workshop 研习会是将参加的研究者分成小组，协作完成设计的任务，目的是让参与者体验相关研究的实践效果，与组织者交换对研究问题的见解，分享研究经验，是以头脑风暴为特征的创新研修方式。本次大会共有 7 个 Workshop 研习会小组，包括：网络霸凌（Cyberbullying）问题研讨；创新学习评价：个人学习过程分析；学习公地的运营和研究；程序教育中的地域合作；授课研究与教师职能的发展间的关联；基于触摸型思考支援工具的集散型协作活动设计；教材的现实性和虚构性。

1. 网络霸凌（Cyberbullying）问题研讨

随着手机等移动设备的普及和社会性软件等社交媒体的快速发展，利用 SNS、手机短信、电子邮件、网站和网上论坛等对他人进行蓄意、反复、恶意的攻击等网络霸凌问题也随之而来。为了保护学生远离网络霸凌，解决网络霸凌相关的各种问题，由山行大学的加纳宽子、金城学院大学的长谷川元洋、综合研究大学院大学的铃木贵久、上益城郡山都町立苏阳中学的川和宏网四位研究者在共同主持的 Workshop 研习会中，发表 2013 年东京都教育委员会对东京都内公立学校 9300 名学生的调查结果。调查显示，有过被网络霸凌经历的学生中，45% 的学生不会选择与其他人商量，其中 75% 的学生认为与人商量会导致事态恶化，56% 的学生认为与人商量也无法解决问题，这些结果表明受霸凌的学生没有安全感，而且网络霸凌这一事件无法得到及时解决。针对这一现状，参加者围绕解决方法展开讨论。

2. 创新学习评价：个人学习过程分析

静冈大学的益川弘如、大岛纯、大岛律子，神户大学的山口悦司，专修大学的望月俊男，东京学艺大学的北泽武，日本教育大学院大学的山田雅之，伊东市立东小学的丸井纯，伊东市立对岛中学的远藤育男组织了本研习会，围绕在中小学开展的教学实例展开讨论。2014 年 6 月他们与伊东市立冬小学合作，面向 6 年级学生开展了"排列组合"的教学实践课。实践课上，学生活用触屏终端自主探索排列和组合的区别，在 Jigsaw 学习活动中与他人分享学习心得。通过学生之间的话语分析教学设计的活动效果和个人学习需求的满足，探讨教学设计指标和创新学习的评价方法。

3. 学习公地的运营和研究

随着网络学习资源的丰富和学生自学意识的提高，很多大学在图书馆、教室等地为学生设置"学习公地"（Learning Commons）等学习空间。为了不浪费这些学习公地，达到促进学生自主学习的目的，由关西大学大学院的山本良太和岩崎千晶以及京都外国语大学的村上正行组织了关于"学习公地"运营管理的研习会。讨论指出学习公地除了提供必要的物品支援，比如白板、电脑、可自由移动组合桌椅等，还应加强图书馆和大学课堂教学的配合，比如布置合作学习任务等。

4. 程序教育中的地域合作

日本各地开展了面向小学生的玩具程序设计教学，如乐高、Scratch 等，旨在培养孩子的抽象逻辑思维能力及创新思维能力，让学生在玩中学习和体验编程。中京大学工学部宫田义郎，椙山女学园大学的龟井美穗子和加藤良组织了程序教育研习会，与相关研究者建立遍布日本全国各地的程序教育网络，分享程序教学的实践事例，介绍活动中使用的工具，并提供体验装置的机会，从而获得参加者的使用心得和建议。

5. 授课研究与教师职能的发展间的关联

世界范围内正广泛开展关于教师培训和促进职业发展的授课研究，日本将本国的授课研究推广到世界，整理来自世界各地的反馈，在明确授课研究的意义的基础上，围绕教师的终身教育、职业发展以及年轻教师培训等课题开展研究。日本女子大学的吉崎静夫和鸣门教育大学的村川雅弘组织了授课研究和教师培训的研习会，聚集相关研究不同方向的研究者，介绍其研究理念、方法及实施效果，比较和探讨各种授课研究方法的开发、实施及评价。

6. 基于触摸型思考支援工具的集散型协作活动设计

茨城大学的铃木荣幸，宇都宫大学的久保田善彦，创价大学的舟生日出男组织了集散型协作学习活动的研习会。协作学习的核心是小组成员通过集团活动协作创作学习成果，本研习会关注将小组成果由学习者个人再分析加工对学习者产生的影响，进而将这种影响重新带回小组内讨论。为了支持个人学习—小组协作循环交替的学习活动，本研习会介绍了基于 iPad 的思考支援App，组织参加者使用该 App，体验集散型学习活动，最后对思考支援 App 的使用前景进行讨论。

7. 教材的现实性和虚构性

千叶大学的藤川大佑和阿部学组织了基于教学设计理论的教材开发研习会。本研习会讨论教材制作的研究和实践，分析教材中现实性和虚构性内容相结合的重要性，探索有魅力的教材设计。

（三） SIG 研究集会

SIG 研究集会是日本教育工学会于 2014 年开始的新尝试，旨在为相关研究者扩展教育技术学大会的合作空间。由研究者设立 SIG 研究小组，与相关研究者在全国大会以及各季度的研究会上展开讨论、合作，探讨相关论题未来的发展走向和研究趋势。本次会议在现代教育技术学课题中选取了 6 大研究主题，包括：高等教育·FD 的研究活动；教师教育·实践研究；教育·学习支援系统开发和实践；教育信息化的现状；游戏学习和开放教育；协作学习·学习科学。

1. 高等教育·FD 的研究活动

2012 年文部科学省在教审报告"创造崭新未来的大学教育——培养学生主体思考能力的大学"中指出，在当今时代，大学教育的最大目标是培养学生在任何环境中，即使面对回答不出的问题，都能够推导出最优解的能力。为了培养这样的能力，如何改善高等教育成为重要课题。在 2009 年第 25 次日本教育工学会全国大会上就设立了"高等教育和 FD 的研究分野"，报告了面向大学教员的 FD 研修会的构成等研究课题。在本次教育工学会全国大会上，又成立"高等教育和 FD"的 SIG 研究集会，回顾日本教育工学会中关于高等教育和 FD 的研究活动，探讨高等教育的改善方法，创造更多的教师培训机会。

2. 教师教育·实践研究

日本教育工学会自 1984 年成立至今，教师教育作为十个中心研究分野之一，是非常重要的研究课题。教育技术学分野中的"教师培训——课程开发"研究中，包含大学四年一贯的系统课程开发，培养知识体系的课程开发，各科目中特定知识和技能的课程开发三个部分。文部科学省不断出台的教员培养改革政策也发生了很大变化，日本各大学研究开发了教师资格认证的新标准，包括课堂上要求的教学指导能力、问题解决能力等，为校内教师创立相互学习的研修环境、方法、支援工具以及评价方法。"教师培训——课堂研究和实践研究"中，包括教学设计 ID 和学习内容开发、媒体的利用、学习脚手架的搭建等内容，并通过模拟课考察。在本次大会上，成立"教师教育·实践研究"的 SIG 研究集会，旨在令教学实践者和研究者协力合作共同研究建立研习会。教师在教学实践中通过反复反省—改善的循环发展教学实践，一方面与其他教师交换教学实践心得，另一方面与相关研究者合作找出教学过程中存在的问题，建立长期研究合作关系。

3. 教育·学习支援系统开发和实践

系统开发的相关课题从 2004 年的"计算机技术的教育应用"、2005 年的"移动终端·计算机的教育应用"扩展到"活用新技术媒体的教育支援系统"等研究。关于教育系统开发的课题研究中，教育技术学中的信息系统主要包括以传递知识为目的的通信媒体系统（e-learning、远程教育等）和以支援教师和学生信息加工的输出应答系统两大部分，本次大会成立的教育·学习支援系统 SIG 研究集会主要是关于后者的研究，总结过去 20 年相关研究的发表内容，为教师、研究者和系统开发者创造合作平台，探索共同研究方法。

4. 教育信息化的现状

文部科学省"教育信息化入门"和"教育信息化未来方向"中的具体方针主要包括"教学指导的 ICT 活用""信息教育的推进""校务办公信息化"三部分，本次大会成立的教育信息化 SIG 研究集会主要是关于前两方面的探讨，旨在推进移动终端、电子黑板、电子教科书等信息技术在各学科教育中的应用，学校教师、教育委员会和企业形成合作研究团队，共享研究成果。

5. 游戏学习和开放教育

本次大会成立的游戏学习和开放教育 SIG 研究集会报告了日本国内外最新研究动向，分析国际上广受好评的研究成果，探讨研究发展的可能性，将日本国内游戏学习和开放教育的研究活性化。这相辅相成的两个课题在国际上较受关注，游戏学习的研究主要包括游戏的教育利用研究和游戏教材的开发、情景模拟教育等。开放教育研究是将教育面向所有人开放，消除教育上的屏障，增加教育机会，实现教育平等，比如开放教育资源 OER（Open Educational Resources）和开放课程讲座 OCR（Open Course Ware）、MOOC 等。

6. 协作学习·学习科学

协作学习的研究领域以"知识由社会团体共同建构而成"这一理念为基础，关注让学习变得更好的方法。国际学习科学会（International Society of Learning Science）中，计算机支持下的协作学习 CSCL（Computer Supported Collaborative Learning）和学习科学（Learning Sciences）等研究发展迅速，在此背景下，日本国内也关注协作学习研究的发展。本次大会在协作学习的 SIG 研究集会中分享了从教育方法论到教学实践领域的 7 个相关研究，包括协作学习中对话研究（国立政策研究所，白水始），在东京大学的大学教育支援国际推进机构 CoREF 中建立协作学习课堂的介绍（东京大学，齐藤萌木等），在静冈大学 RECLS 中构建课堂实践小组的设计研究——DBIR（Design-Based Implement Research）的结构组成（静冈大学，益川弘如），等等。

（四）研究发表

研究发表有一般发表和 Poster 发表两种形式，共有 470 多名研究者进行了发表。发表者充分准备，积极介绍研究成果，分享实践经验。来自东京大学、大阪大学、北海道大学，九州大学等高校的 1000 多名专家学者和硕士、博士研究生，基础教育一线的中小学教师们，教育资源开发相关的企业代表，踊跃分享最新的研究成果和实践经验。

大会按照研究主题划分会场，主要有 23 个主题，包括：ICT 支援下的语言教育；信息教育（信息活用能力的养成）；信息道德；教学指导的 ICT 活用；教育媒体和媒体能力；教师教育；特别支援教育；终身学习；数字化学习与企业培训；看护和福祉教育；教育评价及数据分析；课堂研究；教学设计和实践；高等教育的教育方法和 FD；教育软件的开发和评价；学习内容开发和评价；e-Learning 及远程教育和学习；知能学习支援系统；认知和学习；e-Portfolio；协作学习和 Workshop；社会性媒体的应用和评价；国际交流角。发表者和参加者就各主题展开了热烈地研讨。

二 技术促进教育变革国际会议

由国际华人教育技术协会（Society of International Chinese in Educational Technology，SICET）组织的"第六届技术促进教育变革国际会议"（The Sixth International Conference of Educational Innovation Through Technology，以下简称 EITT 2017）于 2017 年 12 月 7~9 日在日本大阪大学举行，会议由日本早稻田大学和中国东北师范大学联合承办，获得美国教育传播与技术协会、日本教育工学会和中国教育技术协会的支持。来自中国、日本、美国、澳大利亚、新加坡等八个国家和地区的筹委会成员分工合作，整个会议的筹划、征稿、审稿、论文出版和实际运转都体现了 SICET 国际合作的宗旨。会议围绕创造、连通和文化带来的教育变革展开了多方面的深入探讨，主要关注的议题包括：教育信息战略、政策和评价；教育技术融入课程的理论与实践；

远程开放教育的理论与实践；智能、移动和泛在化的学习；教师教育与发展的理论与实践；数字化学习环境下的中文教学创新；教育平台的开发与应用实践；教育信息系统的技术、结构和标准。

会议主要分为全体研讨会、口头发言、海报展示、圆桌会议四个部分，邀请时任 AECT 会长的布拉德·柯汉逊、早稻田大学西村昭治、清华大学韩锡斌、格里菲斯大学王玉萍等进行主题发言，来自世界各地的参会者各抒己见，围绕新技术带来的教育实践及创新进行了热烈的讨论和交流。会议共收到投稿论文 134 篇，经过同行评审后最终收录 80 篇，其中 4~6 页的长论文 64 篇，2~3 页的短论文 16 篇。对会议论文集中所有论文的关键词进行分词检索后，再利用在线云图工具 WordArt 进行可视化分析，如图 2-10 所示，可以发现会议主要关注点是整合技术的学科教学知识（Technological Pedagogical Content Knowledge，TPACK）；混合学习、翻转课堂等教学及学习方式的研究；ICT 的教育应用；

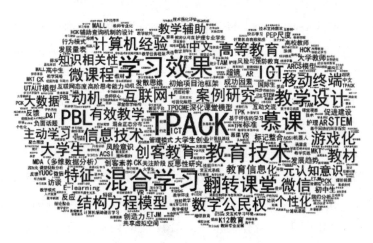

图 2-10　会议论文关键词云图

慕课、微课程等在线教育实践与分析；创客及游戏化等内容。

根据会议论文所涉及的主要内容，本书将从教师专业发展与培训、分析与评价、教学资源开发与设计、技术创新与应用四个方面进行分析。

（一）教师专业发展与培训

教师专业发展需要通过专业化的职业训练，习得教育相关的专业化技能，尤其是教育信息化涉及的理论、方法以及数字教学资源和信息技术设备的应用能力。

1. 基于在线教育的教师培训

杨上影等（2017）指出，通过慕课开展大规模的教师培训，可以降低教师集中培训的成本，是网络时代进行教师专业教育的重要途径，并通过"iCourse"等微课设计类课程考察了教师在慕课上的学习行为特征和学习模式。罗立成等（2017）以北京大学慕课"流行病学基础"课程为实践对象，通过课堂教学视频分析，研究基于 TPACK 框架的教师知识结构特征，提出应注重培养教师的 TPACK 和 PCK（Pedagogical Content Knowledge）能力，提高教师设计和开发各种基于技术的学习课程的能力，同时需要加强教师的自我反思能力，并通过构建教师学习共同体促进相互间的交流，实现信息及时共享。

对于在线培训的效果，牛翠贤等（2017）以美国顾客满意度指数（American Customer Satisfaction Index，ACSI）为参考构建了影响教师满意度的在线培训因素模型，并根据该模型对上百名初中教师进行了调查，结果显示大部分教师对在线培训的效果并不满意，因此建议要提高教师的感知质量和科研、写作能力，加强网络平台的互动性。在培训模式实证分析方面，黄月等（2017）指出教师培训通常采用面对面集中授课、在线培训和混合模式三种方式，集中授课受到时间和成本的限制，在线培训缺乏有效的互动，混合模式虽将多种方式相结合，但需要持续、有效的培训支持手段，由此提出了基于混合学习模式的五阶段培训模型，即理论学习、技能培训、课程设计、实践应用和事后评价，并采用"清华中国教育在线"作为学习管理系统（Learning Management System，LMS），针对全国 952 名大学教师、通过分组实验和调查问卷等手段验证了该模型的有效性。

2. 教师能力与素质

围绕教师能力与素质的研究主要集中在教师信息技术应用能力方面，如以小学语文教师、初中理科教师及大学教师等为对象，进行教师教学能力评价及分析。黄璐（2017）调查了中国南方地区大学英语教师使用移动设备的影响因素，发现教师的自我效能感（self-efficacy）与其在课堂上是否使用移动设备的行为意向显著相关。那日苏等（2017）根据 TPACK 框架来分析高中英语教师教学行为与教学内容等方面的关系，同类研究还有教师职前教育的 TPACK 结构研究、初中语文教师 TPACK 发展影响因素的调查等。此外，在创新教育方面，田浩等（2017）围绕教师对创客教育的接受程度和影响因素做了调查分析，整理出绩效期望、努力期望、社会影响、教学条件及接受度五个维度的重要影响因素。

从整体来说，大部分研究偏重教师在学科内容、教学方法和技术等多种知识要素的融合与应用方面，采用了问卷调查、访谈、数理统计、视频分析等研究方法，总结了教师培训中信息技术应用的优缺点，也探讨了不同层次和不同学科的教师在信息技术学习和使用上的诸多问题。这些研究的调查范围覆盖中国东北、华北、华东、华南等多个地区，也从侧面证实了中国各地区教师的信息技术应用能力参差不齐，对目前微课、慕课等各类信息化手段的应用效果还有待提高，在教师培训课程中亦需关注教师的满意度、教学信念、期望值等主观层面的影响因素。同时大量关注 TPACK 框架的研究也说明不能单纯从提高教师信息技术能力着手，还需要培养教师在课程设计、教学内容整合、教学方法选择等方面中的信息技术综合应用能力。

（二）分析与评价

教学效果的提高离不开学生的积极参与，虽说将信息技术引入课堂有望提高学生参与度，但对信息技术手段的应用方法、学习过程、教学方法等评价均需通过大量的实证分析进行科学客观的考察与分析。

1. 教学方法与学习形态

上田（Ueda，2017）通过项目式学习（Project Based Learning，PBL）来考察学生进行主动学习的具体情况。陈珍等（2017）采用实验对比法，通过小学地理课程验证了基于移动设备的 PBL 教学模式比传统教学模式具有更好的教学效果。周国祥等（2017）认为混合教学是传统课堂教学与现代网络教学相结合的一种新的教学模式，利用高校在线教学平台考察了现代汉语课程中混合教学模式的有效性。其他还有制定混合学习环境下的学生参与量表，考察混合学习有效性等相关研究。同时，刘爽等（2017）采用实验观察法，探析了翻转课堂教学模式在高校信息技术公共课中的应用，并指出该模式有利于提高教学效果和学生的高层次思维能力。乜勇等（2017）则通过构建翻转课堂教学模型，以初中生为对象，分析该模型与传统教学的差异，其结果显示在该模型下学生的自主学习和合作学习能力得到了显著提高。

此外，还有研究基于结构方程模型探索学生课业负担、教师教学策略与学业水平之间的关系；采用同步录像方式，开展面授与远程的同步教学，验证混合教学法的有效性；等等。

2. 学习意识与能力培养

会议还关注学习者在行为自律、情感取向、思维能力培养等方面的影响因素，比如通过对高校网络营销课程进行翻转课堂实践教学，开展在线自律调查（online self-regulation）；分析慕课中学习者学业求助行为（academic help-seeking behavior）的影响因素；针对学习者留言信息的情感取向设计情感话题联合概率模型（Emotion Topic Joint Probabilistic Model），评价学习者对慕课课程的情绪反馈；构建基于可视化编程的计算思维培养模型，用以提高学生的计算思维能力；考察异步在线讨论中批判性思维的学习效果；等等。

在信息素养和信息伦理方面，单柯等（2017）对大学生数字公民权意识进行问卷调查，发现被调查大学生的数字公民素养与网络态度良好，但计算机自我效能感（computer self-efficacy）处于中等水平，并且计算机经验对其数字公民素养并无显著影响，但对网络态度和计算机自我效能感却有着显著影响。徐顺等（2017）的调查则发现计算机使用时长会对数字公民权认知产生一定影响，这说明在培养信息技术能力的同时，也需要注重培养数字公民和信息伦理等方面的意识。这类研究也正好印证了中国在《教育信息化十年发展规划（2011-2020年）》中所提出的要求，即应依托信息技术，开展学科教育、科普教育和人文教育，提高科学素质和人文素质。

在学习动机和满意度调查上，何俊杰等（2017）考察了快乐学习（Joyful Learning）在大学生英语词汇学习中的作用，发现快乐学习能提高学生的学习兴趣和学习信心，但对词汇学习没有显著影响，由此指出学习兴趣与学习效果并无显著相关性。莫哈默德等（2017）调查了留学生学习汉语的动机和满意度，指出国际留学生对教学环境和教学资源的满意度较低，尤其是缺乏高质量的数字化教学资源。在护理专业教学上，米田等（Yoneda et al.,2017）采用视频分析和现场模拟等方法针对日本高校的护理专业本科生开展医学事故模拟教学实验，以提高其护理技能和风险感知意识。此外，还有以美国和加拿大的 STEM（Science, Technology, Engineering and Math）数学夏令营课程为对象的案例分析，以及考察中国高校学生创新创业中知识产权风险与预防教育实际情况等各类研究，从多个角度分析了不同学科中学习意识与能力培养的相关因素。

（三）教学资源开发与设计

随着各种信息技术的快速发展，如何利用其开发高质量的数字化教学资源已成为教育信息化的研究热点之一。与会者主要围绕课程设计、系统设计和教学资源设计三个方面进行了深入地探讨。

1. 课程设计

张安富等（2017）指出未来课堂应包括情境（contextuality）、开放（openness）、智能（intelligence）、交互（interactivity）和云（cloud）五个元素。在基于信息技术的未来课堂中，课程设计需要以人为本，实现虚拟与现实相结合的教育资源开发与应用，实现智慧化课堂设计的理念。另外，随着近年来微课的兴起，有不少研究从微课的应用平台、课程设计、教学资源等方面开展了实证分析，如聂竹明等（2017）以近三年来中国微课比赛的数据为研究对象，从赛事组织、学术研究和产业结构等方面进行了分析与反思，指出当前中国的微课评价体系还有待完善，资源建设过于重复，追求利润的现象比较严重，在创新驱动等方面还亟待改进。在高等教育方面，张洁琪等（2017）以大学生创客教育培养为目的进行了相关的微课开发，总结了微课组织和设计方面的构建要素。

2. 系统设计

基于互联网的信息化手段具有无纸化、可视化、多元化等诸多特征，科学的系统设计将有助于提高教学效果，提供更多定制化服务。会议集中探讨了教学系统的设计与开发，如采用辅助查询机制以优化网络探究性学习环境，帮助学习者分析和解决问题，提高自主探究能力；设计可支持在线和离线的混合学习模式教学辅助系统，开展教学实践分析；等等。在课程辅助方面，本次会议还有诸如采用知识地图设计具有可视化功能的外语教学辅助系统以及构建日本自然景观数据设计日本文化课程的教辅系统等相关研究。

此外，在信息素养评价方面，陈敏等（2017）采用系统设计方法开发中学生信息素养评价体系，提炼了包括信息处理和信息伦理在内的信息素养评价指标，可从地区、学校、年级、班级和性别等维度显示不同的观点和得分排名。

3. 教学资源设计

教育信息化的发展离不开各类数字化教学资源的设计与应用，不仅需要开发高质量的数字化教学资源，还需要对海量的教学资源开展存储、共享、检索等应用方法上的创新与实践，如何从海量的学习资源中向学习者提供合适的、高质量的学习资源显得尤为重要。因此，李浩等（2017）提出一种基于学习情境的学习资源个性化推送技术，通过构建学习者的学习情境地图和知识资源情境相关模型，根据学习目标、知识能力和个人偏好进行学习资源的个性化匹配，辅助学习者掌握学习进程，提高学习效率。同类研究还有采用知识关联的资源集成方法，以可视化知识地图的形式提供给学习者；建立基于群体智慧（Wisdom of Crowds）的学习资源关联模型，通过学习资源语义关联算法提供信息挖掘服务；提供异构学习资源集成与跨数据库检索；基于大数据的护理知识门户建设研究；等等。而在教学资源收集和处理方面，齐藤等（Saito et al.，2017）通过收集和整理教师的教学实践材料构建数字档案馆，通过数字化分类和存档提供跨学科、跨年级的教学资源共享和追踪服务。

另一方面，基于社交网络服务（Social Networking Services，SNS）的教学资源设计也是与会者关注的热点之一，尤其是基于微信（Wechat）的教育资源开发，如利用微信公众平台开展在线英语阅读教学，推送教学资源，显示出 SNS 在教学应用上的有效性；再如基于微信开展初中数学课外学习活动，结果发现学生的自我效能感在性别上并无显著差异，与年级和成绩却有着显著关联。

（四）技术创新与应用

以大数据（Big Data）、虚拟现实（Virtual Reality，VR）、机器人（Robot）等为代表的新技术正在引发新一轮的教育信息化创新和变革，由此带来了诸多新的研究课题。

1. 大数据与数据挖掘技术

大数据的教育应用将改变传统的课堂教学方式，使个性化教学成为可能，并且提供了新的科学研究方法，其在个性化学习领域的应用有望提高教学效果，促进教育的深化变革（D. Hu & Guo，2017）。因此，采用大数据、数据挖掘等手段进行的研究也日益增多，如竹中（Takenaka，2017）采用问卷调查和数据挖掘等方法调查了日本五所大学中学习共享空间的 ICT 应用情况，结果显示出学习共享空间作为高校学习辅助服务手段的必要性，共享空间不仅提供了信息技术设备，也提供了良好的交流和娱乐空间，可有效培养和激发学生的学习积极性。徐飞扬等（2017）通过教育大数据分析网络教育平台上学习黏性与学习成绩的相关性，发现网络学习黏性指数较高的学生其网络学习黏性与学习成绩之间呈显著的正相关，而指数较低的学生却无显著的相关性。张涛等（2017）通过数据挖掘技术对学习者的网上学习行为和学习成绩开展学习成绩预测，筛选出课程的直接评价、间接评价、课程学习进度、配套课程、教师信息接收与回复等多个指标，其分析结果显示预测准确率可达 60% 以上。

2. 游戏教育

在游戏教育方面，会议主要关注游戏化手段在教学中的应用效果，如分析慕课中游戏化元素对学习效果和学习态度的影响，调查慕课中汉语学习游戏化元素的有效性（Metwally & Yining，2017）。在游戏设计与教学辅助方面，张坤等（2017）认为计算机游戏在对自闭症儿童的评估方面具有很大的潜力，通过四款计算机游戏对儿童的知觉、手眼协调和认知能力等开展调查分析，结果证明了计算机游戏作为自闭症儿童量表评定手段的有效性。

3. 生理指标的应用

如何对学习过程进行有效的监控和管理是教师关注的重点问题，脑电波、脉搏、眼球追踪等生理指标可在一定程度上客观反映学习过程和学习效果。因此，程佩玉等（2017）根据学习者的学习状态，采用脑波监测设备和视觉传感设备，设计出可实时监控学习者注意力的识别系统，以帮助教师进行教学辅助管理和学习者自我监督，系统会在学习者开始上网学习时自动激活脑电波检测功能和视觉追踪功能，实时测量和记录学习活动，若检测到学习者无法维持注意力时，则及时给予适当的反馈信息，以提醒学习者改善注意状态。胡毓瑜等（2017）通过脉搏测量设备，以最大李雅普诺夫指数（Largest Lyapunov Exponent，LLE）和自主神经平衡（Autonomic Nervous Balance，ANB）分析学习效率和精神状态的变化，指出前者可表示个体的压力和变化程度，而后者则控制器官的运动，反映个体的应力状态。

在眼球追踪技术应用方面，王雪等（2017）采用眼球追踪设备对学习者的视觉认知过程进行实时记录，研究不同显示设备中字体大小设计与学习效果的相关性，其结果说明字体大小与学习效果具有显著关系，但显示设备类型对视觉认知和学习效果并无显著影响。

4. 虚拟类技术

虚拟类技术在教学资源开发和教学应用中有着非常独特的效果，可以创造出一种模拟的虚拟场景以调动人类的多种感知能力，以杨晓哲等（2017）的研究为例，其采用 VR 头显探讨了交互式三维模型、角色扮演场景和 3D 空间创造三种虚拟场景下的学习效果，并指出 VR 技术可创造多样化的学习场景，有利于构建个性化教学资源，在三维空间理解能力和创新能力的培养方面具有一定的效果。

除 VR 外，增强现实（Augmented Reality，AR）或混合虚拟技术在教学资源设计方面也有诸多应用，郭伟等（2017）指出 AR 可提高教学活动的有效性和吸引力，设计了中学科普课程中恐龙的虚拟展示教材，并通过智能手机或触摸终端等设备进行了实践教学，其实践结果反映了 AR 技术的应用可以带来高质量的学习体验，能够活跃课堂气氛，提高学生的学习积极性。

此外，奥林等（Okubayashi et al.，2017）以视频会议系统为基础构建"超镜"（Hyper Mirror）虚拟教学空间，可将不同地点的视频进行叠加分享，使得参与者具有共同的空间临场感，实现多点远程实时教学活动，并远程连接奈良和新加坡两地的初中，开展了实时同步教学实验，获得了较好的教学效果，提高了学生的空间认识能力和异文化理解能力。

5. 机器人及识别技术

孙帙等（2017）采用人形机器人作为教学助手开展游戏化教学实践，利用机器人的语音识别和图像识别技术开展教学实验，其实验结果表明机器人辅助教学可更有效地促进学生的理解，有助于学生对课堂学习活动产生更积极的认识。

在输入识别技术应用上，王静等（2017）基于自创的标记集成算法对汉字书写辅助笔画提出了标记整合策略，并将该技术应用于触摸终端上，其写作实验的结果表明该技术的判断正确率达70%，实现了汉字书写的有效智能辅助。

（五）国际研究特点

EITT 作为以华人学者为主的教育技术领域的国际会议，获得了中国、美国、澳大利亚、日本等多个国家的教育技术相关领域组织机构的合作与支持，至 2017 年已经连续成功举办六届，其中既有众多华人学者的积极参与，也有诸多海外学者热忱分享学术成果。此次 EITT 2017 的会议论文反映了学者们在教师专业发展、教学方法和学习形态、技术创新应用等多方面研究的广度和深度，研究成果主要包括：利用慕课、微课等在线教育手段开展各类教师培训活动，通过实证分析调查了其教学效果和满意度，基于 TPACK 框架的教师教育相关研究表明数字化时代下的师资培养需要开展跨学科知识的技术融合；基于 PBL、混合教学、翻转课堂等方法进行实证对比分析，开展行为自律、情感取向、思维能力培养、学习动机等方面的调查研究，以掌握学习者的学习行为和学习态度，同时提出需要培养信息素养和数字公民意识；通过对课程、系统和教学资源方面进行科学地设计和考察，利用资源集成、检索等优化措施，满足学习的个性化、可视化、多元化需求；利用大数据、数据挖掘、游戏教育、生理指标、虚拟类技术、机器人及识别技术等开展教育领域的技术创新与应用，提供更多新的研究方法和教学辅助工具。

正如 Hokanson 教授所指出的，教育技术需要在教学环境中开展实践应用，技术的创新应用与师生能力的培养是紧密相关的，因此需要开发高质量的教学资源，提高其利用效果，开展更多教育技术领域的创新与应用研究，推动教育领域的深化变革（Hokanson，2017）。

三 信息、媒体与工程国际联合会议

库奇认为在人工智能技术不断参与教学活动的当下，人工智能技术参与学习活动并改变教学原则已成为一个既定事实（Eugene G. Kowch，2018）。受信息技术发展的影响，教育技术研究的理论、方法与特征呈现出新的进展，其最明显的特征就是研究热点的更迭与其所支撑的理论与方法的迁移。

信息、媒体与工程国际联合会议（International Joint Conference on Information，Media and Engineering，IJCIME）于 2018 年 12 月在日本大阪举行，主要探讨教育技术、媒体及信息工程领域的新动向、面临的挑战及实践案例。会议由大阪大学知识媒体动力学国际联合实验室组织，日本大阪大学与中国武汉大学联合主办，由IEEE 日本关西分会、日本教育工学会、中国教育技术学会、日本教育支援机构和日本信息媒介工程研究所等单位协办。来自美国、加拿大、日本、德国、俄罗斯、立陶宛及中国等多个国家及地区的学者和研究人员积极投稿，会议投稿与录稿情况如表 2-6 所示。

表 2-6 IJCIME 论文分布统计

会议主题	投稿数（篇）	录稿数（篇）	录稿率（%）
增强现实	3	2	0.67
数字媒体工程	12	8	0.67
虚拟现实	12	9	0.75
大数据	13	9	0.69
通信技术	48	22	0.46
计算机中介传播	54	26	0.48
社交媒体与技术	85	31	0.36

会议由全体研究会、分论坛、海报讨论、圆桌会议四部分组成，并由时任 AECT 会长、加拿大卡尔加里大学的 Eugene G. Kowch（尤金·G·库奇）、中国台湾中山大学陈年兴、美国詹姆斯·麦迪逊大学刘炬红、日本神户大学殷成久进行主题发言，与会期间来自世界各地的研究人员各抒己见，对研究热点问题进行了广泛的探讨，主题包括：增强现实、数字媒体工程、虚拟现实、大数据、通信技术、计算机中介传播、社交媒体与技术。如表 2-6 所示，社交媒体与技术录稿数占总录稿数的 29%，其次是计算机中介传播，占 24%，再次是通信技术，占 21%，三者合计占了整体的七成，构成会议讨论的核心重点，包括以虚拟现实技术和大数据为代表的教育技术创新研究；基于社交媒体与计算机传播的教育理论、应用及策略的研究；依托通信技术与数字媒体工程的技术与教育整合研究。

（一）脉络与进展：21 世纪后教育技术研究的发展

为梳理教育技术研究的历史发展脉络，本书尝试总结当下研究热点背后所潜藏的理论内在衍生路径，并与本次会议的研究成果进行溯源式对比分析，围绕当前教育技术研究发展的关键问题、重要挑战及未来可能，进一步探究会议研究成果的社会价值和亟待解决的课题。

北京师范大学何克抗（2009）对 21 世纪以来教育技术的理论与实践进行了分析，认为："教育技术学科的理论基础包括学习理论、教学理论、系统理论和教育传播理论四个方面，进入 21 世纪以来学习理论和教学理论发生了很大的变化。"同时，他认为进入 21 世纪后，建构主义理论对教育技术研究发展起了积极的支持作用。在建构主义哲学理论及信息通信技术发展的影响下，何克抗认为："教育技术研究呈现三大主流趋势，即：信息技术促进'教与学'的变革，并衍生出新型'教与学'理论与实践；受'以学生为中心'转向'主导—主体相结合'研究指向的影响，研究内容开始集中在教育设计与学习环境；评析分析则处于纯主观主义转向主客观统一转向。"

　　近年来，教育技术研究发生了诸多革命性的变化，中国台湾中山大学陈年兴（2018）认为："基于机器人教育与物联网传感技术的实践应用已经反映出了技术对教育革新的巨大潜能。"为掌握近来年教育技术研究关键趋势，本书以美国新媒体联盟发布的《地平线报告》（Johnson，Levine & Smith，2009；Johnson et al.，2010，2011a，2013b，2014c，2015d；Johnson，Becker & Cummins，2012，2016a；Becker et al.，2017，2018a）为参考，对 2009 年至 2018 年十年间教育技术研究发展历程进行了梳理。如图 2-11 所示，从 2009 年到 2018 年，根据不同年份 20 个教育技术研究热点被关注的情况，本书以年份为横坐标、研究热点为纵坐标，将研究热点被关注的年份标记为黑色实心点，表示出 20 个研究热点的兴起年份、持续年份、中断及消失年份的整体趋势。从研究热点的演变趋势中可以推断出信息技术对教育技术研究的影响主要体现在两个方面：①多媒体网络工具和数字化教学资源为新型"教与学"方式提供强大支持，促进了新学习方式的兴起，如协作学习（Collaborative Learning）、基于问题式学习（Problem-based Learning）、泛在学习（Ubiquitous Learning）；②信息技术与课程整合所引发的思考热点，如分布式信息技术（Distributed Information Technology）、教育者角色转变（Role Change of Educators）及学习交互性与共享性（Learning and Sharing of Interactive）。同时，随着建构主义教育理论的成熟与转向，多元化理论融合的趋势也越发明显，表现为混合式学习（Bended Learning）、学习测量与分析（Learning Measurement and Analysis）、开放教育资源（Open Educational Resources）及学生角色（Learner Role）的转变等。近几年在人工智能（Artificial Intelligence）、机器人（Robot）等新技术变革的推动下，教育技术研究正转向深度学习方法方面，如应用伦理与技术素养、设计、管理与实施策略、新型跨学科研究、学习空间等。

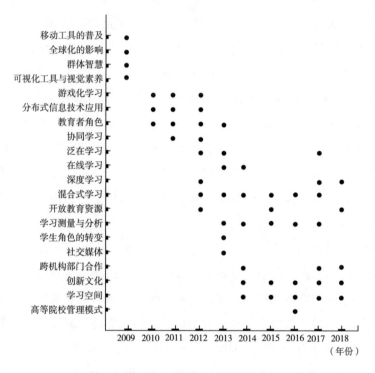

图 2-11   教育技术研究热点演变趋势（2009~2018 年）

（二）关键内容：当前教育技术研究的基本指向

利用 Word Cloud Art Creator 数据可视化工具对会议论文关键词进行综合分析，如图 2-12 所示，研究内容主要围绕信息技术推动下的教育应用研究，重点关注了教师教育的信息化、学习分析与测量、教学设计与资源开发三个方面，以下逐一进行分析。

图 2-12　会议论文关键词云图

1. 教师教育的信息化

与会人员探讨了教育评估和测试在教育技术媒体发展中的重要性，刘炬红（2018）认为从当前的教育评估和测试的趋势看，"教与学"环境的变革面临着巨大的挑战，亟须开展应对策略研究。在技术和教学技巧持续变革的背景下，提升数字素养与教师角色转变已成为教育技术研究的重要课题，尤其是需要解决从教育技术研究及评估测试方面强化教师教育职业能力培养的问题。

教师教育信息化的影响因素、发展特征及方法策略成为会议关注焦点。首先，在影响因素方面，王月等（2018）运用技术接受模型（TAM）的基本理论框架对教师的信息化能力进行了测量，肯定了接受模型中"感知有用性"和"感知易用性"对教师教育具有正向影响。杨絮等（2018）则从教师技术教学内容与知识定量分析的现存问题——效度标准与全面分析入手，针对科技与数学学科的职前教师，验证了影响其学科知识整合教学发展的因素，提出了教育技术课程、人、教学实践、动机和自我效能感五个方面。其次，在发展特征方面，李哲等（2018）梳理了日本教师教育发展历程，认为日本教师教育发展呈现多样化趋势，其中基于 ICT 的教师培训形式凸显了该特点。最后，在方法策略方面，杨上影等（2018）借助野中郁次郎和竹内博提出的 SECI 模型，分析了知识转化的四个动态过程，指出社会化促进了隐性知识向隐性知识的转化，并提出知识管理、建立个人知识库和知识管理体系相关策略。另外，李波等（2018）根据课堂视频分析，采用基于 TPACK 的改进 ETIAS 编码系统，从教学行为和教学媒体两个维度进行编码，对智能课堂教学媒体应用对教师 TPACK 和教学结构的影响进行了实证研究，为教学智能媒体应用研究提供了一定参考。

2. 学习分析与测量

美国新媒体联盟发布的《地平线报告》显示，学习分析成为未来重要的发展趋势，分析技术的发展则是其重要的驱动力，并且分析技术的发展与应用也使得学习分析的指标、方法及工具发生了显著变化。会议从学习形态与意识分析、学习分析工具与方法创新两个方面印证了这一特点。

首先，在学习形态与意识分析方面，郑玉洁等（2018）通过三维模型学习工具和实证方法，验证了教学形态中即时和交互式的反馈属性可以提高学生成绩。近年来，由于在线网络学习平台与资源的广泛应用，使得学习测量、数据收集及数据转化迅速发展。由此，樊雅琴等（2018）关注网络学习环境下学习动机缺乏、自主学习能力差的问题，通过对个性化学习关键要素和在线学习行为的分析，构建了个性化在线学习激励机制的数学模型，这一尝试也说明了在线学习环境的有效性分析还亟待进一步完善。

其次，新型学习资源的应用也势必会影响到学习方式和学习意识。在虚拟现实技术与学习方式关系的问题上，郑玲等（2018）将虚拟现实技术对协同学习的支持分为社会互动、资源共享和知识构建三方面，分析结果显示该正向效应的平均效应为0.41。魏晓东等（2018）则基于对学习意识的认知、情感、行为意向元素分析，认为使用 Web VR 技术的学生比使用传统教学模式的学生在创造力方面有更加积极的态度。

最后，在分析方法与工具方面，相对分析方法的多元化与跨学科趋势，目前学习分析的主流工具包括结构化与非结构化的数据、数据库管理平台与系统、数据可视化软件、数据分析模型及文本分析工具。张睿等（2018）采用 Logistic 回归的数据分析模型来确定学习评价项目的难易程度和鉴别度，通过数据分析发现学习者的性能下降概率不仅取决于数据的数量，还取决于数据的质量。

3. 教学设计与资源开发

何克抗认为："体验式学习渊源于实用主义，受到美国约翰·杜威（John Dewey）的经验学习（Experiential Learning）、德国让·皮亚杰（Jean Piaget）的认知心理（Cognitive Psychology）等理论影响，强调学习空间和过程的互动性与关联性。"（何克抗，2009）虚拟现实技术与在线网络学习在促进学习体验方面的作用受到本次会议的关注，研究从虚拟现实技术、大规模网络在线课程（Massive Open Online Courses，简称 MOOC）、小规模私人在线课程（Small Private Online Courses，简称 SPOC）及音视频学习资源的应用入手，探讨当下教学设计与资源开发的因素、原则、特征及方法。

在基于在线网络的教学设计方面，胡神松等（2018）选取了中国三个最具代表性的 MOOC 平台开展分析，指出在线网络课程存在缺乏统一标准、课程完成率低等问题，认为教学设计中要充分考虑学生的兴趣，应增加教师参与讨论互动。相对 MOOC，SPOC 具有小规模、限制性、在线性的特点，是在线网络课程的一种优化设计，孙秩等（2018）以构思、设计、实现及运行（Conceive Design Implement Operate，简称 CDIO）理念为基础，基于教学与实践所需要的功能，设计了一种集在线自学、在线协作学习、线下个人与团队协作实践等为一体的 SPOC 混合教学模式。目前，基于在线网络的教学设计更强调突出技术属性的优势，偏重于探索在线网络技术整合课程的可能性，同时在线教学课程仍然存在利用率低、被滥用和误用等诸多问题。

在辅助教学资源的开发与分析方面，国际上对重新设计学习空间的浓厚诉求正在不断发酵，以混合式教学为代表的教学变革尝试将教学资源的开发视为重要的环节和措施，并对学习空间的交互性、移动性、灵活性及多设备辅助提出新的要求，这也促进了基于数字技术的主动性学习的发展。姜杰等（2018）认为虚拟现实技术是一种新的知识载体和认知工具，针对基于虚拟现实技术的学习资源相关的设计瓶颈，将影响学生独立学习自由度的因素提炼为情绪和运动技能两个元素，实验发现学习过程中情绪目的和运动技能目标的无效性，最终提出学生独立学习自由度难以把控的结论。同时，季苏鹤等（2018）就教学资源有效性的问题，尝试用假设验证的方法，以双耳听力材料和单耳听力材料为研究对象开展了不同听力材料与信息获取能力高低的关系研究，发现在涉及说话人的位置有关的听力材料中，双耳听力材料更容易被理解。

（三）重大挑战：技术创新与应用

当前学习分析技术、虚拟现实技术、人工智能技术及生理指标技术已经成为教育技术研究的主要对象，已经凸显出创新与变革的潜力，与之相关的研究课题同样获得本次会议的关注。

1. 数据分析与方法创新

新的学习分析方法基于数据分析技术开展信息收集、组合及解释，使得传统的、被动的衡量方法演变出实时化、可视化、互动性的特点，从而对教学信息化、教学方法及学习评测产生巨大影响，使得数据驱动教育发展成为可能。因此，在数据促进个性化学习与自主学习方面，任舟等（2018）开发了一种用于班级数据采集的数字图书馆系统，通过系统的阅读日志采集数据，增加数据分析和信息反馈功能，为改善学习设计、学习结果和学习环境提供有效的实时互动信息，提高了教学效果。

另外，数据可视化挖掘对于增强数字素养有着积极的促进作用，亦可实时反馈教学效果，提高教师对问题分析的能力。赵健（2018）则引用人类感知和认知空间"数据—信息—知识—智慧"模型，以数据可视化软件 Gapminder 为典型案例，探讨了数据开发批判思维的内容和方法，其研究表明基于 Gapminder 的教学资源在初中地理、历史、社会科学等课程上具有良好的教学效果。在数据反馈现状与趋势方面，王飞等（2018）借助 CiteSpace 数据可视化软件，以人工智能教育为关键词对时间分布、协同编辑文档、作者、关键词分布等进行数据可视化处理，认为当前人工智能应用研究主要集中在以下五个方面：教学、学习、评估、认知科学及智能技术。

2. 生理指标技术

如何对学习活动进行科学的检测分析是教育活动中重点关注的问题，在诸多检测分析技术中，脉搏测量技术的应用成为本次会议的另一个重要议题。胡毓瑜等（2018）利用脉搏测量技术分析 LLE、ANB 和样本熵（SampEn）等参数，分析了不同行为条件下的心理特征与生理状态，为科学量化教育活动提供了一个新的思路。李哲等（2018）则通过生理指标的 LLE 和 ANB 来验证学习效率和教育生理指标，通过对比分析发现学习压力对 LLE 没有显著影响，但会增加 ANB，而缺乏兴趣和疲劳则会导致 ANB

降低。此外，Junko Tsujino（2018）采用了手指脉搏波的双测量，借助儿童与他人心理互动形象化的实验策略，使用"困难儿童检查表"对困难儿童的行为与幼儿教师配对进行双重测量，观察儿童的心理状态变化，发现了被监控的困难儿童的形成原因与群体活动有关。

3. 虚拟现实技术

虚拟现实技术的沉浸感、交互性及想象特征与人类对自然的反应相似，使得教育活动中的参与者能够在虚拟现实的基础上形成一种新的思维方法。由此，高楠等（2018）通过利用虚拟现实技术，设计出教育游戏学习者参与模型，并从可用性、可玩性和沉浸性三个方面提出了提高学习者参与性的具体方案，同时还指出虚拟现实技术的应用可以改善教育游戏中存在感和互动性的不足的问题，激发学习者的兴趣，提高他们的参与度。此外，在虚拟现实技术的平台延展性方面，王凯等（2018）通过基于人机交互系统的虚拟技术应用，与传统方法开展对比研究，发现在辅助手部震颤功能障碍的人群时，虚拟现实辅助系统有着非植入性、抗疲劳感等诸多优点，验证了虚拟现实技术的应用有效性。

4. 人工智能

人工智能技术所表现出的决策与预测功能源于大数据信息处理与语义分析的发展，由此衍生出新一轮关于机器学习、个性化学习及开放教育资源的讨论。人工智能技术应用到教育领域，正在影响着学习生态的改变，尤金和刘炬红（2018）以科沃奇的参与式教学理论为基础，从活动系统的角度分析了信息时代学生为中心、问题为基础的学习模式转变的必要性，对人类与人工智能动态的特征进行定义和概念化。同时指出设计下一代科技强化教育环境的原则：教育系统设计原则，设计基于问题的学习和人工智能环境的原则，引领教育体系变革的原则，领导高容量网络团队的原则，引领深度创新的原则。

人工智能技术应用中的"教与学"形式、学习检测与评估需要重新定义与思考，同时在线网络学习、移动学习及开放网络资源不断普及，新型"教与学"活动对教师的角色与行为提出了新的要求。余露瑶等（2018）利用与智慧课堂教学特点相结合的方法，优化设计了 ETIAS 媒体编码，探索教师在智能教学环境中的行为模式。最终基于滞后序列分析（LSA）方法，提出了六种智慧班数学教师行为模式，并由此提出了具体的教学行为促进策略。

（四）回望与管窥：教育技术研究的发展趋势

本书通过回望教育技术研究理论、实践及应用的发展，对比本次会议研究的核心指向，反思当前教育技术研究的发展特征。

1. 关键趋势层面：再现与连读

总结 2009~2018 年近十年教育技术研究的关键趋势，从热点研究领域的历时分析上可见三种较为明显的发展特征。

（1）随着普及而消失

在教育技术研究的重要进展中，一些进展趋势出现频次仅为一两次，其背后的原因可能是这些进展趋势在日后已经转变为日常实践，所以出现次数较少。例如移动通信工具普及、全球化影响、群体智慧、游戏化学习等，随着日常实践的普及与深入，这些研究领域的关注度也随之降低。在本次会议论文中，只有 2 篇论文关注上述研究领域。

（2）随着深入而再现

另一些进展趋势则以再现的形式出现在最近的研究中，如协同学习、深度学习、开放教育资源等。从时间线上看，由于这些进展趋势尚未完全转化为日常化的实践研究，但随着研究实践的不断深入，引发出新的问题或交叉性问题，从而使其再次进入研究视野。例如协作学习与深度学习，如上文所述，研究人员将虚拟现实技术与协作学习和游戏化学习相结合，探讨了新的数字技术在上述两种学习模式中的可承受性。而在开放教育资源普及上，与会者则讨论了其研究内容的拓展，从以往的讨论普及化问题扩展至教学设计优化、使用效率提升等策略研究方面。

此外，移动工具与社交媒体研究也同样出现了研究内容深度化的现象，在新的媒介技术条件下，媒介的传播结构、受众的使用行为及诸多影响因素的分析都呈现出不同程度的变化，需要对过去的结论进行重新评析。

（3）随着发展而持续显现

该特征主要包括以下两类情况。

第一，新近出现的学习空间、跨机构跨部门合作、创新文化研究等领域与当前教育技术研究所面临的问题相匹配，逐渐成为新的研究领域，具有极强的时效性。围绕这些领域问题，会议通过人工智能、机器学习及虚拟现实技术等研究，借助新兴技术的技术优势与受此影响下教育理论、实践及方法的重构现状，讨论了信息技术与教育整合的问题，并给予学术分析与论证。

第二，持续发展的混合式学习、学习测量与分析研究。从中可以反映出教育技术研究的重要性、艰巨性及长期性。这些研究领域之所以能够反复出现并持续发展的原因，在于其所面临的研究对象不断变化，涉及的研究内容更新换代频率高，共同作用了这种状态的持续。针对这些研究领域，会议从教师教育的信息化、数据挖掘与分析、生理指标技术等新兴技术创新等方面展开了分析与讨论。

2. 整体趋势层面：稳中有变

一般而言，教育技术研究的关键趋势、重要挑战及进展趋势会呈现互相影响与促进的关系。本书对本次会议论文进行分析后发现，教育信息技术与数字媒介技术的交叉融合趋势越来越明显，行为分析与技术属性分析角度获得教育信息技术与数字媒介技术研究的关注，成为共同的研究方向。

从图 2-13 可见，会议从教育信息技术和数字媒介技术两个维度对信息化技术进行了深入研讨。数字媒介技术的研究主题包括数字媒体工程和社交媒体与技术，共接收 31 篇论文，具体研究内容包括技术属性分析（8 篇）、受众行为分析（12 篇）、社会文化分析（11 篇）。而教育信息技术类研究主题中有 22 篇论文涉及技术属性分析、学习行为分析及社会文化分析，占到该类主题总数一半以上。

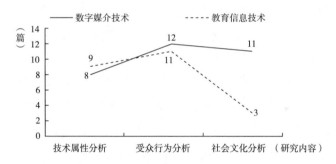

图 2-13　教育信息技术与数字媒介技术论文的统计情况

对比两个研究维度后我们不难发现，在具体的研究对象上，数字媒体技术偏向微博、微信等移动网络技术，而教育信息技术则集中在虚拟现实技术、脉冲技术及人工智能技术。虽然在研究对象上两者差异性明显，但仍属于信息技术的范围内。在分析角度上，两者则表现出一定程度的相似性：技术属性分析角度都倾向于目的性、创新性、两面性及综合性；受众行为分析角度则侧重于特征、表现及影响。究其原因，本书认为这是受以虚拟现实技术、移动网络技术为代表的信息技术发展影响，教育信息技术不仅在研究范畴上与数字媒介技术研究相互融合，还在研究方法上相互借鉴，呈现出相似性。

虽然在研究方向上教育信息技术与数字媒介技术跨学科融合的趋势不断凸显，但从本次会议论文的整体情况看，这还是一种细微的变化趋势，仅仅表现为相似的研究方式与分析角度，并未形成足以改变教育技术未来研究方向的趋势。

（五）国际研究特点

IJCIME 以多元、开放的姿态，致力于汇集优秀的研究成果，重点围绕教育技术研究亟待解决的问题，在理论发展、应用与展望上与会者进行了多元化深入讨论。IJCIME 的学术价值在于凸显了当前教育技术研究的基本指向，反映了技术创新与应用上的科研重要挑战。从教育技术研究的趋势特征上分析，专题研究内容体现了教育技术研究上的再现与连读化特征，如在协作学习、开放教育资源普及、游戏化学习、移动工具与社交媒体研究等领域，这些曾经受到关注的热点问题再次被提及。受到新的教育实践的影响，那些原本得以解决的问题，其准确性与有效性再次遭受质疑，引发新一轮的学术争论与实践困境。同时，有关人工智能、机器学习及虚拟现实技术的研究问题，在近几年一直处于连续被关注状态，这种趋势可能会持续延续下去，势必会引发更多的学术猜想、实践尝试及理论论证。此外，教师角色与媒介素养相关研究问题再次成为研究核心领域，以新的研究内容表现出持续态势；整体趋势层面稳中有变，教育信息技术与数字媒介技术的交叉融合也越来越明显。

IJCIME 通过搭建科研传播与学术争鸣的国际平台，集合了多个国家和地区的研究人员，为大家提供了一个国际化科研交流的舞台，在总结研究成果、互相进行交流的同时也提出了诸多新的研究问题，期待下一次会议能够汇集更多国内外优秀的研究成果，促进教育技术研究的持续发展。

第三章　人才培养与学科建设

第一节　日本高校教育技术专业建设

一　日本教育改革背景

早在 1872 年日本便设立国、公立师范类院校来专门承担中小学师资培养任务，二战结束后，根据 1947 年颁布的《学校教育法》，日本将原有师范类院校统一改组为新的大学或合并为学部（类似中国的学院），多取名为教育大学、学艺大学、教育或教育学部等，撤销了原本仅可由师范类院校培养师资的封闭式管理办法，将师资培养职能扩大到所有高校，除师范类大学外，日本高校均可开设师资培养课程以培养中小学教师。20 世纪 50 年代，由于以广播电视为代表的信息通信技术飞速发展，以 1955 年日本放送教育学会成立为标志，以广播电视等媒介为主的教育应用与研究开始受到重视；1967 年，电子通信学会设立教育技术研究会，正式将教育技术作为独立的研究领域。日本逐渐认识到信息通信技术对于教育的重要性，于 1971 年开始在东京学艺大学、北海道教育大学、爱知教育大学及京都教育大学设立教育工学中心，次年成立国立大学教育工学中心协议会，专门负责教育技术、课程实践、教员培训等相关实践和研究活动。随后，以各类师范院校为首的日本高校在增设教育技术相关课程的同时，纷纷成立诸如教育工学中心、教育实践研究指导中心、教育实践综合中心等机构，成为日本教育技术研究和人才培养的前沿阵地。1984 年，日本教育工学会诞生，将教育技术更名为教育工学，为专业建设奠定了学术基础。1985 年，日本文部省要求进行教育信息化改革，提出需培养学生的信息使用能力，该年被称为"信息教育元年"，为今后教育技术的发展提供了良好的政策导向和实践环境。

与此同时，随着社会的需要和科学研究的发展，围绕着教育体制改革和新学科建设的主旨，日本各大学也纷纷开始体制改革，如 1972 年由大阪大学首创"人间科学"（Human Science）领域，综合了教育学、社会学、心理学等围绕人类社会发展相关的学科。随后，1987 年早稻田大学也设立人间科学部，1992 年京都大学新建人间科学部，2000 年人间综合科学大学成立，同期还有名为教养学部、人间福祉学部、人间社会学部、国际人间科学部、人间综合科学部等系部，设有教育学、社会学、传播学、心理学、教育技术学等相关课程。随着信息通信技术的迅速发展，教育技术逐渐成长为独立的研究领域，研究范围也由广播电视等教育媒介研究扩展到信息教育、教师教育、教学方法、信息系统开发等诸多方面，为日本教育改革和国家政策法规的制定提供了新的理论基础和科学依据，从而进一步推动了日本信息教育的学科建设与发展。

二　专业现状分析

（一）学士学位课程和培养目标

随着教育学和人间科学等学科的建设，日本部分学校开始在这些学科下设置教育技术方向相关课程。由于日本并无教育技术学专科，两年制的专门学校或短期大学基本不设置教育技术相关课程，因此本书不予讨论。本科阶段涉及教育技术领域的内容主要包括两部分，一部分是教育技术领域相关的专业课程，主要作为学士学位的必修或选修课程；另一部分是中小学教师资格证的相关课程，是获得教师资格证的培训类课程。

在学士学位课程方面，与中国的专业设置相比，日本并没有严格意义上的教育技术专业，即不设置单独的教育技术专业，而是在教育教养、人间科学、工学等学院下设置相关学科，然后在学科下设置教育技术相关课程，毕业时统一颁发该学科的学位证书。以大阪大学为例，人间科学学部下设人间科学学科，然后再下分教育学、行动学、社会学、共生学、国际人间学五个科目。其中，教育学科目下设教育技术课程作为指定选修课，毕业时统一授予人间科学学士学位。该学科的课程设置如表3-1所示，主要分为共通教育科目和专门教育科目，前者类似于中国的公共基础必修课，须选修48学分以上，包括教育、外语、计算机、体育等，多设置在一、二年级；后者则类似于中国的专业必修及选修课，须选修80学分以上，其中教育技术课程为指定选修科目，分为讲义类和演习类，如教育工学Ⅰ和Ⅱ为讲义类，主要以教师授课为主；教育工学演习Ⅰ和Ⅱ为演习类，主要以学生实践参与和研讨为主。课程内容由授课教师自行决定，并无指定教材，以参考学术著作、学术论文等为主。另外，指定选修科目多设置在二、三年级，所有本科生以指导教师研究室为单位进行学习和研究活动，尤其是演习类课程多以研讨会（Seminar）或分组互动（Workshop）形式展开，不分年级和学位，从本科二年级到四年级，硕士、博士亦可一起参与。因此，日本本科生多以研究室为单位进行学习和研究活动，而非以专业为单位，尤其是在教育技术并非独立专业的情况下，多以教育技术相关课程的指导老师为中心，除选修本研究室的指定课程外，还必须选修其他研究室的课程，形成跨专业、体系化的培养模式。

综合日本各大学的课程设置情况，本书认为涉及教育技术的课程主要有三类：第一类是教育技术的指定选修课，如教育工学、教育工学演习、教育媒体等；第二类是教育类相关专业课，如教育心理学、教育传播学、教育课程设计等；第三类是毕业演习和毕业研究，类似中国的学业论文和学位论文。从教育学的课程设置比例来看，日本教育技术相关课程仅占整体课程的10%左右，而中国教育技术专业中的相关课程比例高达30%以上，究其原因在于中日两国之间对于培养教育技术专业人才的思维理念的差异，日本将教育技术定位于教育专业下的一类课程，培养的是具有教育信息化基础应用能力的人才，而不是为了培养中小学教育信息课的教师，其教学目标和毕业去向实际上与中国相去甚远。从就业情况来看，日本教育技术方面的岗位，也并不要求具备教育技术相关知识，日本中小学从事信息教育的教师几乎没有毕业于教育技术相关专业的人员，这是因为日本教师培养政策和法规规定，大学中有关中小学教师资格证的教职课程需要在表3-1的学士学位课程外单独选修教职课程，仅有部分课程学分可以互换。

表 3-1　学士学位课程设置

类别		内容	学分
共通教育科目（48学分以上）	教养教育科目	基础教养、现代教养、先端教养、国际教养等科目	16
	外国语教育科目	一外（英语）加二外	14
	信息处理教育科目	"信息应用基础"	2
	健康·体育教育科目	"体育实习A"1学分，外加从"体育科学""健康科学实习A""健康科学"中选择1学分	2
	专门基础教育科目	"统计学A-Ⅰ"2学分、"统计学A-Ⅱ"2学分、"数学A"2学分、"数学B"2学分	8
	此外，再从共通教育科目或专门教育科目中至少选修6学分以上		6

类别		内容	学分
专门教育科目（80学分以上）	必修科目	"人间科学概论" 2 学分、"自然科学与人间科学" 2 学分、"人文学与人间科学" 2 学分、"行动学概论" 2 学分、"社会学概论" 2 学分、"教育学概论" 2 学分、"共生学概论" 2 学分，外加毕业演习 2 学分、毕业研究 8 学分	24
	指定选修科目	从教育学、行动学、社会学等科目的课程中选修 36 学分	36
	自由选择科目	自由选择至少 20 学分	20

（二）研究生学位课程和培养目标

从院系设置来看，日本高校一般在"研究科"（等同于中国的研究生院）下设"专攻"（等同于中国的专业），"专攻"下再分"讲座"或"分野"（类似中国的研究方向），从系部到研究方向多为三级或四级结构，只有第一级的研究科和第二级的专攻由日本文部科学省管辖，而专攻之下的分级设置则由大学自行决定，变动性较大，各校均有所不同。"教育工学"作为一个细化的研究方向多设置在最后一级，因此，日本也不存在严格意义上的教育技术专业，仅仅只是一个研究的具体方向。从人才培养目标来看，日本硕博阶段的培养目标不是单纯为了培养教育技术学领域的专业人才，而是培养具有更广泛视野的综合性人才，使得日本教育技术学的研究方向逐渐扩宽。由于日本各高校设置的专业名称和方式不尽相同，本书以东京大学、东京工业大学、大阪大学、早稻田大学四所高校为例进行分析。

大阪大学于 1976 年设置人间科学研究科，开设硕士课程，1978 年开设博士课程，2016 年取消先端人间科学讲座，将人间科学研究科统一规划为一个专业，即人间科学专业，下设行动学、社会学·人间学、教育学、共生学四个学系，学系下设有讲座，其中教育学系下设临床教育学和教育环境学两个讲座，教育工学仅作为临床教育学下属的研究领域。因此，人间科学为一级学科，所有毕业生均统一授予人间科学硕士或博士学位，是"研究科—学系—讲座—研究领域"的四级结构。硕士为两年制，须修满30学分，包括必修科目、选择必修科目、选择科目；博士为三年制，须修满12学分，包括选择必修科目和选修科目。涉及教育工学的硕士阶段课程主要有教育工学特讲、教育工学特定演习、教育工学特定研究等，分别讲授教育技术相关基础知识、研究方法和项目、毕业论文指导等内容；博士课程则为教育工学特别演习、教育工学特别研究，此外还可以选修教育传播学、临床心理学、教育制度学、科学技术与文化等。由于这些课程均为2学分，所以即便是教育工学方向的学生也必须履修其他方向的课程才能修满毕业所需学分，从而以学分和课程的设置达到了跨学科培养的目的。

东京大学并无教育技术相关院系或研究方向，从研究内容上看，比较贴近教育技术学的院系是于2000年新设立的信息学环·学际信息学府，仅有一个专业，即学际信息学专业，当时仅下设学际信息学和实践信息学两类课程，2004年与社会信息研究院合并后，设置了社会信息学、文化·人间信息学、学际理数信息学三类课程。2006年增设综合分析信息学课程，2008年增设亚洲信息社会课程，并新建综合防灾信息研究中心，2009年将学际理数信息学课程改名为先端表现信息学课程，新设泛在信息社会基盘中心。由此可见，东京大学为"学府—专业—课程"三级结构，主要是通过频繁改动课程名称来整合专业结构设置，授予的是学际信息学或社会信息学的硕博学位，所授课程中并无教育技术等名称的课目，仅在研究内容上有部分涉及翻转学习、学习环境设计、教育系统设计、信息通信技术和媒介研究等内容，偏重于从社会和技术角度开展相关研究。此外，东京大学还设有教育学研究科，主要以教育学内容为主，并无教育技术相关课程。

东京工业大学于 1973 年设置教育工学开发中心，日本教育工学创始人之一的赤堀侃司曾任教于该中心。1996 年新设社会理工学研究科，下设人间行动系统、价值系统、经营工学和社会工学四个专业，教育工学开发中心与之合作，共同开展研究实践和人才培养。2015 年教育工学开发中心被撤销，2016 年新设教育革新中心，继续与社会理工学研究科等部门合作，目前以"教育质量保证体制构建、教育能力开发、教育学习环境开发"为主要研究内容，通过 MOOC、翻转学习、教育学习资源研发、教师培训等形式开展各类研究。东京工业大学作为日本最早开展教育技术研究的大学，主要通过教育工学开发中心和教育革新中心开展研究实践，以社会理工学研究科为人才培养据点开展各类研究和教学活动，社会理工学研究科为"研究科—专攻—讲座—研究领域"四级结构，授予理学或工学的硕博学位，其下属的人间行动系统专攻设有人间开发科学、教育工学、行动系统三个讲座，主要研究认知、学习、身体动态和教育系统。其中，教育工学讲座又分为学习媒介和先端学习系统两个研究领域，如学习者生理及行动指标分析、学习效果分析、远程教育、信息处理等；人间开发科学讲座下设教育评价、教育系统开发、科学技术人才培养、认知学习科学四个研究领域。人间行动系统专攻中涉及教育技术的主干课程有教育系统研究、人间行动系统研究法、教育系统设计、教授·学习系统论、媒介学习论等。

早稻田大学作为私立大学，学科设置更为灵活，1991 年设置人间科学研究科硕士课程，1993 年设置博士课程，2003 年改组后设有人间环境科学、健康福祉科学、人间信息科学三个学科，其中，人间信息科学下设感性认知信息系统研究领域和教育传播信息科学研究领域。因此，早稻田大学人间科学研究科属于"研究科—学科—研究领域"三级结构，授予人间科学硕博学位。其中，教育传播信息科学研究领域包括交互设计、互联网科学、学习环境设计、教育开发、教育传播、教育实践、教育信息工学、信息传播科学、信息传播技术、信息媒介教育、网络信息系统、教育信息媒介 12 个研究内容。硕士分为一年制和两年制，两者均须修满 30 学分，包括研究指导、毕业论文、专门研讨会、专门科目、人间科学科目等课程，博士则为三年制。教育技术领域相关的课程有教育方法论、心理教育学、教育工学演习、教育传播学、教育实践学、学习环境设计论、信息媒介教育论、交互设计论等。整体来说，学位和课程设置类似大阪大学，但专业设置更为灵活，且覆盖学科领域较为广泛。

如表 3-2 所示，四所大学的学位名称和课程设置等内容均有所不同，严格意义来说，以教育工学名称设置研究方向的仅有大阪大学和东京工业大学，其他学校仅设置为教育技术相关的课程，这也代表了日本研究生院建设的整体倾向，即较少单独设置教育技术专业，主要将教育技术作为研究内容，更倾向于培养兼备教育与信息技术的跨学科人才。另外，值得一提的是，由于日本各大学尤其是教育大学均设有教育实践中心或信息技术中心，在该类中心任职的教师主要教授教师资格证相关课程、全校教育类公共基础课等，同时开展教育技术相关的研究，而其负责的硕博课程多设置在研究科下，以共同培养的形式开展研究指导活动。

表 3-2 各大学教育技术课程设置情况对比

校名	大阪大学	东京大学	东京工业大学	早稻田大学
办学性质	国立	国立	国立	私立
相关院系	人间科学研究科	信息学环·学际信息学府	社会理工学研究科	人间科学研究科
设置时间	1976 年	2000 年	1996 年	1991 年
学位名称	人间科学	学际信息学或社会信息学	理学或工学	人间科学
设置结构	研究科—学系—讲座—研究领域	学府—专业—课程	研究科—专攻—讲座—研究领域	研究科—学科—研究领域
研究方向	教育学系—临床教育学—教育工学研究领域	学际信息学专业—文化·人间信息学课程/亚洲信息社会课程等	人间行动系统专攻—教育工学/人间开发科学讲座—学习媒介/教育系统开发等	人间信息科学科—教育传播信息科学研究领域
主干课程	教育工学特讲、教育工学特定演习、教育工学特定研究等	学习环境设计论、信息媒介论、先端科学技术等	教育系统研究、人间行动系统研究法、教育系统设计等	教育方法论、心理教育学、教育工学演习、教育传播学等
研究内容	学习环境设计、高等教育、远程教育、教师教育、传播媒介等	翻转学习、学习环境设计、教育系统设计、信息通信技术和媒介研究等	教育评价、生理心理分析、学习教育系统、信息教育等	交互设计、学习环境设计、信息媒介教育、网络信息系统等

三 特点分析

综上所述，日本高校在教育技术专业人才培养上主要通过跨专业的课程设置和研究实践来进行，与中国相比其主要特点如下。

（一）学科定位模糊，偏重跨学科建设

日本并未将教育技术作为独立的学科或专业，仅作为教育学、信息学或人间科学等学科下属的研究领域，尤其是师范类院

校，主要将其设置在教育学下。而且日本文部科学省仅管辖学科和专攻两级，各院校可根据需要灵活设置各类研究领域，以满足整体学科建设的需要。因此，日本的教育技术学科定位较为模糊，以辅助主干学科为主，偏文科部分的主要设置在教育学或社会学下，属于人文社科类，如大阪大学和早稻田大学，以教育方法、学科教育、学习分析、教育设备应用及实践等为主要研究内容；而偏理工科的部分主要设置在信息学或计算机科学下，属于理工科类，如东京大学和东京工业大学，以系统设计、数据分析、硬件开发等为主要研究内容。并且，教育技术类课程所占比例远比中国要低，在课程和学分设置上多要求跨领域选修其他专业的课程。由此可见，日本并不太重视教育技术的独立化学科建设，而是偏重于与其他学科相互融合，通过多样化的课程设置和研究内容来引导和培养学生，这方面值得中国借鉴，尤其是在建设综合性人文学科时，可以结合自身优势打造特色专业，加强主干专业的建设。

(二) 建立体系化的人才培养机制

日本主要通过学部、研究科、教育实践中心等各部门联合培养的方式，开展多样化的教学实践和合作研究。从培养方式上看，日本高校要求学生自本科二年级开始选择具体的研究方向（专攻或研究领域）进行学习，比较常见的教学模式是以研究室为单位，本科教学与研究生教学可同时进行，有利于学生扩宽知识面，为本硕博连读、开展连贯深入的研究创造有利的条件。另外，日本本科阶段的教育技术类课程并非为了培养中小学教师，而是通过课程和研究内容来引导和培养学生，不仅在课程设置上可以选修其他科目的学分，也可以加入其他研究领域的项目中进行学习，课程设置上将专业教学与师资培养分开，同时部分学分又可互认，既有利于学校设置灵活的跨专业课程设置，也有利于学生获得教育技术及教师资格证的相关知识。从大阪大学和东京工业大学的硕博毕业论文来看，涉及的研究主题包括教育系统开发、学习分析和教学效果评价、教学设计研究、教师教育、知识可视化、远程教育辅助研究、教育研究模型分析、信息技术实践与应用、国际信息教育对比研究等，研究范围非常广泛。因此，从今后中国高校教育改革的角度来说，需要完善体系化的人才培养机制，可以尝试打破本硕博之间分年级和培养层次的限制，以专业或研究室为单位开展连贯的教学实践，培养高端、综合性的学术人才。

（三）剥离专业与就业的联系，扩展学生知识面

日本的本科培养目标以培养具备教育基础理论知识的综合性人才为主，教育技术类课程仅占很少的一部分，而研究生培养目标则以培养跨学科的研究型人才为主。因此，日本高校设置教育技术专业的目的并不是要解决中小学信息技术教育的师资问题，而是为了扩展学生的知识面，其培养目标可使学生将专业学习和就业去向分开，跳出教育或就业的视角，能从国家政策、技术研发、科研实践等各方面开展研究活动，就业去向也不限于教师行业。这也可以看出中日教育技术专业的培养目标截然不同，中国教育技术专业的设置主要就是为了解决信息技术师资匮乏问题，其培养目标与社会需求直接挂钩，在中国当前中小学师资趋于饱和的情况下，需及时调整培养目标和课程内容，积极探索新的途径培养下一代教育信息化人才。

第二节　中小学师资培养分析

一　日本中小学师资培养变迁

在日本明治维新后至二战爆发前，日本教师主要由官方师范

院校进行封闭式培养，其资质参差不齐，学习内容也不尽相同。二战结束后，为了废除旧体制下的封闭式师资培养模式，日本在1947年实施《学校教育法》，之后又多次进行了师资培养体制的变革，最终以1949年颁发的《教育职员许可法》《教育公务员特例法》，1954年颁发的《教育职员许可法实施规则》为标志，确立了日本师资培养的基本原则——由文部省负责制定教师资格证的考核内容，再交由地方教育委员会进行师资认定和选拔。与此同时，将原先的官方师范院校封闭式培养模式改为以两年制短期大学和四年制大学为主的学分制培养模式，大学需向文部省提交师资培养课程开课申请，经认定后方可开课，学生修满所有课程学分后即可申请到教师资格证；社会人士则可通过由文部省举办的教师资格认定考试来获得资格证，但考试难度较大，合格率仅10%左右，且该考试并无初中级别，高中级别也在2004年被取消，因此，社会人士仅可选择幼儿园、小学和特别支援学校的从业资格。为了严格控制教师选拔的质量和过程，都道府县的教育委员会通过一年一度的"教师采用考试"来进行任免考核，考生需在持有教师资格证的前提下，通过该考试后再被派往指定学校进行试用期考察，考察通过后方可被正式雇佣。由于日本公立中小学教师均为国家公务员，他们在享受稳定收入和待遇的同时，必须服从指派，因此他们基本上会在所在学校终身执教。而良好、稳定的收入和扎根地方的终身雇佣体制，既保证了中小学教师的教育热情和质量，也使得中小学教师在日本具有较高的社会地位。

自1960年开始，日本经历了二十多年的高出生率和教育事业高速扩张期，义务教育得到全面普及，各地的中小学基础设施和师资达到了高度均一化。后来受信息技术变革的影响，日本中小学课程改革的步伐加快，连续增加了不少新内容，使得早年持证上岗的教师难以应对，存在着师资培养课程内容滞后、新信息设备利用率偏低等问题。对此，日本于 2007 年修订《教育职员许可法》，规定自 2009 年开始实施"教职许可更新制"——将教师资格证设置十年有效期，到期要求教师参加培训，经考核合格后方可继续执教。另外，日本中小学教学内容主要依据文部科学省发布的《学习指导要领》来制定，每十年该要领也需进行一次大的修订，期间还会进行多次局部修正，而教师资格证和教职课程也会随之变更，如 2000 年后新设技术、信息等新科目，教师资格证认定标准和培养内容也增加了这类科目，以应对教学需要。

二　师资培养课程分析

（一）教师资格证与教职课程设置

1. 教师资格证的获取要求

日本的《教育职员许可法》和《教育职员许可法实施规则》详细规定了中小学教师资格证的类别、培养内容、获得方式等，并根据国家的教育需要进行了多次修订。目前，日本的教师资格证分为普通、特别、临时三类。前两者的有效期为 10 年，到期后需接受再培训和考核，且特别类仅在当地区域内有效，具有一定技能或知识的人才通过推荐且接受考核后方可获得，主要便于各地学校根据教学需求外聘专家。临时类则仅限无法录用持有普通类资格证教师的情况下，由当地教委考核特批授予，主要用于特殊教学需要或临时开课等情况。由于特别类和临时类均属特例情况，故不展开深入讨论。

普通类资格证如表 3-3 所示，可分为需硕士学位的"专修资格证"、需学士学位的"一类资格证"和需短期大学学士学位的"二类资格证"，需选修的课程包括教职、教科、教科或教职、文部科学省令特别指定、特别支援教育等。其中，专修资格证要求在修完一类资格证所需学分基础上，在"教科或教职"科目中再多修 24 个学分，故在晋升管理职位或提高薪金待遇上有一定优势。

表 3-3　日本中小学普通类教师资格证的类型及要求

资格证类型		小学			初中			高中		特殊学校		
		专修	一类	二类	专修	一类	二类	专修	一类	专修	一类	二类
学位条件		硕士	学士	短期大学学士	硕士	学士	短期大学学士	硕士	学士	硕士	学士	短期大学学士
课程最低学分	教职	41	41	31	31	31	21	23	23	—	—	—
	教科	8	8	4	20	20	10	20	20	—	—	—
	教科或教职	34	10	2	32	8	4	40	16	—	—	—
	文部科学省令特别指定	8	8	8	8	8	8	8	8	—	—	—
	特别支援教育	—	—	—	—	—	—	—	—	47	23	13
	合计	91	67	45	91	67	43	91	67	47	23	13

2. 教职课程的设置

日本开设有教职课程的大学均设立专门的管理机构负责课程设计、教学等事务，新课程由学校向文部科学省递交课程学分认定申请，然后由文部科学省根据授课教师学历、教学内容、学分及课时等进行审查，通过后方可开课，而学生需修满学分后才可申请教师资格证。由于各大学的学科与专业设置不同，并非每个大学均设有与所有类型资格证相对应的教职课程，因此可选择的资格证类型会受到一定限制，若所在学校并无对应的教职课程，那么只能退学，重新参加大学入学考试，考入开设有对应教职课程的大学，或去旁听通信制大学所开设的对应教职课程。根据日本对普通类资格证课程学分认定的要求，教职课程的设置主要包括如下五类。

（1）教职科目

教职科目以基础知识为主，该类课程多设置在大学一、二年级，包含教职意义、教育基础理论、教育课程及指导方法、学生指导及升学辅导、教育实习、教职实践演习等。其中，教育课程及指导方法涵盖教育课程的意义和编排方法、各教科的指导方法、教育方法及技术等内容。由于教职科目主要强调教育的基础理论和实践知识，故对于任何类型的资格证都属于必修内容，而从信息技术能力基础素养培育的角度来说，教职科目基本可完成信息技术相关知识的初步学习。

（2）教科科目

"教科"指的是由《学习指导要领》所规定的中小学教学科目名称（表3-4），教职课程根据教科来设置教学内容。小学要求选修所有教科，因此所有教科科目均为必修。初中及高中则要求教师持有对应教科的资格证，因此初中资格证按国语、社会、数学等教科分设不同的科目，涉及信息技术的主要有数学、理科、技术以及涉及影视媒介设备的美术。高中分为普通高中和专门高中（即职业高中），其资格证同样也设置不同的教科科目，其中信息所涉及的内容包括信息社会及信息伦理、计算机及信息处理、信息系统、信息通信网络、多媒体表现及技术、信息与职业等，其他涉及信息技术的科目还有数学、理科（含实验）、工业（含设计制图）、美术（含设计摄影）、家庭（含家电机械及信息处理）等。由于信息技术涉及的各科知识比较专业，故该类课程多设置在大学二、三年级。

表 3-4　日本的中小学教科科目设置

小学	国语、社会、算术、理科、生活、音乐、图画工作、家庭、体育、道德、外语活动、综合学习时间、特别活动
初中	国语、社会、数学、理科、音乐、美术、保健体育、技术·家庭、外语、道德、综合学习时间、特别活动
高中 普通	国语、地理历史、公民、数学、理科、保健体育、艺术、外语、家庭、信息
高中 专门	农业、工业、商业、水产、家庭、看护、信息、福祉、理数、体育、音乐、美术、英语

（3）教职或教科科目

主要分为两类，一类是从上述两类科目中选修，另外一类则是大学根据自身特点专门设置的科目，如大阪大学开设有综合演习、实践教学论等科目，用于完善跨学科的学习内容，这部分科目在专修资格证中所占比重较大。

（4）文部科学省令特别指定科目

除了上述科目，日本还设置了由文部科学省通过省令发布特别指定的追加科目，包括日本宪法、体育、外语交流、信息设备操作四门课程（各 2 个学分），共计 8 个学分。其中，信息设备操作涉及计算机及网络基础知识、办公编辑软件应用、教学设备应用、电子邮件和编程等内容。

（5）特别支援教育科目

在特别支援学校中需要运用到的知识都设置在该类科目中，如残障儿童的心理辅导、特别支援教育理论基础等。

（二）教科定位与信息教科设置

1. 信息技术的教科定位

在信息技术的教科定位上，日本以培养学生的"信息应用实践、信息的科学理解、信息社会参与态度"三大信息应用能力为主线，综合强化了各教科科目中关于信息技术知识的教育，如图

3-1 所示。具体来说，小学阶段以信息应用实践能力为主，利用综合学习时间来进行跨学科知识的融合；初、高中则加入了技术、家庭、数学、理科等涵盖信息科学理解的知识，再辅以社会科目完成社会信息伦理等方面的教育。随着《学习指导要领》的修订，日本自 2003 年开始在高中设置信息科目，确定了由小学到高中的跨学科、体系化的信息教育模式。

2. 信息科目设置

由于信息科目在 2000 年以前并没有任何教师具有执教资格，也没有学校设有这类教职课程，因此从 2000 年开始便以"协定讲习会"培训认定的方式，让其他持有理科、数学、家庭等资格证的教师接受短期培训，同时在 2001 年和 2002 年专门为信息科目开设了"信息许可认定考试"，但由于考试难度较大，导致合格率仅 3% 左右，获得资格证的人数也仅有 50 人左右。此后，诸多大学开始逐步设置对应的教职课程，截至 2015 年，约 360 所大学的 547 个院系设有信息科目的教职课程，由于需选修计算机、数据库、编程、信息系统、信息处理、网络及信息安全等内容，所以主要设置在信息学、工学、理学、经济学、媒介设计等学科中，而设置在教育相关专业下的院校仅有 30 所左右。以大阪府为例，有 18 所大学设有信息科目的教职课程，除大阪教育大学设置在教育学院下外，其他大学均设置在理工科或经济科下，这意味着几乎无法跨专业选修或者跨校选修。即便是同一学校的不同专业开设有该课程，由于需要选修计算机等专业课程，学习时间跨度又长达四年，课程安排很难与本专业课程错开，而且还受到招生名额限制，出身于其他专业的学生很难获得高中信息科目的教师资格证，导致日本信息科目的执教教师人数严重不足。由其他科目转行而来的教师因兼任而不堪重负，又或因教师退休无人接替，信息科目的执教教师多被额外要求负责学校网站、多媒体教室，甚至其他教师的计算机维修和培训工作，工作负担和压力较大。再加上高中三年信息科目仅设 2 学分，课时量少，小规模的高中都倾向于采用临时雇员，教学内容多为计算机操作，而非信息技术能力与理论，这使得信息科目部分有名无实，选修率在所有教科科目中长期居于垫底状态（见图 3-1）。

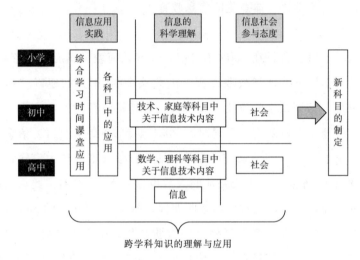

图 3-1　信息技术在日本各教科科目中的定位

另外，虽然日本强制要求信息科目为高中必修课程，但 2006 年起才将该科目纳入大学入学考试范围，至今也仅有数十所大学采用该科目作为入学选拔标准，使得信息科目在升学考试中无足轻重，也导致高中并不太重视该科目。而且，教师采用考试中信息科目的合格率历年来在所有科目中均为倒数，如 2011 年全日本共 616 名考生报考，录用 67 名，合格率仅为 9%。2015 年全日本信息科目教师仅有 5732 名，其中 27.6% 的人员均无该科资格证，52.0% 的人员还同时兼任其他科目。信息科目在很多地区都被要求同时持有其他科目资格证，仅持有信息科目资格证很难被正式雇佣，而在其他科目上却不存在这种奇怪的现象，这是因为信息科目今后若产生删改，教师赋闲占编制且无法教授其他科目的话会比较棘手，导致学校很难有动力去腾出岗位招聘，持证人员无法顺利就业，低雇佣率又导致大学中课程选修率低，加之选修难度大，使得持证人数难以稳定增加。虽然日本早在 1990 年代便开始大力推进教育信息化建设，但实际情况是，信息科目仍然存在开课率低、选修率低、教师培养及雇佣难度大、可报考院校少等诸多问题。

（三）教职课程改革动向

由于日本在二战结束后师资培养处于青黄不接的状态，随着教学改革，日本迫切需要培养新一代中小学教师，其主要改革动向有如下几个特点。

1. 加快改革探索脚步，积极实施跨学科教育实践

日本在 2020 年再次修订《学习指导要领》，各界积极研讨改革内容，尤其是在信息应用能力培养方面进一步提高要求，打破科目间的壁垒，在各科目中增设数十条有关信息技术教学及应用的具体标准；将社会、家庭等与信息科目相结合，强化信息伦理与社会道德等知识；在初高中增设"数理教育"科目，强调数理结合的生活实践动手能力；加强编程教育、创客教育等实践研究，积极推动超级科学学校（Super Science School）、ICT 梦想学校（ICT Dream School）等的建设，探索新的教学模式。

2. 重新制定教职课程标准，增设大学特色科目

2017 年日本通过修改相关法律来改变教职课程设置标准和师资培养内容，将原有的教职、教科及特别指定科目等分类标准改为"教科及教科指导法科目""教育基础理解科目""指导及教育咨询等科目""教育实践科目""大学独立设定科目"五大类。其中，"教科及教科指导法科目"除包括原教科科目外，还包括信息设备及教材应用等各科目的指导方法；"教育基础理解科目"包括教育理念、教育历史及思想、教职意义及教师职责、教育的

社会性及经营事项、学生身心发展及学习过程、特别支援教育理解、教育课程意义及编排；"指导及教育咨询等科目"包括综合学习时间指导方法、特别活动指导方法、教育方法及技术、学生指导理论及方法、教育咨询的理论及方法、升学指导的理论及方法；"教育实践科目"包括教育实习和教职实践演习；"大学独立设定科目"为大学自主设定的教职课程，约占整体学分的一半。2018 年教职课程全面修改，并从 2019 年开始正式实施，提高跨学科信息技术应用能力培养的要求，给予大学自主设置教职课程的权利，再加上新科目的设置使得下一步新教职课程的开发成为今后相关研究的重难点。

3. 加强教职课程建设，促进师资考核与培训

为对应知识的更新和教学内容改革，大学对承担教职课程的教师开展各类教学能力培训，如课程教学方法、信息设备使用方法、教学应用实践等，并请中小学教师、企业人员与大学教师联合授课，通过教学实践和共同研究等形式提高教师的教学能力。同时，为应对跨专业学生和社会人士的学习要求，增加通信教育课程来进行教职课程学分认定。在教师采用考试方面则增加对信息技术应用能力的考核，对涉及信息技术知识的数学、理科、信息等科目，要求上机考核，积极提高信息科目教师的雇佣率，鼓励中小学通过各类项目增加信息技术实践研究。在教师培训方面，增加培训经费，按教龄将研修课程分为初任、五年、十年、二十年等不同层次，鼓励派遣教师至企业和大学进行深造，选拔主干教师进行集训，完善各地跨校交流和培训指导体制，积极推动"产官学"联合培养实践活动等。

三 中日对比分析

中国早在 1986 年便制定了《普通中学电子计算机选修课教学大纲》，其后通过十余年的课程建设将计算机教育逐步深化为

信息技术教育，同时也加大投入力度，进一步提高了对中小学教师信息技术能力的要求。鉴于日本近年来在信息技术师资培训方面的实践经验，其中小学的教职课程和教师资格证的发展轨迹有着不同于中国的特点和经验教训，通过对比两国的异同点有利于理解和掌握日本信息技术师资培养的优缺点，为今后中国进一步深化信息技术师资培养提供有益的参考，以下通过培养模式、考核标准及培养方向三个角度展开对比分析。

（一）培养模式

日本师资培养的特点在于通过法律法规及政策引导，适时根据信息化社会变革调整师资人才培养内容。如图 3-2 所示，通过定期修订《学习指导要领》及相关政策来改善中小学课程结构和教学内容，进而带动师资培养内容和考核方式的变化，再通过中小学、教委和大学等的大量实证研究和论证，为《学习指导要领》的修订提供科学的建议和变革依据，由此形成科研、教学、人才培养、政策法律制定和执行的良性循环。尤其是通过课程学分制来授予教师资格证，严控教师从业资格，保障了师资基础素质，再通过教师采用考试进一步保障了供求关系和实践教学能力，并且通过教师资格证有效期以及级别认定等来开展后续师资再培训，持续有效地深化师资能力培养和人事管理。教师资格证中教职、教科等部分均设有信息技术相关内容，并在教师采用考试中，设置笔试、实际能力测试、面试等多个环节，通过信息设备能力实测、教学方法考核、模拟授课等各种方式来进行综合考察，而非简单修完学分便持证上岗。

相对而言，中国并非采用教职课程来进行学分认定，且未以立法形式规定教师资格证和教师公务员体制的相关内容，教师资格认定与教师雇佣体制实际上与大学专业教育脱钩，教师进修也不是以教师资格证更新和考核的形式进行。因此，有必要借鉴日本的经验和教训，积极建立一套体系化的师资培养良性循环模式，将师资培养、

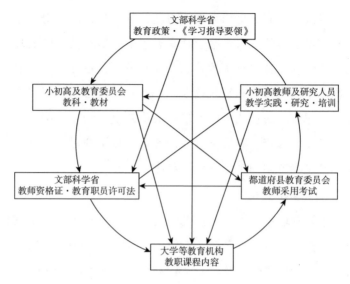

图 3-2　日本师资培养模式

课程建设、考核标准以及法律法规建设有机结合起来，完善师资培养和考核体制，提高一线教学人才的实践应用能力和教学水平。

（二）考核标准

日本对师资的考核主要包括教职课程、教师采用考试和资格证更新三方面，通过教职课程与专业教学互相配合，根据中小学教科的特点将教育学、心理学、信息技术等领域的知识以课程学分形式细化，部分学分可与学位课程互认，利用大学专业学科优势辅助培养中小学教师，从而确保师资培养的质量。另外，大学中承担教职课程的授课教师有来自工学、信息学、理学、教育学等各专业的教师，且无严格指定的标准教材或者教学内容，更加注重跨学科的知识理解，有利于扩宽学生的知识面。而教师采用考试则由各地教委和一线资深教师来制定考试内容，强调教学的实践经验和教学应用能力，同时为了防止教师知识过时、思维僵化，以立法形式强制要求所有教师必须参加教师资格证更新的培训课程，通过分级分档进行培训考核。

在教师资格认定方面，中国与日本的考核标准完全不同，日本规定须通过两年或四年数十门教职课程的学习，修满学分后经认定获得，而中国则通过统一资格考试认定，考核内容也仅有两三门，相对而言中国的教师资格证获取难度偏小，并且没有一套类似日本教师采用考试和资格证更新制度的考核体系，难以用统一标准推广信息技术等新知识，各科教师也可能来自于不同专业，导致教师能力参差不齐。因此，我国应该制定完善的师资考核标准，对教师资格证进行标准化和体系化建设，同时参考日本教师采用考试和资格证更新制度，通过多元化方式加强对中小学教师教学实践能力的评估和考核，积极通过师资培训提升信息技术应用能力。

（三）培养方向

从教育技术专业课程占比来看，日本大学中的教育技术专业课程所占比例仅为整体的10%左右，主要在理工科专业中设置信息课程，高中信息课的任课教师大多来自非教育技术专业。这与中国教育技术专业的培养方向差异较大，究其原因在于中日两国对于培养教育技术专业人才的思维理念差异，日本将教育技术定位于教育专业下的子课程，目标在于培养具有教育基础知识的人才，而非培养中小学信息技术课程的教师。近年来，日本在教职课程和教师采用考试中逐渐加大了对信息技术实际教学应用能力的考察力度，提高了对实践操作和教学应用能力的要求，同时在新一轮教职课程改革中扩大了大学自主开课权，强调师资培养课程与专业教学进一步结合，由此将会引发日本教育界的巨大变革，尤其是在师资培养课程分析、信息教育课程建设方面还有待深入探讨，因此值得继续关注日本在信息技术等专业化知识教学在师资培养课程中的应用和整合的相关研究，其实践经验和研究成果对于完善中国的师资培养体系有着一定的参考价值和借鉴意义。

第三节　人工智能专业建设

一　日本人工智能产业背景

（一）产业发展政策

随着以大数据、自动驾驶、智能机器人、物联网（The Internet of Things，IoT）等为代表的人工智能（AI）技术的迅猛发展，日本政府早在 2013 年提出的"日本再兴战略"中就提出将 AI 等高科技产业作为成长战略的核心。2016 年日本制定了"第五期科学技术基本计划"以及"i-Construction"等计划，具体细化了超智慧社会建设的各领域要求，以实现机器人、人工智能、IoT 等技术创新。同年，由日本总务省、文部科学省、经济产业省三部委共同成立"人工智能技术战略会议"，提出人工智能战略和产业化路径图，确定生产、健康、医护、空间移动、信息安全为重点扶持领域。随后该会议又增加内阁府、厚生劳动省等四部门，进一步强化该机构为国家人工智能战略司令部，跨"产官学"界协调整合资源，如表 3-5 所示，确定了研究开发、人才培养、环境建设、创业扶持、促进理解五大核心。①

表 3-5　人工智能技术战略会议的举措及进展

	相关举措	方式和目标
研究与开发	与产业综合研究所等合作进行机械学习研究；与国立癌症研究中心等合作进行癌症 AI 应用研究；加强护理和人流解析等领域的研究机构合作；推动自动翻译中 AI 云计算应用；在农业、医药等领域加强各部委横向合作。	加速社会实际应用；推进"产官学"联合开发项目；集合更多领域专家的支持和参与。

① 「イノベーション政策強化推進のための有識者会議「AI 戦略」（AI 戦略実行会議）」、日本首相官邸、https://www.kantei.go.jp/jp/singi/ai_senryaku/index.html。

续表

	相关举措	方式和目标
"产官学"中数据及工具群的环境建设	由总务省等启动"翻译银行"的应用；由经济产业省发布《数据管理相关运用指导手册》；由产总研人工智能技术联盟开展数据应用联合项目。	推动政府及民企向翻译银行输入数据；基于指导手册推进数据应用；推动数据应用的多部门合作。
人才培养	在东京大学和大阪大学开设 AI 特别课程；由 JST 实施人才培养项目（战略性创造研究事业每年度资助 30 人）；针对博士及博士后实施数据相关人才培养项目；设置经济产业大臣认定课程，"第四次产业革命技能学习讲座认定制度"2018 年认定 16 所机构的 23 个讲座。	全国开展教育项目；实施自律性事业；明确人才就业渠道，提升产业贡献度。
创业扶持	ICT 创新挑战项目"I-Change！"；由新能源产业技术综合开发机构以比赛形式选拔 AI 相关研究项目（57 项中 6 项获选）；实施"AI 系统共同开发支援事业"，加速企业数据资源整合，推动国际化。	需验证项目商业模型实施可行性；持续推动创业扶持政策。
促进对 AI 技术开发的理解	实施人工智能技术战略的信息推广，2017 年召开下一代人工智能技术研讨会等。	持续加强 AI 相关的政策宣传。

此外，2017 年日本内阁制定了"未来投资战略 2017"，提出为实现新型超智慧社会"Society 5.0"，应强化数理教育和信息技术教育，人才培养和技术应用改革同步并举，强力推进人工智能的普及应用。随后，日本政府为 AI 产业所拨划的财务预算逐年递增，2019 年度达到 1200 亿日元，为 2018 年度的 1.5 倍。2019年 3 月"综合创新战略推进会议"正式提出"AI 战略"，以尊重人类、多样性和持续可能为理念，设定人才、产业竞争力、技术体系、国际化四大战略目标，提出：①推动教育改革和研究开发，培养全体国民的"数理·数据科学·AI"相关基础能力，实现学生人手一台信息终端，积极促进 AI 与各专业融合的跨界教

育，强化 AI 实践学校制度，建立一系列优秀的教育项目，推动年轻人才培养和海外挑战，支持多样化创新研究，构建 AI 研发的日本模型和 AI 研发网络，确定下一代 AI 基础技术；②强化社会实际应用，开展世界一流的医疗 AI 研究，导入智慧农业技术，实现 AI 终端和物流大数据，构建智慧城市，同时利用 AI 削减公共服务和行政成本，提高业务效率，进行 AI 服务标准化建设，扶持中小企业和新兴企业；③注重 AI 社会原则，开展 AI 伦理建设，构建国际合作体制；等等。

（二）人才培养政策

根据日本经济产业省的统计，2016 年日本信息专业学生为 2.8 万人，日本尖端 IT 人才（包括与大数据、IoT 和人工智能相关的人才）仅 10 万人，与产业实际所需人数相差甚远，而至 2020 年日本信息技术人才缺口达 30 万人。因此，2019 年日本在政府统合创新战略推进会议上提出每年需培养 25 万人工智能相关人才的宏伟目标，敦促高校不分文科和理工科，让全部大学生接受 AI 初级教育，开展彻底的信息技术教育改革，同时增设面向社会人员的相关专门课程，集中资源在日本具有世界领先优势的领域开展 AI 创新，如移动、医疗、护理、制造等。

如图 3-3 所示，日本政府要求相关部门开展摸底调研，制定相关的政策和人才培养项目，以达到各级人才培养的具体目标。例如，顶级核心人才由科技厅、总务省、文部科学省和经济产业省联合开展针对博士的教育项目，中坚级人才由厚生劳动省和经济产业省负责开展 AI 相关职业再教育培训，扩充"第四次产业革命技能习得讲座"认定范围，见习级人才则由文部科学省负责开展"产学"联合的信息专业人才培养实践教育项目，同时通过工科教育改革强化数据科学等领域的教育。而且，为广泛培养更多的基础性人才，要求针对所有大学生普及开展数理和数据科学相关的标准化课程，同时以 2020 年新版《学习指导要领》为切入点，进行高考改革，并针对全体中小学生开展更深层次的信息化教育。

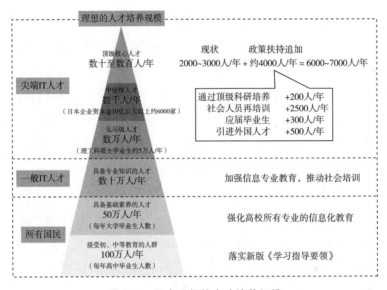

图 3-3 日本理想的人才培养规模

此外，日本政府打响国际人才争夺战，采用各种政策吸引外国人才，以"高度人才"签证为例，通过对专业、学历、论文、专利等进行人才评分，针对达到一定分数的高级人才开辟特殊签证渠道，最快 1 年即颁发日本永久居住权。

二 人才培养模式

据日本文部科学省调查显示，每年完成 AI 相关硕士课程的人才在东京大学、京都大学、早稻田大学等 11 所大学中不到 900 人，日本全国也仅为 2800 人左右。实际上，日本各大高校的 AI 教育规模很小，人才培养的速度远跟不上 AI 实用化的速度。因此日本政府认为，针对目前的教育制度难以充分应对发展这一情况，需迅速培养各层次人才掌握"深度学习"机制和基于 AI 的数据分析方式等基础知识，以提高日本的产业竞争力，其核心举措是在如下四个领域中积极引入 AI 教育。

（一）初、中等教育：贯彻编程教育

日本的初、中等教育标准均以文部科学省《学习指导要领》为准，该要领约每 10 年修改一次，根据 2008 年公布的标准，高中设置必修科目信息课，包括社会与信息和信息科学两门课程，要求从中二选一作为必修；初中是在必修科目技术家庭课中设置有关信息技术教学内容；小学则是在综合学习时间课中设置，并且小初阶段的国语、算数等基础科目中要求穿插信息技术相关知识的学习。由于信息技术的迅速发展和政策的变化，日本政府已经认识到该标准早已落后于时代要求，2016 年文部科学省提出在小学阶段开展编程教育（Programming Education），围绕 2020 年新版《学习指导要领》开展广泛的研讨，要求培养学生信息应用能力、语言能力、问题发现和问题解决能力。目前主要针对信息技术相关学习内容，高中阶段修改为必修课"信息 I"，包括信息社会问题解决、交流与信息设计、计算机与编程、信息通信网络与数据利用等内容，并设选修课"信息 II"，教学内容涵盖信息社会进展与信息技术、交流与信息资源、信息与数据科学、信息系统与编程和课题研究；初中则进一步扩充技术家庭课原有信息技术知识点，增加了数据安全、信息系统、网络资源应用等内容；小学则明确要求在各科目中有计划地开展编程教育，培养学生关于信息化的理论性思考能力。新版《学习指导要领》在 2020 年全面实施，同时日本政府要求在同年彻底实现所有中小学生人手一台信息终端，以贯彻针对全体国民的编程教育目标。

（二）高等教育：强化教育改革

高等教育作为 AI 战略人才培养的重点，日本政府要求高等院校向所有在校生提供基础的 AI 教育，要求学生理解最低限度的编程机制，理解 AI 的伦理道德，并向接受教育的学生颁发相应水平的结业证。同时，消除文理分科的障碍，增加跨专业综合性人才的培养，鼓励开设 AI 相关专业或课程，强化"产官学"联合培养模式，以实践加科研的形式推动企业与高校联合培养人才。

为此，文部科学省立项，从 2018 年开始投入 6 亿日元，以北海道大学、滋贺大学、东京大学、京都大学、大阪大学、九州大学六所高校为试点单位，设置数理及数据科学教育中心，面向全体学生开展 AI 相关的通识教育，并由此形成联盟团体，预计在 2023 年前完成标准化的教学体系建设和教材编写，并逐步向全国所有高校普及。通识课程横跨文理工农医等领域，不分专业，要求除掌握初级水平之外，还要系统学习"深度学习"及算法相关的知识，例如设置"AI 与经济学"和"数据科学与心理学"等科目。

在教学改革方面，如图 3-4 所示，首先推动工科的跨专业改革，集中优势资源调整招生指标和师资，在所有工科专业中将信息课设为必修科目，加入经济学、社会学等文科专业教学内容，培养今后各领域的 AI 人才，同时导入"主专业+副专业"双专业体制，本硕层次破除专业壁垒，推动本科与研究生院的联合培养，开展本硕连读，并积极引入企业资源开展实践型课程。

与此同时，在学科建设方面，日本各大高校纷纷设立 AI 教育课程或专业。表 3-6 是近年来日本高校中新设置人工智能相关专业和课程的主要高校名单。如滋贺大学积极寻求跨学科融合改革，在 2017 年首创数据科学学院，每年招收 100 名本科生，2019

年又首创数据科学研究科，每年招收 20 名硕士研究生，并且分为企业在职人员定向培养和普通招考两类培养模式。入学考试要求数学、信息学、统计学及英语成绩，并率先在入学考试中承认 IT Passport、统计检定等职业资格考试成绩。其主干课程包括数据科学概论、Web data mining、模型评价、统计建模等。

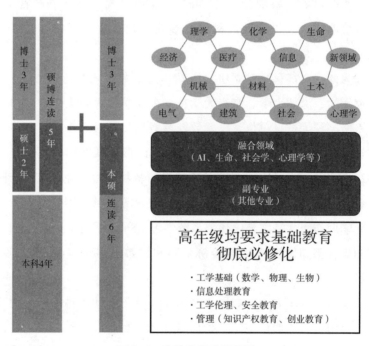

图 3-4　高校教学改革模型

表 3-6　新设 AI 相关专业和课程的高校

学校	办学形式	形式	培养层次	开设时间
立教大学	私立	新设人工智能科学研究科	硕士	2020 年
滋贺大学	国立	新设数据科学学院	本科	2017 年
		新设数据科学研究科	硕士	2019 年

续表

学校	办学形式	形式	培养层次	开设时间
横滨市立大学	公立	新设数据科学学院	本科	2018 年
		新设数字科学研究科（筹）	硕士及博士	筹建中
东京大学	国立	新设 NEDO 特别讲座"在真实数据中学习人工智能"	本科（半年短期课程）	2018 年
大阪大学	国立	新设 NEDO 特别讲座"在真实数据中学习人工智能"	研究生（半年短期课程）	2017 年
早稻田大学	私立	新设课程"Smart SE：智能系统 & 服务技术的产学协同创新人才培养"	7 个月短期课程	2018 年
北九州市立大学	公立	"enPiT-everi"课程	半年短期课程	2018 年
关西学院大学	私立	AI 应用人才培养项目	本科（选修课程）	2019 年

在新设课程方面，东京大学和大阪大学接受日本新能源及产业技术综合开发研究机构（NEDO）的立项，面向社会人员开设短期的人工智能讲座。2018 年东京大学第一期仅招收 40 人，而报名人数超过 230 人。同时，东京大学积极采用校企合作模式，2016 年由丰田汽车、松下集团等 8 家企业向东大捐赠 8 亿日元，在信息理工研究科开设为期五年的先端人工智能学教育课程，每届培养学生约 50 人。而在信息学院由 Monexgroup、Aucfan 等公司捐赠 1.2 亿日元，用于开设信息经济 AI Solution 课程，在医学研究科则由 Hanshin Dispensing Holding、EM Systems 等公司捐赠 2.65 亿日元，用于开设医疗 AI 开发学课程。

此外，早稻田大学联合 13 家专业机构和院校，开设了以 IoT 技术为中心的 AI 短期课程。关西学院大学则与 IBM 于 2019 年开展校企合作的"AI应用人才培养项目"，招生原则上不分专业，跨专业开展企业实践课程。立教大学于2020年成立"人工智能科学研究科"，以培养企业应用型职业人才，计划面向社会人员每年招收硕士研究生63名。

除上述与人工智能专业直接挂钩的学校外，日本的各大高校在其他相关领域有着不容小觑的各类实验室，表3-7总结了日本主要高校中与人工智能相关的实验室，主要以科研为主、培养人才为辅，从通用人工智能（Artificial General Intelligence）和机器人（Robotics）相关领域可以看到，以科研经费较为充足的单位为主，涉及软计算（Soft Computing）的单位分布最为广泛，这说明日本具有非常强的应用与研发实力。另外，在机器人法学、生命科学、游戏信息学、数字营销以及认知科学等特定领域也有不少依托学校的强势学科，持续开展跨学科的横向研究。

（三）社会职业教育：推动多领域合作

日本政府为弥补学校教育的不足，要求强化人才终身教育的体制，不仅面对青少年，也要求面对成年人开展社会职业教育，以求增强人才流动性，破除企业部门间的壁垒，增强数据信息的开放性和共享性，承认兼职副业，促进AI在各领域的渗透性创新，并积极推动"产官学"合作，大力开展教育体制、组织结构、工作方式等多方面改革。以文部科学省"面向Society 5.0的高度技术人才培养事业"为例，2018年度投入预算12亿日元，通过企业与大学合作，构建实践型教育网络体系，加快社会人才至高校的回炉再教育。其中，"enPiT-Pro"项目在36所大学和65家企业开展面向IT人才的再培训项目，在7所大学面向社会人员开展多地联合授课，并颁发学习证明以促进人才的再培训和再就业。

表 3-7　日本高校人工智能相关实验室

学科领域	学校数量	实验室	学校名称															
通用人工智能	7	认知构建	玉川大学	东京大学	电气通信大学	庆应义塾大学	大阪大学	会津大学	青山学院大学									
	5	计算神经科学	九州工业大学	脑信息通信综合研究所	函馆未来大学	同志社大学	电气通信大学											
	1	神经科学	冲绳科学技术大学院大学															
	1	计算智能	电气通信大学															
机器人科学	9	智能机器人	中央大学	岩手大学	庆应义塾大学	立命馆大学	奈良先端科学技术大学院大学	早稻田大学	九州大学	大阪大学	芝浦工业大学							
	7	计算机视觉	群马大学	九州大学	东京大学	名古屋大学	大阪大学	中部大学										
	3	医疗护理机器人	筑波大学	中央大学	立命馆大学													
	3	人形机器人	大阪大学	中央大学	明治大学													
	2	认知机器人	大阪大学	电气通信大学														
	2	人机交互	综合研究大学院大学	国立信息学研究所														
	2	系统控制工程	奈良先端科学技术大学院大学	早稻田大学														
软计算	15	自然语言处理	东京大学	北海道大学	丰桥科学技术大学	东北大学	电气通信大学	东京工业大学	御茶水女子大学	群马大学	京都大学	庆应义塾大学	丰田工业大学	名古屋工业大学	法政大学	鸟取大学	长冈先端技术大学院大学
	14	机器学习	东京工业大学	千叶大学	芝浦工业大学	奈良先端科学技术大学院大学	东京大学	神户大学	法政大学	电气通信大学	会津大学	早稻田大学	函馆未来大学	明治大学	京都大学		

续表

学科领域	学校数量	实验室	学校名称										
软计算	11	多智能体	名古屋工业大学	早稻田大学	东京大学	北海道大学	产业技术综合研究所	东京农工大学	法政大学	九州大学	北九州市立大学	东京电机大学	电气通信大学
	9	人机接口	庆应义塾大学	筑波大学	中央大学	立命馆大学	东京电机大学	东京工业大学	京都大学	上智大学	东京电机大学		
	8	神经网络	东京女子大学	日本大学	法政大学	立命馆大学	东京工业大学	庆应义塾大学	明治大学	早稻田大学			
	7	画像识别	中央大学	东京电机大学	立命馆大学	东京工业大学	东京大学	明治大学					
	7	数据挖掘	早稻田大学	京都大学	东京电机大学	室兰工业大学	关西大学	群马大学					
	6	语义网	综合研究大学院大学	电气通信大学	立命馆大学	大阪大学	静冈大学	庆应义塾大学					
	7	数据分析	大阪大学	东京大学	神户大学	东北大学	滋贺大学	早稻田大学					
	3	智能计算	法政大学	东京工业大学	东京电机大学								
	2	遗传算法	东京工业大学	京都大学									
相关领域	3	生命科学·信息科学	早稻田大学	庆应义塾大学	庆应义塾大学								
	3	游戏信息学	北陆先端科学技术大学院大学	东京大学	函馆未来大学								
	2	机器人法律	庆应义塾大学	中央大学									
	2	认知科学	京都工艺纤维大学	电气通信大学									
	1	数字营销	明治大学										

同时，日本积极利用 AI 领域的社会组织力量。如 1986 年成立的日本人工智能学会（The Japanese Society for Artificial Intelligence），与纯粹的学术团体不同，该学会除高校学者外，还集中了全日本几乎所有信息通信相关产业的企业巨头和科研院所，同时还有科学技术振兴机构等官方代表部门。2013 年数据分析领域的民间团体数据科学协会成立，至今已有 64 家企业和 5200 多位会员。此外，还有各领域的学术团体，例如日本医学人工智能学会、日本智能信息模糊理论学会、日本深度学习协会、人工智能商业创新协会等。

另外，日本还大力推动与其他国家的教育合作，如与东盟国家的大学合作，由日本企业捐资，派遣教师到当地开设信息技术课程，以培养当地优秀人才，截至 2018 年 3 月，在越南国家大学、邮政通信学院等 6 所大学设置了 4 门课程，在缅甸仰光信息技术大学设置了 1 门课程。同时，在雇佣外国人方面，2018 年推出新的技能研修签证，认定具有电器机械、信息等特定技能的人才可以获得长期工作签证，给予职业培训和语言技能教育相关支持。

三 对比与启示

综上所述，日本主要通过政策扶持、教育改革、人才引进等办法，由政府各部委集中资源，以人才培养为主要动力，推动人工智能国家战略的落实。如图 3-5 所示，通过确定各层次人才的培养目标，从教育改革入手，将信息技术能力培养贯彻为全民培养模式，完成国家战略意图的真正落实，但该模式仍然存在诸多问题值得深思。

（一）人口结构危机

众所周知，日本连续八年总人口数下跌，2016 年起每年新生

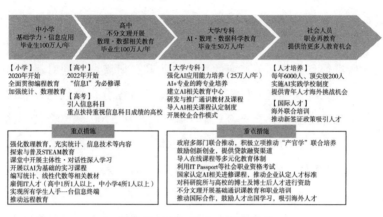

图 3-5　日本 AI 人才培养模式

人口不足 100 万人，2018 年小学生人口约 642 万人，仅占全国总人口的 5%，而 60 岁以上的老人占比 30%，到 2050 年则会超过 50%，这种不可避免的少子老龄化趋势带来了强烈的人口结构危机，再加上日本一直贯彻文理分科教育体制，受长期的宽松教育等各类因素影响，日本文科生人数约为理科生的一倍。由于人工智能跨越统计学、数学、信息科学等多个领域，尤其需要进行数据分析，而在日本高校中学习数据分析的人数不到美国的七分之一，也不到英德等国的一半。因此，从日本的政策中不难看出，为弥补人口结构的不足，信息技术被逼向文科"要人"。由人口结构危机带来的问题还进一步影响到高等教育改革的落实，日本高校经历过 2000 年前后的招生急速扩张后，都面临着严重的招生不足问题，再加上新设专业审批极其复杂耗时，并伴有经营收入上的不确定性，导致日本目前可颁发数据科学和人工智能领域学位的高校稀少，很难快速扩张新建 AI 专业，与美国 500 多所学校可颁发相关学位的总数相差甚远。同时，由于高校生源不足导致教学及科研岗位需求疲软，具有博士学位的相关人才缺少工作岗位，有约一半的青年人才无法获得长期固定岗位，引发可持续性研究能力的不足，实际上 AI 相关的学术论文中，欧洲占 3 成，美国和中国各占 2 成，而日本仅占 2%。

从基础教育人才的去向来看，日本在国际信息奥赛中所有参赛选手连续六年全部获奖，虽然获奖总数落后于美国、中国和俄罗斯，但这说明日本基础数理教育仍然具有一定实力。同时，日本文部科学省学力调查和经合组织的 PISA（Program for International Student Assessment）显示，日本全国平均水平仍然处于世界前列，但实际上这些人才并未进入信息技术专业学习，更多人倾向于报考医学，原因之一在于执业医师在日本的收入远超信息技术专业人才，其职业生涯累计收入平均可达到 8 亿日元以上，而 IT 专业毕业生则不到其一半。

（二）培养模式单一

日本 AI 人才培养仍然依托学校教育改革，与欧美相比，缺乏对社会人员进行培训的良性模式，日本在慕课等在线教育方面力量极其薄弱，例如日本民间团体 JMOOC 虽然是日本规模最大的在线教育组织之一，但目前提供的人工智能相关的公开课程仅有 6 门。另外，由日本高校提供的在线课程由于出资主体不明、教师自愿等原因，人工智能相关课程罕见。这也意味着日本缺少在线课程培训的助力，基本上成人职业教育都是由企业内部收费进行，极大限制了人才培养模式的多样性。虽然日本政府希望进一步推动社会培训课程认定制度，但如何鼓励企业积极录用这类人才仍然是一个巨大的难题。

（三）资金投入不足

日本在 AI 方面的教育科研投入年均约为 6 亿~7 亿日元，处于发达国家最低水平，仅为经合组织国家整体水平的一半，这直接导致大规模人才培养缺乏持续性的资金来源。不仅教育和科研领域资金不足，在产业投入领域也显得乏力，受日本融资难度大、政策支持偏弱、国内市场规模受限等各类因素影响，日本 AI 创业资金规模仅在 2000 万～3000 万日元之间，而其他国家都达到了其数十倍甚至百倍以上，如日本 AI 领域民间投资额约 6000 亿日元，但美国则在 7 兆日元以上，相差十倍多。

但值得一提的是，日本软银公司作为日本 AI 企业领军企业，于 2018 年成立软银愿景基金（Softbank Vision Fund），总资产达 1000 亿美元，主要投资重点就是 AI 和物联网领域。该基金是世界上规模最大的风投基金，虽然该基金投资范围不仅限于日本，但也能说明日本民间资本对于 AI 领域的重视程度。

（四）人才再教育壁垒高企

由于日本企业普遍采用应届生入职培训模式，对于新人一般要培养 1 年以上，不利于灵活快速地应对 AI 产业的技术更迭。同时，日本企业基本上不认可员工存在兼职副业的情况，信息技术自由职业者缺乏生存空间。日本政府虽然推出了各类吸引外国人才的签证政策，但是严格规定不允许外国人才兼职，这也说明了日本政府和民间对兼职的抵制程度，相对信息领域的数据开放性和国际化趋势，这将会严重影响人才的流动性，导致跳槽困难，再就业率偏低。

另外，信息技术领域产业过于集中在东京、大阪等超级大城市，企业需支付高昂的地产及人力成本。因此，人口结构问题又再次凸显，仅东京首都圈和大阪关西圈两地就集中了日本总人口的一半，青年人才八成以上都聚集在狭窄的大城市，导致地区发展严重不平衡，不利于 AI 产业的发展。

由此可见，仅改变高等院校的人才培养模式并不足以弥补整体人口结构所带来的劣势，鉴于中国今后也将面临巨大的人口结构变化，我国必须要尽早制定人口结构相关政策，形成人才梯队培养的良性循环，提前进行教育、组织结构、工作方式等方面的改革。同时，应增强人才流动性，缩小地区差异，破除地区间和企业间的各种壁垒，增强数据信息的开放性和共享性，推动职业再培训，提高对兼职副业的认可度，促进 AI 在各领域的渗透性创新，制定吸引海外人才的策略，尤其是在开源数据、深度学习、IoT 和机器人等领域加强海外人才引进政策的落实力度。

第四章 研究热点与专题分析

第一节 机器人教育现状与发展趋势

一 日本机器人国家政策背景

（一）产业发展政策

日本以科技创新为国家战略导向，力求提高科研实力和国际核心竞争力，近三十年来大力推进机器人产业发展。早在 1980 年日本便将机器人产业定位为前沿技术产业，同年机器人产量同比增长 50%，被日本机器人工业协会认定为"机器人普及元年"。1989 年日本又将智能生产系统列为政策课题，推动机器人产业从生产自动化向经营活动等方面的自动化与系统化发展。受世界经济危机的冲击，20 世纪 90 年代日本进入制造业低迷期，但随着通信技术的迅速发展普及，机器人市场逐步延伸至液晶半导体等行业，开拓出信息化新市场。

2005 年日本内阁府组建"下一代机器人合作施策组"委员会，作为控制协调中心促进和加强各部门间的合作，并颁布 2006 年至 2011 年"第三期科学技术基本计划"，明确指出机器人技术是信息通信领域的战略重点，需解决八个重大研发课题，涵盖家用、安全、交通等各类机器人的研发，以及系统整合技术、高度模块化技术、人机交互技术等诸方面。同年，于爱知县举办的世界博览会中服务机器人正式登台，该年亦被称为"机器人第二元年"。2007 年，日本进一步颁布"创新 25"计划，要求到 2025

年实现利用机器人创造可持续发展的社会，强调急需确保机器人的安全性，修订并完善下一代机器人安全标准。同时制定"创新技术战略"，提出机器人应在家庭和城市中承担更多角色，包括研发在家务、安保、检修、运输等行业的辅助功能，传承传统手工艺，防止犯罪和灾害，提供自然交互和情感交流服务等，并提出在技术研发方面应创造结构化技术环境，通过将模块自由组合，开发新功能和新系统，完善集成技术和模块化尖端技术。[①]

在 2014 年经合组织理事会上，日本提出由机器人引发新的产业革命，期望将日本建设成为世界第一的机器人应用社会。次年，日本政府各部委连续出台多项举措，如总务省发布《2015 年信息技术白皮书》，指出利用机器人和信息通信技术打造日本未来；文部科学省成立"通用型未来社会推进委员会"，旨在利用机器人等先进技术创建一个跨越年龄、性别、国际以及身体障碍的通用型社会；经济产业省实施"机器人导入实践事业"，为工业和服务业等领域的机器人项目提供经费资助；厚生劳动省推进"导入看护辅助机器人"项目，减轻护理人员的工作负担。此外，日本"产官学"合作创立了"机器人革命协议会"，合作推进机器人的自主创新和产业变革。2016 年国土交通省制定"i-Construction"计划，要求扩大机器人领域的投资，实现机器人、人工智能、IoT 等技术创新，全面引入无人机信息化施工，创建自主创新和结构改革的新型社会"Society 5.0"。日本已将机器人产业列为与通信技术产业并行的国家重大战略支撑产业，可预见今后日本将继续加大对机器人产业的扶持力度，以确保其科技和产业的世界领先地位。

（二）人才培养政策

在上述产业政策出台的同时，日本在科技人才培养方面也配套推出多项政策，以确保人力资源的可持续发展。2008 年日本内

---

① 「イノベーション25」、日本内閣府、https：//www.cao.go.jp/innovation/index.html.

阁府发布《机器人领域研讨会报告》，指出以机器人为题材的科学教育文化活动有助于促进教育和文化的振兴，机器人技术融合数学、物理、机械、电子、信息等诸多领域，有助于培养跨领域的综合型人才。同年出台的"i-Japan战略2015"中提出应在中小学各学科课堂上应用信息技术，提高学生学习能力和信息活用能力，促进教务办公信息化，增强与家庭和地区间的信息共享。此外，鼓励学校组织参加NHK机器人大赛、机器人世界杯等比赛，培养学生的科学素养及机器人应用技能，进而激发学生学习理科和IT技术等知识的兴趣。

2009年文部科学省发布《科学技术白皮书》，提出以大学和机器人推进委员会为中心开展机器人人力资源开发项目，加强基础科学教育，充实和完善中小学理科教育的指导体制，积极利用大学和研究机构的研究成果培养创新科技人力资源。[①]同年，经济产业省发布《机器人产业政策研究会报告书》，强调培养科技人力资源是维系和发展机器人技术研发的紧迫任务，应构建中小学一体化的机器人教育体系，合作培养技术人才。随后，2010年开始实施的"地区科技推进事业"推动了大学、非营利组织、科学馆和博物馆等机构开展各种教育推广活动，增进了日本国民对科技的理解，提升了科学素养。2015年日本推出"机器人新战略"，要求创建与机器人共生的科技型社会，推动"产官学"合作，扩大机器人实用范围，提供技术实践平台及教育培训，实现机器人知识全民推广，同时在中小学普及机器人教育，在科技馆等公共设施中推广机器人相关知识。[②]

在初、中等教育方面，文部科学省于1998年将程序计算和

---

① 「科学技術白書」、日本文部科学省、https://www.mext.go.jp/b_menu/hakusho/html/kagaku.htm。

② 「ロボット新戦略」、日本首相官邸、http://www.kantei.go.jp/jp/singi/robot/pdf/senryaku.pdf。

编程定为中学必修内容，引导中学机器人教育实践。2016 年"日本一亿总活跃计划"进一步要求大力开展编程教育，推动教育信息化，同时制订新版《学习指导要领》，将程序教育定为理科和数学的必修内容，培养学生编程所必要的逻辑思维。由此可见，日本将持续深化开展编程教育低龄化，构建初、中等教育与高等教育的完整体系，同时推动社会科学素养的理解和经济发展。[①]

二　发展历程

在国家政策支持下，日本机器人教育紧密围绕产业革新和人才培养展开。20 世纪 80 年代，机器人教育仅面向专业技术人员，由企业、产业机器人工业协会或培训机构等开展技术研修。1985 年筑波科学万博会中机器人的展示广受关注，同年日本机器人学会会刊出版《机器人和教育》特刊，详细介绍了各国机器人教育的先进事例，引发了日本对机器人教育的关注。

在高等教育中，由于初期日本大学及科研院所中鲜有机器人相关专业，多为机械工学等学科开展的相关教研活动，比较具有代表性的是名古屋大学电子机械专业和早稻田大学机械工学专业。随着技术的发展，信息技术相关学科也逐渐开始增设相关专业，如东京大学机械学院设立机械信息工学专业、庆应义塾大学理工学院设立系统设计工学专业等。1996 年，日本首个机器人学科在立命馆大学理工学部成立，代表着机器人正式作为独立学科出现在高等教育中。

而在初、中等教育中，初期以中专和工业高中为主，以机器人竞赛的形式开展相关教育应用。1988 年 NHK 和全国中专联合会主办机器人竞赛，1991 年起成为全日本所有中专均参赛的全国

---

① 「一億総活躍社会の実現」、日本首相官邸、https：//www.kantei.go.jp/jp/headline/ichiokusoukatsuyaku/。

盛会。另外还有如由文部科学省与产业教育振兴中央会等主办的高中生机器人竞技大会、由全日本技术家庭科学研究会举办的全国中学生机器人竞赛等。1998年在文部科学省将编程列为中学必修内容后，各类机器人教育项目随之迅速增加，如2002年追手门学院初中部的日美机器人教育项目、2002年至今的SSH（Super Science High School）试点高中机器人课程等。值得一提的是，2004年由日本科学技术振兴财团开展了"有关机器人学习方式的调查"，其结果显示日本23%的中学在技术家庭科目中开展机器人教育，该数据体现了日本在发达国家中机器人教育低龄化的明显优势。另外，日本企业也积极参与教育活动，如2017年日本软银机器人有限公司投入58亿日元实施"Pepper社会贡献项目—校园挑战"项目，将旗下的人形机器人产品"Pepper"无偿借给各地区282所国、公立中小学，开展中小学的编程教育应用研究。

综上所述，日本机器人教育通过"产官学"联合模式（见图4-1）开展各类实践与教学应用，尤其是积极投入到初、中等教育中，极大促进了机器人教育的低龄化普及。

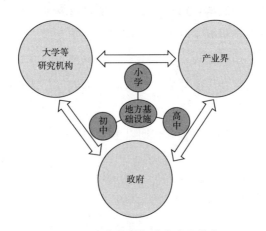

图4-1 "产官学"联合建设模式

三 研究趋势分析

为掌握近年来机器人教育研究的发展历程和特点，本书以CiNii（日本国立情报研究所运营的文献检索数据库）所收录的文献为来源，以"机器人教育、机器人工学教育、机器人辅助教育"为关键词，获得相关文献 92 篇，并对教育层次、研究方法、研究目的、学科进行文献分析，结果如图 4-2 所示。

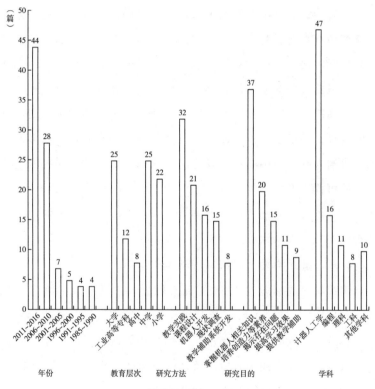

图 4-2 机器人教育相关研究分析结果

在教育层次上，研究初期主要以高等教育为主，随后对初、中等教育也逐渐开始注重起来，说明日本机器人教育的低龄化发展趋势；在研究方法上，以教学实践为主，技术开发为辅，兼有部分调查研究；在研究目的上，小学机器人教育以激发兴趣和培养创造力等为主，初高中以机器人竞赛为主，而大学则以理工知识学习与研发为主，说明研究目的与教育层次有着直接的关联。另外，从研究内容上来看，主要以应用实践、课程设计、设计开发等为主，研究热点集中在学科教学与应用，从最初的机械等学科逐渐向理工科和信息技术等学科扩展，并开始非理工科教育的探索。如桥本开发的机器人"Saya 老师"应用在小学科学科目的课堂教育中；石黑等开发的人形机器人讲师，实现了动作、语音等高度仿真功能，可进行交互式研究；小泉等利用乐高机器人开展协作学习研究，通过人机对话促进学习理解和引导思考；白水等利用机器人作为学习伙伴参与小组讨论，促进学生自主解决问题，提高问题解决的准确率；Felix 等研究学生与机器人一对一学习的效果，验证了机器人在提高成绩等方面的有效性。诸多研究表明机器人在教学中不仅可以促进多学科知识的学习和提升创造力，亦可提高教学和学习效果。

从文献分布时间上看，日本相关研究始于 20 世纪 80 年代，其研究发展历程大致可分为如下三个阶段。

（一）萌芽阶段（1985~1995 年）

萌芽阶段的标志是 1985 年日本机器人学会出版的特刊《机器人和教育》，掀起了研究者对机器人教育概念及内涵的热烈讨论，奠定了研究的基础。在这一时期，相关研究仅在大学和专科中机械学等工学专业中有所涉及，以促进学习和应用知识为主。

（二）发展阶段（1996~2005 年）

自从日本于 1996 年成立第一个机器人学专业后，同类专业便如雨后春笋般在大学和专科中遍地开花，而且面向高中生和初中生的机器人比赛也开始盛行，机器人教育研究也借势迅速发展。主要内容除了进一步讨论大学及专科中机器人学科的建设和教学实践外，还探讨了其在初、中等教育中的有效性，极大扩展了研究范围。

（三）深化阶段（2006 年至今）

自 2006 年起，日本开始实施"第三期科学技术基本计划"，将机器人技术定位为战略重点科学技术，并相继颁布各项国家政策以推进相关技术革新与人才培养。相关研究得到进一步深化，2006 年起相关研究数量呈井喷式增长，对机器人的定位不再局限于教育内容，而是从教学辅助研发、教学方法研究、教学效果评价等多方面着手，研究目标也从基础学科知识教育扩展至多学科融合的科学素养培养，使得研究深度和广度得到进一步提升。

但由于日本相关研究主体多为大学和科研院所，难以及时解决中小学教师实施机器人教育时所遇到的问题，一定程度上削弱了教师课堂应用的信心和积极性，不利于机器人教育一贯制的推广和深入发展。对此，日本今后将会更加注重政府、科研院所、学校以及博物馆等机构间的纵向合作，配合国家政策导向从多方面推进机器人教育快速稳步发展。

四　对比与启示

结合上文，总结日本机器人教育的国家政策和代表案例，如图 4-3 所示。对比中国机器人领域的相关国家政策，可以发现中国近年来开始逐渐重视机器人技术的创新和发展，因此急需培养机器人行业所需人才，持续推进机器人教育的普及和深入研究。鉴于日本在机器人方面的世界领先优势，有必要总结日本机器人教育的特点和优势，这对中国机器人教育学科创新和新课题开发也具有重要参考价值。具体而言，日本机器人教育的特点及启示总结如下。

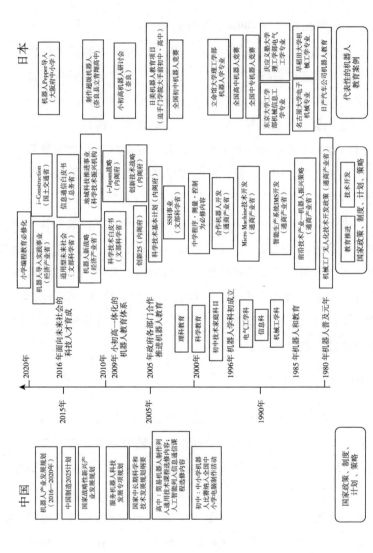

图 4-3 中日机器人教育的国家政策和代表案例案例总结

（一）促进教育体系化和低龄化

如图 4-4 所示，日本的教育目标在于通过为期约十五年的一贯制教育，开展机器人相关的跨学科知识融合教育，带动地区发展和国际合作，激发学习兴趣，从而提升科学技术素养，再由此培养科技人才、带动技术革新，最终解决社会问题和实现可持续发展。与日本的这一体系化和低龄化的特点相比，中国的机器人教育还处在探索阶段，中小学机器人教育主要以机器人竞赛和培养兴趣爱好为主，机器人课堂应用和实践研究还比较少见，没有完善的体系化教育模式和可推广的教学方法，并且相关教育实践多局限于理科或编程等知识的学习和理解方面，导致机器人在教育领域的实践应用和发展受到一定限制，在跨学科知识教育、教学方法开发等方面还亟待继续深入研究，机器人在教育方面的功能研发和应用仍然具有较大潜力。另外，随着中国产业结构的调

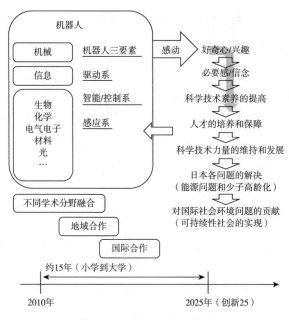

图 4-4　机器人教育概念图

整，我国陆续出台了《中国制造 2025》《机器人产业发展规划（2016—2020 年）》等政策，为配合产业发展，机器人相关的技术人才培养势在必行，有必要借鉴日本的教育模式，有计划、分步骤地推动机器人教育的体系化和低龄化发展，为今后产业转型和社会发展提供坚实的科技动力。

（二）构建"产官学"联合的社会教育体制

日本机器人产业的迅猛发展正是得益于持续性的国家政策和不断创新的科技实力，通过"产官学"合作保障了机器人科技研究和产业的并行发展，由"产官学"联合推出的各项政策和项目，为缺乏工科和机器人学专业知识背景的中小学一线教师提供了较为完善的软硬件设备以及学术知识的输送机制。同时，各地方博物馆、科技馆、图书馆等公共设施积极配合，灵活开展各类机器人教育相关的课外活动，将地区发展与学校教育有效整合，形成社会化终身学习态势，逐渐在国民中普及和推广机器人教育。相比之下，中国机器人教育多以政府、大学、企业的三方合作为主，与中小学间的合作还不够紧密，缺少机器人教育相关的学科建设实践经验和教学模式研究，同时在普及推广机器人教育方面，地方公共设施的教育功能还略有不足，有待进一步完善和开发。因此，基于日本"产官学"合作的经验和教训，中国也应加强社会各界合作研究，进一步深化机器人教育的研究与实践活动，构筑社会终身教育体制，形成科技创新、人才培养、科学素养提升和经济可持续发展的良性循环。

（三）推动跨学科融合，培育科学素养

由于机器人本身就是融合多门学科知识的综合性研究应用领域，因此，日本通过高等教育的学科建设和技术研发以及初、中等教育的实践应用等多方面推动跨学科知识的融合，以提升整体国民的科学素养，尤其是提升了下一代青少年的科学素养，以高中物理为例，产业机器人和视觉传感器的组合教材涵盖了电磁学、力学和运动、热学、光学等基础知识，与机器人的交互中更直观形象地理解科学知识亦有助于促进各学科知识的融会贯通。此外，日本还在拟人仿真机器人方面开展各项研究与教育应用，将机器人作为下一代智能教师，提供自适应性学习辅导，提高了教学质量和学习效率，而在我国却鲜有这类研究案例。因此，可参考日本的相关研究，以提升青少年科学素养为主要目标，积极推进高等教育中机器人学科建设和中小学教学实践，建立跨学科研发和教研的合作团队，同时根据教育实践需要设计相关功能，促进机器人在智能识别、自主判断、优化决策等功能方面的研发，进一步扩大机器人在教育中的应用范围。

第二节　机器人辅助教育应用研究

一　机器人研究及应用背景

自 1928 年第一个人形机器人 Eric 问世以来，通过近百年的发展，机器人的含义已经从原有的仿人类外形机械形体延伸到机械或虚拟的人工智能集合体，是现代无数高新技术的集合，包括人工智能技术、传感器技术、自动化技术、语音识别技术、控制技术、可视化技术、数据分析技术等，其中人工智能技术是机器人能被称为"人"的核心技术，使机器人能根据环境进行智能判断、决策，且能实现人机交互。从应用角度分类，机器人可以分为工业机器人、军用机器人、空间机器人、服务机器人、拟态机器人、手术机器人、水下机器人、微型机器人等。

目前世界各国均在机器人相关技术上加大科研和实践力度，美国 2008 年开始将"再工业化"作为国家战略，先后出台了《重振美国制造业政策框架》《先进制造伙伴计划》《先进制造业国家战略计划》等纲领性文件，每年投入数十亿美元支持美国国家科学基金会、国防部、能源部、商务部及其他政府机构的先进制造业研发活动。2011 年美国发表《机器人国家计划》，为人工智能、语音识别、图像识别等机器人领域的基础研究和教育提供数千万美元的支援。美国在机器人高端技术领域拥有领先世界的优势，尤其是在军用机器人方面占有世界六成以上的市场规模。

而占有工业机器人市场七成份额以上的日本则在 2015 年直接以国家战略形式提出《机器人新战略》，明确指出为创建机器人协作的科技型社会，需加强机器人知识的专业化，推动"产官学"合作，扩大机器人实用范围，开展产业整合，为专业机器人教育提供实践平台，也为机器人使用者提供职业训练和教育培训等。与此同时，要求向全民推广机器人知识，在中小学阶段普及机器人教育。在 2016 年日本内阁推出的"日本一亿总活跃计划"中，提出今后要免费提供基于信息技术应用的学习支援，在初、中等教育中推动编程教育必修化，加强高校数理及信息学科的教育，培养顶尖的信息化人才。

欧洲则在 2014 年启动由数百家企业、研究机构和政府合作的"欧洲 SPARC 项目"，旨在加快实用机器人的开发进程，推动技术研发和应用。德国提出"工业 4.0 战略"，其教研部和经济能源部是该战略的主要推动力量，明确要求加大机器人教育和应用方面的投入，培养下一代技术人才、制定世界行业标准。

中国自 2013 年开始连续数年成为世界第一大工业机器人消费市场，机器人相关产业发展迅速，2015 年国务院印发了《中国制造 2025》，计划通过"三步走"实现成为制造强国的战略目标，智能制造成为国家产业转型的重中之重。2016 年由工业和信息化部、国家发改委、财政部三部委联合发布《机器人产业发展规划（2016—2020 年）》，提出今后五年中国机器人产业的主要发展方向，对服务机器人行业发展进行了顶层设计，指出家庭辅助类机器人将会成为最有潜力的市场产品之一。根据国际机器人联合会（IFR）于 2018 年 2 月发布的报告，2016 年全球制造行业的工业机器人平均使用密度已达到 74 台/万人，美国为 189 台/万人，日本 303 台/万人，德国 309 台/万人，韩国 631 台/万人，而中国虽由 2013 年的 25 台/万人增长到 2016 年的 68 台/万人，却仍远低于日韩德美等发达国家，可以预测在智能制造的国家战略背景下，机器人相关科研和教育应用将是今后发展的主要目标之一。

二　机器人的教育应用

纵观机器人教育应用的历史，最早是 1970 年由美国乐高公司研发的海龟机器人"Floor Turtle"被应用于幼儿及初等教育中，该机器人提供语音交互功能，用以开展计算机 Logo 语言的教育应用。其后，Programable Bricks、Mindstorms、Cricket 等各类以计算机语言为主的玩具型机器人被逐渐应用于教育中。1994 年美国麻省理工学院开设"设计和建造 LEGO 机器人"课程，用以提高工程设计专业学生的设计和创造能力，并开展基于机器人辅助的理科实验应用研究。2015 年，美国政府投入 2.4 亿美元用于促进"STEM"教育的发展，即以科学（Science）、技术（Technology）、工程（Engineering）、数学（Maths）为主的教育。这种以"解决问题、逻辑思考、批判性思考和创造力"为核心的科技理工素养，将成为美国下一代技术人才的必备能力，其中机器人教育应用将是重中之重。我国最早在 1986 年启动"智能机器人"项目，并在 1998年追加普及机器人教育相关内容。2003 年教育部公布的《普通高中技术课程标准》中将"人工智能初步"与"简易机器人制作"分别列入"信息技术课程""通用技术课程"选修内容。同时《普通高中物理课程标准（实验）》也要求在高中阶段开展信息技术资料的收集，了解机器人在生产、生活中的应用。

机器人逐渐从产业研究和应用领域扩展到教育及家庭服务领域，在教育界，机器人不仅可以作为增强学生的动手能力、促进学生思维发展、创新能力训练的有效工具，也可以辅助教学和教务活动，通过语音识别、数据分析等各类技术提高教学效果，代替教师完成自动化信息存储和分析工作，尤其是在多元化课程教学、可视化电子学习档案等方面具有明显的效果。根据机器人在教育中应用方式的差异，可以将其分为五大类，如表 4-1 所示。

表 4-1　机器人教育应用类别

类别	基本定义	特点
机器人学科教学 Robot Subject Instruction	以专门课程方式开展机器人相关的知识与技能的学习。	专业化、课程化，需要长期的专业性知识的学习。
机器人辅助教学 Robot-Assisted Instruction	利用机器人作为教学辅助媒介开展教学活动。	机器人是作为改善学习环境的辅助工具。
机器人管理教学 Robot-Managed Instruction	利用机器人开展教学及教务管理活动。	组织管理或协调指挥教学、教务相关的事务、设备及资源。
机器人代理教育事务 Robot-Represented Routine	代替师生处理教育或学习相关的事务。	减轻教学周边事务的负担，提供生活服务辅助。
机器人主持教学 Robot-Directed Instruction	由机器人直接组织和实施教学活动。	自动化、智能化控制整个教学活动。

由于机器人学科教学具有专业化和课程化的特点，须掌握专业系统的知识，并且对于学习场地、设备都有较高的要求，所以目前一般应用于机械工程类专业中。而机器人辅助教学是教育活动中最常见的一种机器人应用形式，机器人在教学活动中充当导师、学习伙伴或者智能化工具，辅助教师和学生进行教学活动。机器人辅助教学传承计算机辅助教学的优势，以建构主义理论为指导，强调以学习者为中心，通过为学习者提供个性化、智能化

的学习环境，开展自适应性学习辅导，提高教学质量和学习效率。特别是在课堂上，机器人可结合语音、视频等多媒体技术，对教学内容、教学次序、教学评估等进行智能识别、自主判断、优化决策、学习分析等。

机器人管理教学主要应用于教学事务的组织、安排、协调等工作，类似于教务系统，对知识管理、人事管理、数据分析等进行智能化分析，减轻行政和教务部门在组织管理方面的负担，提高组织工作效率。机器人代理教育事务与机器人辅助教学的差异在于，前者是通过机器人代替师生进行教育周边的简单性活动，比如代理订阅、代理排队、代理记录等，而后者则是深入教学互动中，帮助学习和教学的开展，比如课堂点名、分组讨论、信息记录、作业批阅等。机器人主持教学则是人工智能发展的最高级别，机器人主管整个教学活动，直接面对学生开展课堂教学、课后教育辅助等全方位的服务，就目前的技术发展水平而言，到实际应用和普及仍然需要一定时间。

三　基于机器人辅助的教育实践研究

基于上述分析可知，机器人辅助教育有多种形式，亦是今后人工智能产业发展的主要趋势之一，具有非常大的市场应用前景和实践优势。因此，掌握目前机器人在教育中的应用情况，分析相关研究文献，可以为教学设计提供一定的参考。

目前国内外均在开展各类机器人教育相关研发，以外形简要分类，可将机器人分为人形机器人和非人形机器人，非人形机器人在教学中可以作为媒体用于演示工作原理或模拟操作过程，也可以代替教师做大量重复性的操作示范等。如于海兰等开发的机器人手臂结构教学仪，用于演示小臂结构原理的教学和实验；金连文等开发的辅助低龄儿童学习认字和写字的机器人，有自动识别与智能评价的功能，可以指导儿童更规范地书写汉字，并演示正确的书写方法；王海霞开发的交互式多功能教学辅助机器人，通过遥控器或者移动终端控制机器人，主要功能有学生考勤、教学视频录制、语音识别和合成、PPT 播放等；芮宏斌开发了教学辅助多功能机器人，结构包括移动底座、上车体和前车体三部分，可以帮助教师和学生完成擦黑板、收作业、清洁教室等简单的任务。在国外，大月美佳等（2001）通过机器人作为教学辅助人员开展虚拟 3D 空间的外语教育；橘冈正树（2016）讨论了利用机器人和互联网等设备辅助体弱多病或身体残障的学生学习；坂上宪光等（2016）利用水下机器人开展冲绳附近水域文化遗产教育，以游戏控制器方式编程控制水下机器人移动，帮助学生开展野外学习。

与此相比，人形机器人带有人类某些特征，多作为导师辅助教师教学或者作为学习伙伴支援学生学习。这方面国外的研究比较多，如 Jeonghye Han 利用 IROBIQ 人形机器人开展小学外语课堂教学辅助活动，通过与机器人对话，进行发音练习和课堂讨论，提高学习积极性；桥本开发了 Saya 人形机器人，将其应用于小学的科学课堂中，辅助学生进行实验操作和总结讨论；小泉等利用乐高机器人开展课堂教学实践，通过交互型协同学习活动提高学习效果以及协同作业活动引导学生积极主动思考；白水等将机器人作为学生的学习伙伴参与到小组讨论中，在学生学习陷入困境或者讨论中出现问题时，复述学生说过的话，进而促进学生自主解决问题，提高问题解决的准确率；池本等通过机器人教师开展外语会话学习活动，通过语音交流、视线追随等功能提高学生的语言学习能力。JIMENEZ 等分析讨论了教育领域中机器人的研究动向，指出以人机交互为主的教育辅助用机器人分为单人用机器人和多人用机器人，前者以个人用机器人辅助教学为主，后者则多用于多个学习者一起进行协调学习、集中学习、远程教学等情况。为研究学生和人形机器人一对一学习的效果，做了两次英语学习的实验进行对比。第一次学生做老师，由学生教人形机器人学习英语单词，分析机器人的不同反应对学生的影响；第二次学生做观察者，观察机器人的学习变化，分析与机器人一起学习过程中学生的学习效果。研究结果表明，机器人作为学习伙伴可促进学生成绩提高，对于辅助学生学习有良好的效果。

综上所述，非人形机器人和人形机器人都可以在一定程度上达到辅助教育的目的，通过不同的功能辅助教学活动的顺利开展，尤其是面对特殊学习对象和在有特殊学习需要的课程中，可充分利用机器人的智能交互、数据分析和显示等特点丰富和扩展机器人在教育中的应用。

四　基于机器人辅助的教育应用

根据文献分析发现，机器人具有远程控制、智能交互的特点，尤其是人形机器人出现在课堂教学互动中将会有效提高教学效果和激发学生学习积极性，因此在机器人辅助教育活动中可以根据不同的应用场景，或根据教学各阶段的教学目标设置不同的人机教育辅助功能，分阶段开展教学活动。

（一）机器人的基本功能

以人形机器人 Pepper 为例，如图 4-5 所示，该机器人由日本软银机器人有限公司和法国 Aldebaran 机器人有限公司共同设计研发，高约 1 米，重约 28 公斤，内置摄像头、触屏显示器、扬声器以及多类传感器，具备语音识别、语音交互、空间识别和滑行以及情感交流等功能，是世界上第一台可提供语音情感服务功能的人形机器人。其主要分为家用型和企业型，前者可用于家人会话、交流、监控等，后者则用于企业接待、销售等服务，如作为营业员辅助营销活动，在学校作为儿童向导和辅导员等。IBM 公司联合软银公司利用 Watson 认知计算系统为 Pepper 提供认知判断云服务，开展智能识别和认知判断等方面的应用实践和商业化研究。

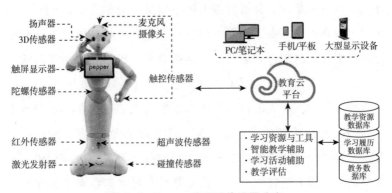

图 4-5　Pepper 外观及传感器分布

该机器人除友好的拟人化外形外，还提供了综合云服务平台，通过大数据处理和深度学习功能，可进行自我学习，以便感知用户的行为习惯，提供个性化服务。并且，该机器人提供开源式的 SDK（Software Development Kit）开发工具，便于使用者开发各种不同功能的应用程序，通过加载各类应用程序，可以提供考勤记录、智能分组、成绩评阅、电子教材展示、日程提示、远程监控等功能。另外，教师端能利用笔记本或智能手机以远程控制形式加载相关应用程序，可一人单机控制多台 Pepper；学生端也可通过数据共享，使用个人电脑或手机接收相关信息。同时，可以将相关信息投射至投影仪或大型显示设备上，比较便于教学活动的开展。再加上利用后台的云计算服务，可以连接远程教育系统，进行各类数据的读取、交换和分析活动，然后再传递到机器人、教师端及学生端上。目前日本已经开展相关教育应用研究，如日本机器人科学有限公司利用 Pepper 帮助学生学习程序语言、机器人科学等知识；筑波大学与企业合作开发"与 Pepper 一起学习"教育应用程序 APP，提供外语等学科的学习课程。

（二）教学设计

根据教学辅助对象专业的特点和各阶段教学任务的不同，设计给予机器人辅助应用的教学设计模型。如图4-6所示，该模型综合应用机器人辅助教学、机器人管理教学、机器人代理教育事务三个方面的特点，对教学任务的教学目标、教学知识点、师生特征等部分进行分析后，得到具体的量化指标和应用参数，以完成教学任务为中心，在整个专业培养目标基础上，通过机器人应用集合学习资源与工具、智能教学辅助、学习活动辅助和教学评估四大功能，在各学期教学任务完成后，通过各部分教学指标评测与反馈，对于具体的项目进行设计修正，最终进行学年评价。

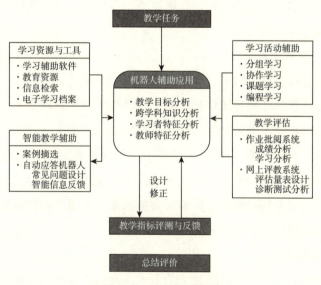

图4-6　教学设计模型

具体而言，各部分功能内容如下。

1. 学习资源与工具

主要提供学习辅助软件、教育资源、信息检索、电子学习档案等，解决学习过程中所需要的编辑记录工具、图像处理工具、编程软件等，将学习所需的教案、设计样稿、专利申请材料、编程案例、电子教材、专业论文及书籍等统一存储在云平台上，通过信息检索、排序、上传下载等操作便于学生自主学习。同时，提供个人账户管理每个学生的电子学习档案，记录学习活动过程，便于开展每阶段的学习评价和教学评估。

2. 智能教学辅助

在课堂教学中，采用机器人辅助教学的形式，如在设计类课程中，通过人形机器人显示和分析设计案例，同时配合学生的电子学习档案，可对比和评价学生设计作业与案例之间的差异。也可将常见问题集合至机器人的智能问答系统中，通过信息采集与反馈，以学生学习为中心，教师为辅助指导，确保师生间信息沟通的双向渠道畅通。

3. 学习活动辅助

配合智能教学辅助开展各类形式的学习活动，通过分析学生的学习特征，开展智能化分组学习、协作学习、课题学习、编程学习，每个学习模式对应不同的教学要求，以满足实际教学过程的需要。人形机器人通过触摸显示屏展示分组信息，通过摄像头、麦克风等监控和记录学习过程，可以起到教学助理的作用。尤其是需要开展创意设计讨论、头脑风暴、小组协同作业时可以起到非常良好的沟通和分析作用。

4. 教学评估

主要采用机器人管理教学的形式，对接作业批阅系统和网上评教系统，将教师从作业保存、提交、客观题批阅等烦琐重复性劳动中解放出来，由机器人保存和自动调阅作业，智能分析期末考试和平时考勤的情况，配合电子学习档案和智能教学辅助完成学生学习目标完成度的评测。同时，通过评教系统的评估量表结果分析、教师特征诊断分析等，对教师也同步开展教学完成度分析、学生满意度分析、教师自我评估分析等工作，为教学指标评测提供多方面的数据。

（三）课程设计与应用

通过上述教学设计提供的四大功能，对于适合开展机器人教学辅助的课程进行具体的课程设计与应用实践活动。考虑到课程中有教师教学环节、分组讨论环节和学生练习环节，因此课堂设计了三个教学模式以满足不同环节的教学要求（见图4-7）。

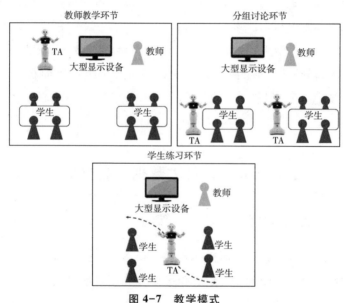

图4-7 教学模式

在教师教学环节中，人形机器人作为 TA（Teaching Assistant）辅助教师开展课堂授课，通过大型显示设备同步展示教案、案例或直播教师现场示范，同时配合语音、视频的播放和交流，还可以帮助教师点名、提问以及监控和记录学生学习情况，能有效避免以往教师在进行现场演示时为保障全体同学接收到整个课程信息必须重复多次做同一示范的情况出现。

在分组讨论环节中，利用云平台提供的学习活动辅助功能，对知识点和学生特征等进行分析后智能提供合适的分组标准、小组形态、课题分配等，可以更好地促进小组中每个成员积极主动地参与学习过程，共同合作达到小组目标，同时提高个人学习效果，有效避免以往专业课程及实践课程中分组划分方法以学生自由组队或者随机分配等方式进行的随意性和不科学性。在有条件的情况下，可给每个小组分配一台机器人，进行同一课题的讨论或者协同作业时，各小组的机器人 TA 将会同步各组之间的信息，通过视频记录、信息共享、智能提示等方式帮助教师完成教学任务，并且监控和维护课堂秩序。

另外，在学生练习环节时，机器人和教师都可以随机走动，抽查和辅导每个学生的练习情况，同时学生也可以向机器人提问，通过记录整个学习过程，便于学生在接下来的学习和讨论中进一步深化、巩固和评价学习成果。

第三节　教育大数据专题分析

一　概念分析

为了推进大数据的研究和发展，日本政府、企业、学校迅速加大在大数据软硬件及系统等相关研究和项目的投入。据矢野经济研究所统计调查，日本国内大数据收集、存储、分析、应用等相关行业市场规模在 2011 年度约为 1900 亿日元，2015 年度达到 4200 亿日元，2020 年度预计超过 1 兆日元。教育大数据是大数据的子集，特指用于教育领域的大数据。目前，日本并未对教育大数据进行统一规范的界定，故本书拟从以下三个方面探讨日本教育大数据的基本概念。

（一）定义

教育领域数据曾主要指教育评价数据，包括高考、中考、会考、各学期期中期末考试的成绩、学习情况调查等学习结果的数据。随着 ICT 在教育中的应用和普及，教育大数据显现了新的趋势，诸如在线学习时间、浏览内容、标记、备忘等学习过程数据也受到重视。鉴于大数据的定义为数据量大、种类多、存取速度快，教育大数据最初也以海量、多样、实时为表征。日本关于教育大数据的表述中除了上述量的方面的特征以外，还出现了学习分析和应用等质的方面的内容。2013 年，日本总务省发布的 2012 年版《信息通信白皮书》指出，大数据不仅包括收集到的结构化数据和非结构化数据，还包括数据处理分析技术和专业人才培养。近年来平板电脑等个人移动终端在教育中的广泛应用进一步推动教育大数据向个别化和自适应性发展。因此，根据日本总务省对大数据内容的概括，如图 4-8 所示，教育大数据的内容可以归纳为教育中产生的过程数据和结果数据（如学生个人账户中学习过程及操作历史记录等个人学习记录数据），以及通过分析这些数据为学生自适应性地提供个性化教育服务。

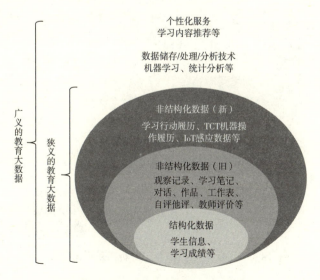

图 4-8　日本教育大数据定义概念图

（二） 实用化过程

寺泽孝文将教育大数据解释为教育和学习活动中所收集到的全部数据及其分析和应用。如图4-9所示，教育大数据将收集的数据符号整理加工成信息，分析信息并对其加以意义解释，其实用化过程包括数据收集、存储、分析和应用四个阶段。具体而言，首先全面收集在线学习系统、WEB服务如邮件等、学习应用程序、IoT设备以及学习管理系统LMS等收集到的数据，包括学习履历等学习数据、学习兴趣等意识数据、学习行动等行为数据等，这些数据形成学生个人学习记录存储（Learning Record Store，LRS）。然后通过数据加工和数据挖掘分析学生学习频度、成绩、课题完成进度等数据，揭示学习过程、学习意识及行为、学习结果之间的关系。最后根据分析结果将学习过程可视化、学习分析自动化，即用简单明了的图表等形式意义解释数据并反馈给教师和学生，自动检测需要帮助的学生，预测学生最近发展区和学习结果等。

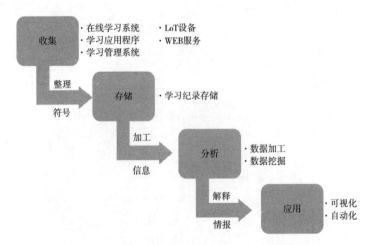

图4-9 教育大数据/学习分析实用化流程图

（三）学科领域

绪方宏明将教育大数据涉及的学科领域归纳为教育学、计算机科学和脑科学等，参考中国的学科分类，将教育大数据相关领域总结如图 4-10，涵盖教育学、心理学、计算机科学及统计学等。教育领域中的教育信息大数据基于教育学和教育心理学的理念，利用计算机科学和统计学进行数据分析和加工处理，将教育现象以图表等可视化形式表现。由此可见，教育大数据中教育学和心理学是分析依据，计算机科学是分析工具，统计学是分析方法。并且，教育大数据依据教育学和心理学理论等为教育和学习的数据进行分析和评价，为数据符号赋予意义解释，可有效发挥其潜在价值。另外，值得一提的是教育大数据需要同时探索统计学在教育和学习分析上的价值，利用分类回归等预测法、规则挖掘和模式挖掘等关系法、聚类和因子分析等结构法，建立各种关系结构数据模型，揭示教育现象间的关系。

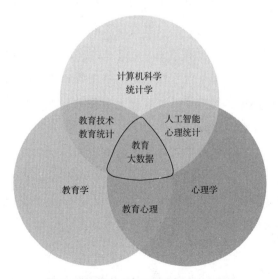

图 4-10 教育大数据涉及的学科领域

二 发展进程

尽管教育大数据有很大潜力改变教育方式，但是学界对大数据在教育实践中的应用研究还处于探索阶段，如何最大限度发挥教育大数据的价值是各国政府、企业和学校推进教育大数据发展的重点。本书从日本政府、企业、学校三个维度，总结了日本教育大数据的发展进程。

（一）国家政策和计划

2013 年日本发布的 2012 年版《信息通信白皮书》指出："随着无线通信技术的发展、云计算服务等网络服务的进化、智能手机等移动终端的普及、M2M 通信技术的演进，大数据时代已经到来，对各个领域产生了深远影响。"信息通信技术和移动终端在教育领域的应用和普及为教育大数据的收集和分析提供了土壤和空间，在世界范围内推进教育大数据研究快速发展。教育大数据研究初期，重点集中在研发用于大规模数据收集、存储及快速处理的硬件上，由此奠定了大数据迅速发展的基础。2011 年日本文部科学省开展"学习创新事业"，在实验校推广电子黑板和无线网，向学生发放一人一台平板电脑，精细收集和分析学生学习进程和操作等数据，揭开了日本教育大数据的研究序幕。此外，物联网 IoT 的迅速发展进一步扩大了教育大数据来源，经由网络收集学生便携设备中感应器所获取的数据也开始被广泛应用于教育大数据研究中。在此背景下，海量多样数据低成本实时累积，大数据研究从硬件方面扩展到内容分析和数据挖掘，利用收集到的大数据分析和预测一般趋势、解决问题及生成决策已成为新的研究热点。

2015 年国际标准化组织 ISO（International Organization for Standardization）成立学习分析工作组，探讨如何有效利用学习履

历数据迅速推进教育大数据的实用化、标准化及规范化。日本教育领域学者围绕教育大数据收集、存储、分析等方面展开研究，旨在利用教育大数据实现学习过程可视化、学习分析自动化、学习结果预测化，为学生提供个别化的适应性指导以及提高学习效率的教学方法。同年，日本总务省颁布为期三年的先导性教育系统实践事业，其中先导性教育系统指通过国家及各地教育局、学校、家庭合作，为学生创造随时随地学习的环境，利用教育·学习云平台收集和共享学生的学习记录数据，进而利用大数据分析为学生提供最优化教育，将推进教育大数据的研究和发展作为国家政策。2016 年起，由日本经济产业省陆续发起"利用 IoT 的新经济创造推进事业""大数据应用的新指标开发事业""为推进 IoT 的新产业模型创造基础整备事业"等国家级重点项目，其中涉及连贯医疗和教育的母子电子手册研发、基于大数据和物联网技术的教育信息化建设等内容，已然将大数据产业化提上日程。由此可见，日本政府将如何有效利用大数据视为影响未来教育事业成败的关键因素，并具有向低龄化、产业化加大实践和研发力度的特点。

（二）企业产品和服务

日本教育类企业和公司非常重视教育大数据类产品及服务的开发，将其视为与教育资源、e-Learning 系统并列的三大教育资产之一。2014 年，日本通信教育最大企业——Benesse 公司向参加函授课程"通信教育讲座"的小学生免费发放平板电脑，其下属的教育综合研究所对参加该课程的学生的学习记录数据开展收集和应用研究，分析数据包括学习时间、学习方法、学习内容、目标设定以及复习情况、问题的解答和成绩、教师和父母的参与度等，并从学术角度分析学生的学习记录和学习过程，探索最适合的学习内容和有效的学习方式，将学习过程和学习结果反馈给学生和老师，改善学习和教学。通过近三年的实践调查，结果显示大数据分析有助于改善电子教材的设计和在线学习的教学方式，从学生当前的学习状态相关数据预测最近发展区，为每个学生设立学习目标，激发学生学习动力。再如，以校企合作为主的"教育实践中教育大数据应用"项目是以岐阜县两所初中的 250 名二年级学生为对象进行实证研究，利用电子教材中获取的学生个人及年级学校数据与全日本进行比较，改进教师的教学指导方式，推进学校教育信息化发展。

另外，日本 Digital Knowledge 公司 2014 年发布"Mananda"教育大数据存储服务，2015 年 10 月发布"Analytics +"学习分析服务，2016 年 1 月发布"KnowleRecorder"学习记录存储系统，建立学习履历收集—存储—分析—应用的一贯式系统。该公司专门成立学习履历应用推进机构，提出学习履历数据应用的指导方针，与早稻田大学人间科学院开展共同研究，以通信制大学近十年的学生的学习及行为履历为基础，并于 2015 年研发出辍学者先兆检测算法。

（三）高校科研与实践

2012 年冈山大学开始展开基于认知心理学的教育大数据个体行为分析研究，构建和开发学习分析预测系统，主要是通过收集学生个体学习事件，构建教育学习行为数据库，预测个体学习行动倾向。该系统曾在冈山、茨城、静冈、大阪等地的中小学进行反复实践，2014 年起与冈山县赤磐市及 Benesse 公司展开"产官学"合作事业，推进系统的实用化，其近三年的教学实践证明该系统有利于提高学生学习成绩，细化学习目标，可将学习成果和数据分析可视化，有助于持续促进学生学习积极性。2015 年，大手前大学的近藤伸彦开展利用教育大数据辅助教学研究，帮助教师实时掌握学生在学习中遇到的问题和挫折，提供及时的指导和鼓励，促进学生对学习内容的理解，提高学生学习兴趣和自主性，构建学习成功与否预测模型，对检测出有学习障碍的学生制定有效的学习辅助方案。另外，同样将教育大数据应用于教学实践的还有早稻田大学的石井雄隆，他开展了英语教育中大数据挖掘技术的辅助应用研究，通过数据挖掘技术总结学生英语语法错误模式，评测英语学习者的学习能力，构建新的英语教育评价体系。

2016 年，九州大学成立日本第一所学习分析中心，进行学校教育大数据的存储和分析，构建学校教育大数据系统，如"基于教育大数据的教育学习支援云信息平台研究"项目，主要构架为 SCROLL 系统（System for Capturing, Reminding of Learning Logs）和 M2B 系统（Moodle, Mahara, BookLooper），存储课堂内外教育及学习活动的各类数据，涵盖学籍信息、学习内容、学习时间、学习地点、系统操作信息等，整合成绩和课程选修情况等信息，通过将数据信息可视化，提供在线学习模型。例如，根据学生学习进度，掌握其学习的内容及时间等信息，推送相关教辅信息；或通过学生当前的学习习惯将其学习模式总结分析后给予学习指导建议。研究表明，与以往教学模式相比，基于大数据分析的教学持续收集和分析学习履历相关数据可以形成"数据收集—分析—应用"的有效循环；师生可通过数据分析及时调整教学和学习策略，促进主体性学习，增加课外学习机会；应用大数据分析对师生进行评价的可视化手段比传统的考核手段更为全面、具体和客观。

三 对比与启示

2015 年中国正式启动"互联网+"和大数据战略，加大教育领域大数据的实践与研发已成为教育深化改革和创新的战略方针，推进教育大数据研究和培养专业人才势在必行。鉴于日本教育大数据的急速发展，有必要参考日本在教育大数据领域的研究成果，这对中国教育大数据研究创新和新课题开发也具有重要参考价值。

（一）重视数据分析和应用，实现教育大数据实用化

日本教育大数据并不止步于收集和存储教育活动的所有数据，其实质目的是采用适当的分析方法加工和整理数据，将教育和学习现象可视化，通过设计分析算法使学习分析自动化，预测学生学习倾向，推进教育大数据的实用化。可视化的分析结果自动且实时地反馈给教师和学生，教师可以随时掌握学生学习情况、给予及时指导和积极反馈，学生可以了解学习进展和问题、调整学习策略，进而促进教与学。相比之下，中国教育大数据研究应用还处在理论探索阶段，研究多以内涵、分类、结构及理论模型建构为主，大数据在教育中的实践研究还比较少见，并未有成型的教育大数据产品服务和体系化的用户模式，后续研究需从细节入手，深度挖掘大数据潜在的意义和关系，才能从真正意义上迎接教育大数据时代。

（二）重视"产官学"合作，建构教育大数据一体化推进体系

日本教育大数据的迅猛发展正是得益于"产官学"联合，在政府政策引导和资金扶持下，确保教育大数据研究的创新和实践及相关产品和服务的产业化，同时将研究成果和产品服务应用在学校教学实践中，为缺乏数据分析和计算机科学专业知识背景的一线教师提供了较为完善的软硬件设备及学习分析系统，达到了利用教育大数据促进教与学的目的，创建了研究—开发—产品化应用循环的教育大数据一体化推进体系。

中国教育大数据的发展多以政府、大学、企业的三方合作为

主，与中小学间的合作还不够紧密，缺少教育大数据应用的实践经验和教学模式研究，大数据的教育功能开发还略有不足，有待进一步完善和开发。因此，基于日本"产官学"合作的经验和教训，中国应加强社会各界合作研究，进一步加强教育大数据的研究与实践活动，确保取之于教育的大数据研究、产品及服务用之于教育，实现利用大数据改善教与学的初心。

（三）重视跨学科融合，推动教育大数据全面发展

日本教育大数据的研究并不局限于计算机技术等科技方面，还成立了"数据工学"这一与大数据相关的新兴学科，加快培养数据分析和数据挖掘的专业人才，并推进数据工学人才培养制度化。此外，教育应用的数据分析和数据挖掘首先需要教育学领域的专家来建立数据模型，因此日本在推进教育大数据相关国家项目过程中，鼓励跨学科合作，以确保研究项目中教育学、心理学、计算机工学和数据工学等专业领域的研究者的参与，推动教育大数据全面健康发展。

中国关于教育大数据的研究中，从教育学角度对大数据展开探讨的屡见不鲜，而计算机科学和数据科学等其他相关领域方面亟待深入研究，尤其是数据科学作为支撑教育大数据发展的第一动力还未得到足够重视，急需跨学科、跨领域的教育大数据技术与应用的研究，以促进大数据与教育领域深度融合，为教师、学生、教育相关工作者提供个性化的服务和支持。

（四）主要启示

首先，中国教育大数据的相关研究热点包括内涵、分类、结构及理论模型建构等，但大数据在教育中的应用研究还比较少见。由于教育大数据在世界各国都处于研究实践的初期阶段，并没有出现成型的教育大数据产品和体系化的实用型模式，日本的研究实践更多体现在实践应用方面，因此中国也需要积极推进研发与实践相结合的模式，深度挖掘大数据之间潜在的意义和关系，从多元化角度开展学习分析，发挥大数据的实际价值，在商业化的同时深入教育一线，实现研发到实践再到完善研发的良性循环。

其次，中国教育大数据的发展多以政府、大学、企业三方合作为主，与中小学的合作还不够紧密，大数据的教育功能开发也略显不足，同时人才培养和专业建设还不完善。因此，借鉴日本"产官学"合作的经验和教训，我国应加强多方位的合作研究，深入开展教育大数据的研究与实践活动，形成体系化的人才培养机制，确保取之于教育的大数据研究、产品及服务用之于教育，实现利用大数据改善教与学的初衷。

最后，中国学者从教育学角度对大数据进行探讨的研究虽屡见不鲜，但在计算机科学和数据科学等领域的大数据研究仍亟待深入展开，尤其是数据科学作为支撑教育大数据发展的第一动力还没有引起足够重视。借鉴日本在跨学科融合研究、标准化建设等方面的经验和教训，中国亦需要积极开展跨学科、跨领域的教育大数据技术与应用研究，以推进大数据与教育领域的深度融合，更好地为教师、学生、相关教育工作者提供个性化服务和支持。

第四节　游戏教育专题分析

一　日本游戏教育的发展背景

根据日本官方法律条文的定义，游戏指的是"在其内部有目的的根据规则在一定的时空限定条件下，完成自由任意的行动或活动，作为给予人类高兴和愉快的文化现象，可认为是人类社会中有价值的存在"。岩谷徹（2013）认为游戏广义上是基于一定规则的所有游戏的总称。因此，从广义上可以将游戏分为模拟游戏（Analog Game）和数字游戏（Digital Game），前者为非数字形式，包括利用语言、身体姿态、棋牌、运动器械、玩具等进行的游戏，后者为数字形式，主要是基于计算机、游戏机、手机等电子产品的游戏。

日本长期以来在漫画、动画、游戏等领域保持着世界领先的地位，在智能手机和平板电脑诞生以前，几乎所有的专用游戏平台设备都被索尼和任天堂瓜分，在20世纪80年代日本便形成了包括游戏制作、销售、宣传等在内的完整的产业链，由此产生了游戏设计、编程、音效、脚本、项目管理等各类职位和专业。2013年移动游戏领域销售额世界排名前十的企业中有四家日本企业，其年销售额达6000亿日元以上。根据日本计算机娱乐协会的统计，2016年日本数字游戏用户超过5000万人，其中利用智能手机和平板电脑的用户超过3366万人，约占日本总人口的四分之一。受动漫及游戏产业的影响，日本游戏在教育中的应用和实践有着非常深厚的基础，日本的游戏教育持续影响了数代人。从广义的游戏概念来看，日本的游戏用户几乎覆盖全日本，日本教育政策中就明确要求采用游戏等方式进行教学，也有着诸多的游戏教学实践案例，使得日本学生从小便对游戏产生熟悉感和亲近感，日本企业也会采用游戏形式来选拔和培养人才。因此，游戏在日本有着广泛的用户基础，在教育实践和研究开发方面也有着其独有的特点和经验教训，以下从模拟游戏和数字游戏两个方面依次展开阐述。

（一）模拟游戏

日本文部科学省在《学习指导要领》中明确要求中小学体育活动以游戏形式进行教学，根据各年龄段的身体发育情况，通过球类、捉迷藏等游戏锻炼身体姿态，分阶段提高游戏难度和运动的系统性，逐步让学生掌握身体运动技巧和游戏规则。游戏类型包括控制球类的目标型游戏（如篮球）、拍击球类的拦网型游戏（如排球）、敲击球类的棒球类游戏（如棒球），还有捉迷藏、取宝、运球等，多要求数人协同完成，以锻炼集体主义精神。同样，其他课程中也会使用游戏形式来开展教学，如国语课堂上采用角色扮演类游戏进行阅读学习，算术课上以数字猜谜等计算类游戏辅助学习，综合学习时间课上进行户外探索游戏，图画工作课上采用艺术鉴赏类游戏，音乐课上采用听音辨音游戏，等等。因此，关于日本中小学中模拟游戏的应用研究较多，主要集中在社交能力培养、唱歌跳舞、体育运动、数理演算、手工制作以及社会历史等类别上。另外，日本的桌游等也是教育活动中极其常用的游戏类型之一，包括棋牌类、版图类、文字类等，通过制定某种规则，可供单人或多人进行游戏活动。大量的教育实践证明，这类游戏在思维逻辑锻炼、语言表达能力锻炼及情商锻炼等方面具有一定的效果。

虽然学校中广泛采用模拟游戏进行教学，但根据文部科学省2008年的调查结果显示，日本父母和子女一起玩游戏的频率随着子女年龄的增加而逐渐降低，学龄前为81%，初中则降低到24%，高中更下跌至9.5%，青少年（12~30岁）的自由时间多独自一人玩耍，其中26%左右的时间均在玩数字游戏。这一数据既说明了在日本少子化影响下儿童孤独感的增强，也提醒了日本需要通过学校和家庭的互动增加青少年社交能力。为此，日本积极采用各种方式提供家庭娱乐和游戏的场所，如在市民中心、博物馆、游乐中心等以游戏形式组织各类活动，开展社会交流、亲子活动等，除政府和学校外，各类社会团体和企业也会积极通过现场的模拟游戏开展社会公益性教育活动。此外，企业也广泛采用模拟游戏形式进行人才选拔、培训实习、能力评测等活动，通过营销模拟、虚拟商务、投资等游戏培养员工的认知能力、团队合作能力、协调及创作能力。

（二）数字游戏

数字游戏操作平台主要有专用游戏设备、计算机、手机、智能手机、平板电脑、穿戴设备等，游戏软件指的是以计算处理设备、显示设备及输入设备为主的视频游戏。按照游戏软件的内容可分为动作类、设计类、体育类、教育类等；按照游戏目的可分为纯游玩性质的娱乐类和教育应用性质的严肃类。日本专用游戏设备普及率为世界第一，超过三成的日本人人手一台，如掌上游戏机（NDS、PSP 等）、家用电视游戏机（FC、PS、Vii 等），主要采用手柄或专用操作设备进行游戏操作。基于这类专用游戏设备，游戏公司每年均会推出各类教育类游戏，对周边国家产生了巨大影响，例如曾经红遍中国的小霸王学习机，便是模仿日本任天堂 FC 制作的家用教育游戏机，可辅助进行计算机基础知识和操作能力的学习。日本视频游戏销售额一直保持长期持续增长趋势，2009 年前后超过了报纸、影视音乐、动漫等产业，仅排列在电视产业之后。究其原因在于，游戏产业远比其他产业更加多元化，与信息通信产业结合异常紧密，尤其是在不依赖于专用游戏设备的智能手机、平板电脑等设备上可提供更多形式多样、低价甚至免费的游戏软件，2011 年智能手机游戏市场销售额便超过了街机（Arcade Game）、主机游戏（Console Game）、在线游戏（Online Game）和功能手机（Feature Phone）。

而在数字游戏产业化的背景下，以"官学"为主导的游戏教育仍然以模拟游戏为主，《学习指导要领》里仅写入了与模拟游戏相关的内容，而并未写入数字游戏，日本教育界也普遍存在着关于数字游戏在教育应用上的疑虑。虽然日本拥有近乎世界第一的游戏设备普及率，但中小学原则上仍然限制游戏设备和具有通信功能的手机进入课堂。为突破这类限制，日本的游戏企业研发出来的掌上游戏设备尤其受学生欢迎，不带移动通信功能和网络服务功能，但可以采用红外线和蓝牙等设备互相通信，这就为教育类游戏设计企业进入校园和进行游戏开发提供了一定的便利。根据日本游戏软件专卖网 FAMITU 的统计，教育类游戏软件主要在掌上游戏设备 NDS、3DS 等平台应用，如"日本汉字能力检定协会汉检训练""国语·算数·社会·理科学习"等，通过动漫人物形象指引学生围绕学习内容进行解谜、答题、射击等操作。随后，因平板电脑也具有这类特点，这类设备进入校园被文部科学省及教育主管部门所允许，"未来学校""超级科学学校"等国家项目的试点学校也在积极开展基于平板电脑等设备的游戏教育软件研发及实践，最近也出现了基于编程教育的智能穿戴设备教育研究案例，今后日本也将逐渐放开信息化设备进入校园的限制，在建设教育信息化的同时探索和评测其对学生的影响。

由于各领域信息技术的普及，诞生了诸多新兴游戏领域，如基于传媒的游戏频道，基于社交网络服务的在线社交游戏等，在数字游戏产业化和日常化的背景下，日本也逐渐重视游戏人才培养的规模化和专业化，日本政府提出要在 2020 年东京奥运会前实现第五代通信系统、4K·8K 高清数字媒介和物联网等的研发及应用，基于新技术的游戏产业也在加速转型升级，急需进一步完善游戏产业的制度化、规范化和体系化建设。

二 研究热点分析

日语中"游戏教育"一词指的是为培养游戏方面的人才所开展的教育，而"游戏学习"则指的是通过游戏或游戏化方法开展学习和教学活动。相对而言，我国的"游戏教育"概念包括了所有采用游戏方式开展的教育及学习活动，从广义上说包含了日本上述两者的范畴，为便于论述，本书均采用中国广义上的"游戏教育"概念进行分析。如图 4-11 所示，日本游戏教育相关领域包括以下方面。

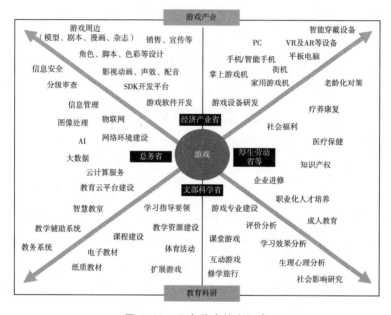

图 4-11 日本游戏教育概念

①游戏产业方面的游戏软硬件开发、游戏周边相关行业，主要涉及经济产业省管辖范围；

②信息通信产业相关的基础设施建设、信息化管理及政策等，主要涉及总务省管辖范围；

③教学资源建设、教育政策、专业建设、人才培养等，主要涉及文部科学省管辖范围；

④成人教育、社会福利、知识产权等其他相关内容，主要涉及厚生劳动省及其他相关部门管辖范围。

围绕上述内容，以下将从游戏的模式研究、研发应用、教育评测、人才培养等方面着手进行综合分析。

（一）模式研究

游戏教育的主要用户是骨灰级游戏玩家（Hardcore）和休闲娱乐玩家（Casual），前者因多购置专用游戏平台，其对应的软硬件开发成本较高，但游戏体验性和视觉效果也较好。根据日本游戏协会的统计数据显示，日本 PS3 平台的游戏软件开发成本达 14 亿日元，普通手机游戏软件开发成本平均也在千万日元级别，再加上宣传费、运营保养费、更新费等，对游戏教育的研发和运营提出了较高的要求。尤其是在面对骨灰级游戏玩家的传统商业模式中，日本从事游戏开发和运营的企业出现了长期的小众企业被合并、破产、再新建的不稳定性状态，任天堂（Nintendo）、索尼（SONY）、世嘉（SEGA）三家游戏公司几乎垄断了整个日本中高端游戏市场，究其原因在于传统游戏市场的成熟化，主要采用 P2P（pay to play）的传统模式，而愿意购买这类游戏的用户量有限。因此，在中高端游戏市场中，教育类游戏很难商业化，并不适合开展普及化的教育应用研究。但在面对休闲娱乐玩家的游戏市场中，并未出现传统模式中几家独大的情况，各类小型教育游戏层出不穷，尤其是 F2P（free to play）这一新模式的诞生，极大降低了用户购买游戏的成本，这就为游戏教育低成本化、普及化带来了利好。如表 4-2 所示，基于计算机、手机、平板电脑等非专用游戏设备的游戏软件开发，有着价格低廉、操作简单、制作周期短等特点，诞生了诸多市场化运作的教育类游戏软件，如脑力锻炼、家庭学习、资格考试等。但由于该模式需要专业团队开发，且后期运营维护成本较高，市场准入门槛低等，又产生了兼具传统模式及新模式特点的混合模式，可减少后期运营维护成本，适合个人自由开发，在日本教育界尤其受到欢迎，比如基于

WEB 的网络版教育游戏软件、学校内部编程练习用游戏软件、电子教材中的小游戏等。

表 4-2 游戏模式

	传统模式	新模式	混合模式
承载平台	专用游戏设备，如 PS、NDS 等	PC、手机、平板电脑等	各类设备
营利特点	游戏（P2P）	道具（F2P）	游戏+道具
用户群体	骨灰级玩家	休闲娱乐玩家	骨灰级玩家+休闲娱乐玩家
消费价格	游戏设备 10000 日元起+游戏软件 4000~6000 日元	0~1000 日元	0~6000 日元
制作费用	千万至数百亿日元	百万至数千万日元	零至数百亿日元
开发制作	专用研发平台，制作周期长	开源平台为主，制作周期较短	各类开发平台
教育应用	开发难度大、持续运营困难	专业化开发、需持续运营和维护	业余开发+专业开发，可自主低价运营
市场特点	垄断型、教育准入难度高	竞争激烈、易被淘汰、教育准入难度中	企业及个人开发，多样化自由竞争，教育准入难度低
流动方式	专卖店	在线销售	形式不限
操作特点	需一定操作熟悉度	自由操作	自由操作
代表作品	汉检训练	Just Smile（家庭学习用）	Studysapuri

商业化游戏一般都需要付费，由企业开发的游戏教育类软件主要采用两类支付方式，一类是一次性付费，升级时需再付费；一类是软件本身免费，内含的工具或装备等需要付费。因此，如何培养日本人对游戏版权及教育游戏规则等的理解，如何调查和

分析游戏流行元素以及如何获得市场占有率、获得可持续性付费收益，都是日本教育游戏研发的重大课题。

另外，在游戏开发和市场化运作方面，为解决青少年对游戏的依赖性，限制暴力、性暗示等不良信息，2002 年日本计算机娱乐分级机构（Computer Entertainment Rating Organization，CERO）制定了游戏分级审查标准，将游戏分为 A（不限年龄）、B（12岁以上）、C（15 岁以上）、D（17 岁以上）、Z（18 岁以上）以及教育·数据库、规定适合、审查预定等多类级别，以行业规定的形式要求日本所有游戏相关的行业遵守分级审查机制，开展社会信息公开和监督职责，帮助青少年健康成长。同时，在游戏模式分析方面，积极探讨游戏与人类心理和身体的关系、游戏与社会的关系，而不是仅仅关心游戏产业本身所带来的经济效益和教育效果。

（二）研发应用

从游戏教育目的上分类，可将游戏分为知识习得型、能力开发型、社会问题型、运动锻炼型等。日本非常注重采用游戏化（Gamification）的方法将游戏要素运用到各个领域中，比如通过游戏剧情、动漫角色、插图、勋章等进行游戏互动、过关奖励、协作学习、体验学习、思维锻炼和环境模拟等，最受欢迎的游戏软件是应试教育类的软件，如汉字能力检测、托福听力、小学算数等；其次为社会历史类游戏，如三国志、信长的野望、桃太郎地铁等；再次为智力开发和逻辑解谜等益智类游戏，如任天堂NDS 平台上的"脑锻炼"游戏软件，作为日本比较有名的严肃游戏，"脑锻炼"由任天堂和东北大学未来科学技术共同研究中心联合研发，通过实验验证该游戏有利于活跃大脑前叶组织，在提高记忆力和逻辑思维能力方面具有一定的效果。

除商业化游戏以外，日本也有诸多采用游戏化手法进行教育和科研的实践案例，如横滨国立大学的 YBG（Yokohama Business Game）就属于经济类教育游戏，通过平台提供的游戏开发工具，教师可自行开发商业游戏，帮助学生进行企业经营和投资等的模拟。还有采用游戏与机器人编程相结合的案例，开展 RoboCup（机器人世界杯足球锦标赛）编程教育团队训练。再如，东京大学的在线游戏型历史课程 MMORPG 项目，自 2005 年开始便以中小学生为对象开展教学实践活动，实践结果表明其作为严肃游戏类型，有助于提高学习成绩和学习积极性，辅助学生立体化记忆地理信息和历史事件，形成正确的世界历史概念。东京工艺大学与日立制作所合作研发体育运动类 3D 游戏"Smart Trainer"，利用模拟划船的座椅、显示器、计算机等设备虚拟出水面单人船划桨练习场景，采用脑部血流测定设备对比研究划桨游戏和单纯划桨练习的差异。

另一方面，日本保育园、幼儿园、中小学及各类高等院校中使用的游戏却与日益蓬勃的游戏市场处于分离状态，日本并不存在由文部科学省或学校直接开发的游戏教育软硬件，因为其需要独立自主知识产权、完全独立运营、高度信息安全以及与教学内容的高度吻合，这极大限制了游戏企业进入学校的机会。因此，日本的游戏教育研发目前主要以混合模式为主，由政府提供的各类游戏教育软件多以政府经费形式委托给游戏企业开发和运营，然后以无偿或低价的形式提供给师生，但经常会出现缺乏后续维护及更新费用导致被迫中止的情况。由日本政府发起的游戏教育项目并不多见，主要是在国家项目中部分采用游戏教育的方法，如文部科学省的编程教育网站中的游戏化编程学习应用，"21 世纪 COE 项目"子课题"京都艺术娱乐创成研究"中的艺术类游戏的研发，"开放研究中心整备事业"子课题"数字时代的媒介与映像的综合研究"中开展的对媒介中游戏应用的相关研究。

由于学校教育的特殊性和封闭性，以企业为主导的游戏教育主要瞄准的是校外培训、职业教育、成人教育等市场。从智能手机软件平台"Apple Store"日本区的教育应用软件类型来看，游戏教育类软件多为中小学课程培训、各类考试辅助、外语学习、体育运动这四大类。日本企业更加关注游戏技术的研发与教育应用的配合，如游戏 AI 与自主学习、游戏 3D 构图与教育信息可视化、编程教育游戏化等。

另外，在学术团体方面，游戏相关的研究组织有 2003 年成立的游戏学会（Game Amusement Society），其下设有游戏与教育支部，开展游戏与教育相关的研究活动。其后，2006 年日本数字游戏学会（Digital Games Research Association Japan）作为国际组织 DiGRA（Digital Games Research Association）的日本分部开展数字游戏的相关研究。此外还有 2010 年成立的计算机娱乐协会（Computer Entertainment Supplier's Association），主要进行游戏娱乐相关产业的调查、研究、普及等活动。在教育技术领域，日本教育工学会于 2013 年专门设置"游戏学习·开放教育"SIG，将游戏学习纳入到教育技术热点专题中，逐渐加大了这方面的研究力度。

（三）教育评测

由于游戏对大脑、视力以及认知会造成一定的影响，日本在评测游戏的生理和心理指标时主要采用的方法有 fMRI、PET、SPECT、MEG、视线追随、脉搏测量等。如川岛隆太（2005）研究发现长期反复操作无社交性的闯关类、动作类数字游戏会对儿童大脑产生一定的不良影响，有可能会造成大脑前头叶等部位的发育不良，对脑部身体控制功能也会产生一定影响，建议限制儿童操作此类游戏，适当增加体育运动类和户外游戏。但同时，日本也注意到由于学习过程中测量难度大，被测个体数据会产生偏差，并且游戏类型较多，造成影响因素的界定和教育效果的评测都有较大难度，社交互动型、策略型、创造型、战略型等游戏所造成的影响程度还缺乏脑科学和心理科学领域的深入研究。

日本也注意到了游戏与各年龄段之间的关系，同时也有诸多实验来研究模拟游戏与数字游戏之间的差异性、过去三十年的游戏与目前的电子游戏之间的差异性、游戏的种类与操作互动对大脑的影响。特别是设计类、解谜类、GPR 类、冒险类、战略类等需要动脑解决问题的游戏，与单一的闯关类、动作类、射击类游戏在学习方面对大脑及身心健康的影响，还需要开展更多的对比研究。同时，也有诸多日本学者研究在 VR、Online 游戏中如何采用多样化的游戏功能提高学习效果和学习积极性，如通过教育实践发现，Minecraft 等游戏对物理结构、空间认知、造型艺术等方面有一定的促进作用。还有诸如在游戏画面的数据分析、游戏玩家的学习数据分析和偏好分析、3D 和 VR 游戏的视觉分析等、学习欲望与游戏 GUI 设计、故事设计的可玩性及可持续性等方面开展的各类研究，通过游戏类型来测定认知擅长的领域，比如擅长动作类游戏的人注意力集中、反应快，而擅长解谜或棋类游戏的人逻辑思维能力强，也有人提出采用游戏方式来评测学生的学习能力，开展定制化研究，引入多元智能理论，及早对学生能力进行定位开发，发掘学生潜力。

另外，有关游戏素养的分析也是游戏教育评测的研究热点，如游戏本身的可玩性、学生对游戏设备的熟悉程度或操作熟练度、对游戏的自律性以及对游戏内容分析审查制度的理解等。

（四）人才培养

日本最近数十年开设游戏相关专业的院校数量持续增长，其中专门学校有一百多所，日本游戏产业的员工有六成左右也来自于专门学校，本科院校仅有数十所，如 2007 年立命馆大学新设映像学部，2010 年东京工艺大学设置游戏学科等等，但将游戏作为学位必修课程的仅有大阪电气通信大学、冈山理科大学等少数几所大学。而研究生培养则主要设置在信息技术、传媒、图像、艺术等领域，如东京大学情报学环、立命馆大学映像研究科、东京工业大学综合理工学研究科、九州大学艺术工学研究院、京都精华大学漫画研究科等。日本在本科和硕博阶段的课程设置中并未严格将游戏相关内容的基础性学习和学术领域的体系化研究学习分开，而且需要提及的是，由于日本教育技术领域并无专门的本科课程，而硕博阶段也主要以研究方向为主，因此也未见有设置游戏教育相关课程的高等院校。

关于日本高校游戏人才培养的举措，以东京工科大学为例，其媒介学部 2004 年受文部科学省委托，"面对现代教育需求的举措支援（现代 GP）"项目立项，开展交互式游戏制作实践教育。随后，其研究生院媒介科学专业于 2008 年接受经济产业省和文部科学省联合经费，"亚洲人才资金构想"立项，开展"下一代国际内容复合型人才培养"项目。2010 年文部科学省"基于产学连协的实践型人才培养事业—专业人才基础教育推进项目"子课题"游戏产业中实践性 OJT/OFF-JT 体感型教育项目"连同专门学校、大学和研究生院纵向培养游戏专业化人才。

在游戏产业化背景下，2004 年游戏设计师在初中生最想成为的职业中排名第八，到 2017 年上升至第三位，这说明日本游戏对青少年的职业观念影响较大，但实际上日本游戏相关的职业生涯，从初期入职到成为职业制作人一般需要 10 年左右的培养周期，因此，企业中对于游戏人才的培养也是极其漫长的，也缺乏完善的社会化培训机制。因此，今后日本还需要在游戏教育方面明确教学培养目标，完善体系化教学研究体制，培养更多高层次相关人才。

三 特点与启示

日本作为游戏产业大国，在游戏的教育应用和实践方面有着诸多的经验和教训，对今后我国发展游戏产业以及游戏教育应用方面有着重要的参考价值，综合来说主要有以下几个方面。

（一）产业政策的持续性

2006 年日本经济产业省发布游戏产业战略，要求强化游戏创造和开发能力，完善"产学"联合的人才培养体制，利用游戏博览会等形式扩大海外影响，加强对中小企业和大学相关研究的经费和政策支持，同时完善分级审查制度，确保青少年的身心健康。但实际上该战略并没获得完全实施，如在 2015 年发布的"Cool Japan 战略"中，并未提及游戏产业的振兴与海外输入等内容，也未见实施结果相关的调研评估。日本政府并未持续重视并推进游戏产业战略，而只是重点扶持与游戏相关的信息通信产业，虽然能从侧面推动游戏产业的发展，但是由于政策的不连贯性和教育上的分散状态，使得游戏教育并未获得充分的重视。因此，作为经验启示，我国应注重产业政策纵向的持续性，同时也应在游戏教育的社会影响和教育应用方面突出横向连贯性，形成政策扶持和教育实践的综合发展态势。

（二）人才培养的体系化

日本游戏教育主要体现在专门学校的职业教育和企业培训方面，游戏相关高级人才的培养还有待进一步强化，高校游戏专业的设置还需进一步完善，日本"产官学"联合的体系化机制并未建立，企业与学校开展联合培养的案例并不多见，而且游戏开发和教育应用方面还存在着入门教材少、开发应用难度大、游戏可改造性和可移植性低、受系统和硬件的限制等问题。相对而言，中国游戏领域的职业教育仍然处于探索阶段，有必要借鉴日本专门学校的职业教育方式，尤其是在教育信息化和高校建设改革的背景下，应该细化游戏产业的职业发展要求和行业分类，配合游戏研发和教育实践，在校企合作和专业建设上积极加快专业化人才培养的步伐，以满足今后游戏产业发展的需求。

（三）研发及应用的有效化

日本游戏教育的研发和应用呈现出非常明显的两级分化状态，一方面是游戏企业的商业化运作，而另一方面则是教育领域的封闭式应用。因此，如何降低企业进入教育领域的门槛、开展"产学"合作，仍然需要进一步教育改革和体制的完善。比如在机器人游戏、实物游戏开发、虚拟游戏开发、健康治疗、老龄化对应措施、老年痴呆等方面，由于市场运作需要，存在研发与盈利的矛盾，没有匹配的高校专业人才培养体系，很难形成良性循环。"Edtech"（Education+Technology）作为研究热点的同时，如何利用技术提高学习效果，采用 SNS 等元素增加社会互动性，打破学校封闭式教育的壁垒，与社会接轨，利用基于互联网的信息技术帮助配合游戏教育的特点和优势，在残障儿童、偏远地区、学习障碍儿童教育或定制化学习、职业教育、成人教育等方面会起到一定的作用。

另外，随着新技术的发展，在游戏与技术融合、社会影响及生理和心理研究等方面还亟待深入研究，日本也逐渐注意到游戏教育在残障儿童、学习障碍儿童的定制化学习方面的效果，同时也出现了诸多利用游戏开展健康治疗、老龄化对策等方面的实践应用。这对于我国今后深入开展游戏教育研发及应用有着非常重要的借鉴意义，我们不仅需要开展教育领域的研究，还需要积极扩宽思路，在校企联合研发、医疗等其他产业的应用方面开展更广泛的探索。

第五节 特殊教育专题分析

一 日本特别支援教育概念

根据日本文部科学省的定义，"特别支援教育"指的是以辅助残障儿童的自立和参与社会活动为出发点，掌握每个学生的教育需求，为提高其能力，改善或克服生活及学习上的困难所进行的适当的指导及必要的辅助活动。2004年12月，日本颁布《发展障碍者支援法》，将残障支援的范围从原有的肢体等残障者扩展至具有自闭症、亚斯伯格症候群及其他广泛性的发育障碍、学习障碍、注意力缺陷、多动障碍等人士。[①] 2007年4月又将特别支援教育写入《学校教育法》，规定所有学校必须对残障儿童展开必要的教育辅助活动。因此在日本，从教学辅助对象来说，特别支援教育不仅包括残障学生，还包括学习障碍、自闭症、注意力缺陷等需要特别教育辅助的学生。如图4-12所示，由于日本特别支援学校的学生主要是视觉障碍、听觉障碍、肢体残障、认知障碍、病弱·身体虚弱五类情况，2015年接受特别支援教育的

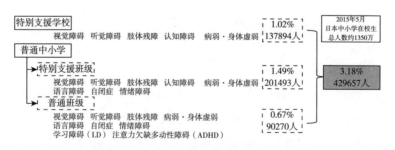

图4-12 2015年日本特别支援教育人数分布

---

① 「発達障害者支援法」、日本文部科学省、https：//www.mext.go.jp/a_menu/shotou/tokubetu/main/1376867.htm。

学生仅占全日本中小学在校生总人数的 1.02%，但若以特别支援教育的定义为准，则应加入普通中小学中约 30 万需特别支援教育的人数，这就超过了全日本中小学在校生总人数的 3%，且这仅是医师确诊的数据，实际上应该还存在着更多未经医师诊断、处于潜在或疑似症状的学生。

文部科学省 2016 年度学校调查数据显示，日本全国中小学在校生约 1338 万人，其中特别支援学校 1125 所、在校生为 139821 人，约占整体的 1%，而 2012 年时仅为 126123 人，增加了近 1.4 万人，这对少子化现象日益严重的日本来说明显异常。因此，为加大支持特别支援教育的力度，日本不断增加投入，制定《特别支援学校学习指导要领》，修订师资培训课程和考核标准，增加相关经费和项目，鼓励地方政府、学校及企业参与教育辅助活动，同时通过独立行政法人国立特别支援教育综合研究所、日本学术振兴会、国立残障者康复中心、日本学生支援机构等开展相关科研、调查、辅助等活动，制定相关行业标准和评测应用标准，积极通过"产学研"结合开发各种电子教材、多媒体网站等教学资源和软硬件信息化设备，提供医疗康复、信息交流、学习及就业辅导等支持。

二　日本特别支援教育信息化建设情况

（一）国家政策

2009 年文部科学省颁布的《教育信息化手册》中就特别支援教育中的信息教育和 ICT 应用提出了具体的教育措施，对各类残障情况提供了详细的应用案例和指导方法。同年修订的《特别支援学校学习指导要领》明确要求采用计算机等信息设备开展学习指导，并罗列多种采用信息技术手段的教学案例。2011 年在《教育信息化展望》中再次强调应向需要特别支援的学生提供电子教材等信息设备，须根据学生症状及特点制定合适的信息技术应用和教学指导方案。2012年《中央教育审议会初中等教育分科会报告》中指出，国家及地方所进行的基础性环境建设应根据残障学生在校情况提供个别定制化的合理照顾，寻求均衡化的、不给体制和财政层面增加过多负担的有效方法，要求采用扩大·代替交流（Augmentative and Alternative Communication，AAC）和辅助技术（Assistive Technology，AT），促进各学科知识的理解、应用辅助认识障碍和感觉功能障碍、运动障碍设备的应用，积极寻找合适的辅助交流代替性手段。2013年文部科学省发布《有关残障儿童学生教材充实（报告）》，进一步要求需根据学生情况积极开展ICT等的应用。随后，在2014年日本政府发布的《有关残障者权利的条约》中，首次提及"合理的照顾"这一新概念，要求各部门根据残障者的个人需求进行必要且合适的支援变更和调整。

2017年3月，文部科学省发布的《针对残障学生的教育支援体制整备指导手册》在教育信息化建设方面明文要求委托国立特别支援教育综合研究所等部门联合开展在线课程培训，针对各类症状提供体系化、专业化的课程培训和数字教学资源；与各地教育委员会、特别支援教育中心和学校一起开展教学评估和研修培训活动，通过信息化手段加强与医疗机构、家长等的信息共享和交流，制定有效的教学辅助模型和教案；建设电子教学资源数据库，提供信息检索和在线咨询等服务，强化对学生隐私信息的保护；在高中及大学开展对应的就业扶持政策，利用信息技术设备辅助学生融入社会。

在上述政策文件中，《特别支援学校学习指导要领》是日本特殊支援教育的指导性文件，明确规定了在各科目指导过程中，须采用信息技术设备开展教学指导活动，使学生掌握信息化设备的基本操作和原理；开展信息伦理等相关知识的教学指导，加强对网络诽谤、欺凌等现象的正确引导，并对手机和计算机等设备添加信息过滤及安全设置；根据学生的身心状况，利用信息技术手段制定贴切的教学计划，提高其社交能力和学习能力，如为弱视学生配备放大设备，为语言障碍的学生提供视听觉教材；等等。① 其教学内容具体如下所示。

1. 小学

以计算机输入操作为基础，在各科目中应用信息化设备，包括国语科目的语言学习、社会科目的信息收集整理和应用、算术科目的数量及图形的学习、理科的观察和实验活动、综合学习时间的信息收集整理及计算机与信息通信网络的应用、道德科目的信息伦理知识讲解。

2. 初中

以信息技术的基本理解和应用为目的，要求在技术·家庭科目中理解信息手段的构成和原理，学习相应的信息伦理，培养信息技术应用的能力及态度，在其他科目中要求积极利用信息技术开展资料收集、处理、观察、实验等活动。

3. 高中

以信息技术自主应用为目的，在信息科目中培养信息及信息技术应用的能力，形成对信息的科学见解和思维模式；理解社会中信息技术的作用和影响，培养对社会信息化发展自主应对的能力和态度；能自主发现问题所在，通过信息手段收集和判断问题，考察和分析信息的客观性和可靠性；可根据对手和目的利用信息技术进行适当的表现和信息收发处理，可自主选用适当的信息化手段开展学习活动。

4. 特别支援学校

对于信息化设备操作有困难的学生，积极采用合适的设备，

---

① 「特别支援学校学习指导要领」、日本文部科学省、https：//www.mext.go.jp/a_menu/shotou/tokubetu/main/1386427.htm。

增加教学指导时间，制定贴切的个别指导方案；对于认知障碍的学生，培养其熟悉日常工作和生活中关于计算机等信息化设备的基础知识，尤其是开展职业化培训中加强信息设备处理能力的培养；对于移动不便的学生，加强互联网和电视会议系统的应用和学习交流，增加其与社会交流的机会，培养其自立活动的经验和信心；加强信息伦理教育，尤其是对信息理解和犯罪活动的正确认识，防范上当受骗。

（二）教育研发与实践

2014 年文部科学省"学习革新事业"实证研究报告中列出了特别支援教育方面的主要课题，包括视觉障碍者的视觉增强及朗读设备、听觉障碍者的助听系统及灾害时避难引导系统、肢体不健全者的表意传递设备、病弱者的远程视频系统等的研发和应用以及专业信息化设备和知识的应用方法开发和验证、保障技术人员经费、培养教学人员的信息技术能力、设备的有效利用和教学模型开发等。围绕这些课题，日本积极开展各类教育研发与实践活动，表 4-3 中总结了文部科学省 2007～2017 年间的特殊支援教育相关国家项目，在教育系统建设、潜在发展障碍儿童教育辅助、职业教育、设备研发、医疗机构与学校的联合研究等方面积极通过国际立项和财政辅助等形式进行诸多教育实践和探索。

表 4-3　特别支援教育相关国家级项目

项目名称	内容
全纳教育系统推进事业	完善学龄前至就业各阶段的支援体制，推进人才培养和师资培训，加强医疗、保健和就业等各行业联系。
对潜在发展障碍儿童的支援事业	对普通学校中在学习和行动等方面有困难的学生开展教学辅助和生活指导等研究实践。

续表

项目名称	内容
以自立及社会参与为目的的高中阶段特别支援教育充实事业	以帮助学生实现自主自立为目的，在高中实施特别教育课程，进行教材开发、课程实践等活动。
学习辅助设备等教育应用促进事业	与企业和大学等合作，利用信息技术研发教材及教具等，开展学习评价指标等的标准化建设。
有关特别支援教育的实践研究充实事业	围绕 2020 年新版《学习指导要领》的制定，开展特别支援教育课程及教材等的先行试验性研究，实施有关教学模型的实践活动。
特别支援教育相关教职员的资质提高事业	通过教师资格证相关课程，提高教职员的教学能力，加强学生及家长对特别支援教育的理解。
住院儿童等的教育保障体制建设事业	为住院学生提供学习机会，联合学校、医院和教育委员会开展教育保障体制建设相关的调研活动。
通过学校教育及共同学习理解残障人士的（心灵无障碍）推进事业	基于残障者相关法律和条约，加强残障人士与非残障人士之间的体育、文化、艺术活动等交流，促进社会各界对残障人士的理解。
学校医护实施体制构筑事业	提高校园医护水平，制作医护实施指导手册，完善医护体制。
利用民间组织和辅助技术的特别支援教育研究事业	委托 NPO 等民间团体，根据残障症状的特性开发专用教材和技术设备，开展教育实践研究。
促进职业自立的实践研究事业	与厚生劳动省合作，联合学校、教育委员会、劳动相关机构和企业，支持残障学生就业和职业自立，开展相关教育实践研究活动。

此外，日本政府还通过其他信息化建设立项开展教育实践活动，如在 2007~2009 年间文部科学省的"先导性教育信息化推行项目"中，以冲绳县立森川特别支援学校、北海道八云养护学校、大阪市立都岛学校等为实验基地，对于长期住院无法进入校园正常学习的学生，采用视频会议系统和移动通信网络开展远程教学互动实践，同时成立医院特殊班级，开展一对一的信息化设备教学辅助工作。

值得一提的是，日本国立特别支援教育综合研究所在信息化建设方面非常突出，积极收集和整理各类教学案例，提供特别支援教育文献检索和研究课题检索等各项免费信息化服务，构建电子教学资源及教具数据库，截至 2017 年 9 月，其下属的支援教材网站上收录信息化应用实践案例 132 件，提供辅助器材 769 项，并对器材进行分类处理，可按照症状、需求、年龄段、科目和设备类型分类检索，为使用人员提供了极大的便利。同时，开展教材和教具的展示和比赛，鼓励企业和个人开展研发活动，例如自 1975 年至 2011 年，每年进行特别支援教育教材及教具展示会，最佳作品颁发文部科学大臣奖，其中还专门设置计算类学习软件比赛，例如 2011 年获奖作品有"平假名笔顺辅助君""声音打地鼠""配餐/食育软件"等，在信息技术研发和实践上非常具有代表意义和社会应用价值。

日本在特别支援教育的教师资格证标准、教师考核标准中，设计有多类信息化设备应用和实践能力的课程和评测内容，并将信息技术应用能力定为教师资格选拔的必考内容。同时，通过特殊支援教育中心开展定期培训，以提高教师信息化应用能力与教学实践能力为目的，推广科学有效的教学案例和教学模式，要求教师根据学生具体情况选择合适的教具，并制定合适的教学方法。

在教育资源建设方面，日本也通过各类渠道积极开展各类电子教材和教具的开发及应用，如日本特别支援教育设计研究会与国立青少年教育振兴机构合作，获得文部科学省"儿童梦想基金"立项，自 2005 年开始制作特别教育支援专用电子教材，涵盖小学语文、社会、外语等多门科目，所有教材均可免费在线使用，点击量累计超过百万，同时为学校和家长提供判断潜在发展障碍症状专用的标准化辅助工具。此外，医疗机构和学校联合进行实践探索，如母子健康手册数字化推进协议会开展的"智慧儿童城市 YAOCCO"项目，作为日本总务省"IoT 服务创新支援事业"的子课题，以物联网为理念，将家庭医生、医院、学校的信息综合起来，跟踪调查从孕期开始至义务教育阶段的大数据，分析潜在的障碍性症状，从早期发现和教育辅助开始，保障需要特别照顾的学生医疗及学习信息的连贯性。

本书以日本国家项目报告、学校实践研究报告集、国立特别支援教育综合研究所特别支援教育信息数据库为来源，将其中涉及信息技术应用的教学内容、设备及相关案例汇总至表 4-4，包括视觉障碍、听觉障碍、认知障碍、肢体残障、体弱多病及多类障碍六类情况，均为在特别支援学校和普通学校中实测有效的信息设备引用案例。

表 4-4　信息化应用内容与案例

类型	信息教育内容	信息设备或技术	案例
视觉障碍	掌握视觉辅助设备的使用方法，熟悉手机、计算机等设备，学习信息伦理和法律等基础知识。	语音阅读器、视觉增强设备、盲文设备、输入辅助设备等	通过 OCR 等文字识别技术将国语教材中的文字信息转换为语音朗读，导入多按键类型和支持盲文输入的辅助设备。
听觉障碍	掌握听觉替代设备的使用方法，熟悉手机短信、邮件等文字表述工具，学习网络信息安全和欺诈类信息的识别和防范方法。	文字显示设备、触觉辅助器、视觉提示设备、口语手语识别设备等	校园内增设大尺寸屏幕显示器，提示学生重要信息特别是灾害信息的广播，加强信息推送和避难行动的实习训练。
认知障碍	采用视觉和听觉等增强辅助设备达到反复训练和记忆的效果，掌握手机等常见信息技术设备的基本操作，通过互联网等加强社会交流和自立能力的培养。	摄影记录仪、录音笔、记忆强化训练设备、定位导航辅助设备、按钮或传感器等触摸输入辅助设备、防水防震及固定设备	在职业教育中，通过录影录像设备加强职业技能知识的理解，学习信息设备的基本操作，使其在校园外也可进行课程内容的预复习活动。

续表

类型	信息教育内容	信息设备或技术	案例
肢体残障	熟悉肢体辅助设备的使用，加强信息设备输入替代方法的学习，基本理解各类传感器的结构和原理，掌握信息设备的社会交流方式和信息伦理基础知识。	肢体协调辅助设备、传感器、语音识别设备、信息记录仪、触觉强化设备等	采用 VOCA（Voice Output Communication Aids）设备，通过嵌入式的语音按键一键式选择对应的功能，辅助情感交流的表达，如对错选择和心情等，记录和储存课程内容。
体弱多病	熟悉远程通信设备的使用方法，提高对理科等模拟实验的电子教材的操作及理解能力，学习基于互联网的社交工具的使用，加强对信息技术知识的理解。	远程视频通信系统、固定器材、输入替代设备、教学模拟设备等	通过视频会议系统远程连接课堂，开展课堂协同学习，同时配合电子教材，通过视频和软件模拟实验理解物理和化学相关知识，同时存储学习记录，熟悉复习的操作方法。
多类障碍	熟悉辅助设备的使用，理解信息设备的基本操作，强化视觉和触觉辅助设备的日常应用。	上述多类器材的混合搭配	利用触觉强化设备，通过振动、发声、发光等方式，与电子教材配合使用，辅助国语科目中知识的阅读和理解。

三 对比及启示

根据 2016 年全国教育事业发展统计公报显示，我国共有特殊教育学校 2080 所，共有专职教师 5.32 万人，在校生 49.17 万人，其中，视力残疾学生 3.61 万人，听力残疾学生 9.00 万人，智力残疾学生 26.05 万人，其他残疾学生 10.51 万人。与日本的特殊支援教育情况相比，我国并未将需要特殊教育的学生细分化，也未指出其他类型的发育障碍情况，还有着诸多亟待解决的课题，因此，本书就中日特殊教育信息化展开对比分析，以期提供一定的参考和借鉴。

（一） 国家政策

我国与教育相关的主要政策中，例如《国家中长期教育改革和发展规划纲要（2010-2020 年）》及《教育信息化"十三五"规划》全文均未提及特殊教育，《教育信息化十年发展规划（2011～2020 年）》仅提及应开发包括特殊教育在内的数字教育资源。在近年来的特殊教育政策中，《特殊教育提升计划（2014～2016 年）》亦未明确提及教育信息化建设及相关举措，而 2017 年 7 月最新发布的《第二期特殊教育提升计划（2017～2020 年）》中提及需要推进差异化教学和个别化教学，加强特殊教育信息化建设和应用，重视教具、学具和康复辅助器具的开发与应用。由此可见，中国在特殊教育方面还未形成体系化的教育信息化规划，特殊教育学校的信息化建设还存在严重的地区差异，同时在具体的信息化建设实施方案上仍待进一步推进落实。

（二） 教学资源开发与标准化建设

日本主要通过文部科学省特别支援教育课、国立特别支援教育综合研究所、特别支援教育中心等单位联合开展各类教学资源开发和信息化建设，有着比较完善的信息化资源平台，同时积极开展各类标准的建设，如诊断标准和教学标准，而我国还未见有特殊教育相关的专业化网站和数据库。因此，我国应该积极利用信息技术的优势，降低重复开发的成本，构建特殊教育教学资源数据库和综合性信息平台，收集和推广更多优秀的教学指导案例和电子教材。亦可参考日本联合医疗和教育的实践经验，在早期障碍诊断、教育康复以及跨地区跨学年连续跟踪教育方面建立更多科学有效的标准化方法，积极研发和验证信息化设备的教育应用方法和教学模型，推动特殊教育信息化国家标准和行业标准体系的建设。

另外，除增加特殊教育学校数量外，我国还应加强普通学校中特殊教育的力度，尤其是对于利用信息化设备不便的学生，需要开发适当的设备和学习辅助方案，参考日本"合理的照顾"这一概念，合理分配教学资源，加强"产官学"合作，积极从一线需要着手，联合医疗机构、学校和家长，积极研发有效的信息化教学资源和设备。

（三）师资培养与课程设置

从中日两国的统计数据上看，日本特别支援教育学校中师生比为1：1.7，而我国则为1：10，师资配比明显不足。此外，日本有较为完善的师资培训体系，定期开展教师信息技术培训，并在教师资格证认证和教师选拔标准中也明确规定了信息技术能力的考核内容，而我国还未设置专门的特殊教育师资培训部门，面对师资不足和信息技术能力培养的欠缺，还亟须建立相应的师资培养体制。在课程设置方面，日本在《学习指导要领》中分阶段制定了信息技术教学标准，提出要在信息化社会中培养学生的生存能力。因此，在课程设置和培养目标上，我国应尽快制定特殊教育中信息技术能力的教学培养方案和评估标准，开发相关教材，深化信息伦理和信息安全的教育，并将信息技术能力的培养与社会活动及就业等连贯起来，为学生今后走向社会、自主自立打下坚实的基础。

第六节 虚拟教学空间

一 "超镜"远程虚拟教学空间

众所周知，教学环境是教育中极其重要的一环，从广义上来说，教学环境包括了影响教育活动的全部条件，而其中的教室布置、教具、教学辅助软硬件设备等则是辅助教学活动顺利开展必不可少的要素。由于信息技术的飞速发展，投影仪、教学辅助系统、计算机、无线网络、机器人等各类软硬件设备已经广泛应用于教学环境中，尤其是面对教育国际化、开放化、多样化的发展趋势，如在线教育和远程教育中大量采用信息技术设备开展辅助教学，教学环境已经发生了巨大的变化，原有的基于电视会议系统和窄带网络的教学环境已经转变为以超高速宽带网、无线网络、高清视频传输系统等为基础的新一代数字教学环境。在此背景下，以"超镜"视频传输系统为基础的远程虚拟教学空间自20世纪 90 年代末研发开始，开展了多次教育实践与应用研究，作为在远程教育中采用真人等比大小和实施视频信号翻转技术的典范，配合新技术的应用和教育效果的提升，该系统也进行过多次更新换代，本书将从"超镜"系统的原理和发展历程出发对其进行详细的分析与总结。

（一）概述

"超镜"一词源于"HyperMirror"，意指模拟镜面视觉，使得观看该视频的双方或多方如同看镜子一样，都在一个虚拟空间中，实现了 WISIWYS（What I see is what you see）和 WYSIWIS（What You see is what I see）。若采用传统的远程视频模式，双方都仅能看到两个不同的视频窗口，一个显示自己，一个显示对方，这种不在一个空间的视觉会影响双方的认知判断，容易产生认知分歧，比如用手指对方的鼻子，如果是镜面视觉，手指所指点之处，便是对方鼻子所在的方位，而传统视频处于两个不同的视频窗口，对方很难理解手指的方位。具体来说，如图 4-13 所示，场景 1 中，人物 A 观看人物 B 正面脸部时，可以感受到对方注意力在自己身上；场景 2 中，当看到 B 的侧脸时，就会觉得对方并未看着自己，而是在看别的地方；场景 3 中，若对面有 B 和 C 同时存在，A 就会觉得 B 可能在注意 C，觉得对方（B 和 C）是在一个空间内，而自己却被排除在外；场景 4 中，当 A 看到 B

与 C 之间互相交流、点头、交换意见等情况时，会完全相信 B 的视线全部在 C 身上。根据这一原理，在场景 5 中，若能将 C 替换成 A 的镜面图像（即 A 与 C 为同一人物），则使得双方（A 和 C）都会觉得互相处在同一空间中，且对方的视线和注意力都在自己身上。因此，认知分歧 1 指的是当实际上 A 与 C 是同一人物，C 只是 A 的远程视频图像，即便双方没有视线相对的感受，也能感觉到对方可能是在看自己（即远程传输到对方的图像），但容易造成空间认知的不一致性，需要随时自我暗示，以强化共同认知。认知分歧 2 则指的是画面中 C 与 A 存在同一场景中，从而弱化了空间认知的不一致性。根据实验分析得到的数据显示，参与实验者对于认知分歧 1 的感受远比认知分歧 2 要强烈，且在场景 1 到场景 4 中对空间共同认知反应微弱。因此，"超镜"采用场景 5 的原理，将双方视频水平翻转后，使得双方均可看到处在同一空间的自我图像与对方图像，以此增强了对空间的共同认知。

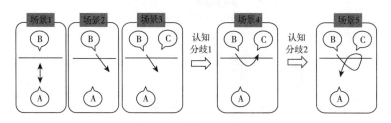

图 4-13　空间认知模型

（二）系统构成

"超镜"系统的主要特点在于采用滤镜合成视频图像、实时信号传输以及等比大小显示。以远程连接两点为例，如图 4-14 所示，通过摄像机分别录制双方的场景，然后通过视频延迟设备、视频翻转及合成设备，将两者的视频重叠合成在一个画面中，通过显示器或投影仪等设备实时展示，由此双方可实时同步共享合成画面，等比大小的反转图像具有虚拟的共同空间体验感，可传递手势、姿态、表情等非语言类信息，有助于协调感官，比起头戴式全景 VR、局部虚拟 AR 等虚拟场景更加真实，不会造成头晕、恶心、空间认知错觉等生理反应。同时随着数字技术的发展，"超镜"系统进行了多次升级换代，由早期的模拟信号改为数字信号，之后逐步提高清晰度，成为高清HD 影像，还支持实时背景叠加合成、高清视频、多点远程连接等功能。

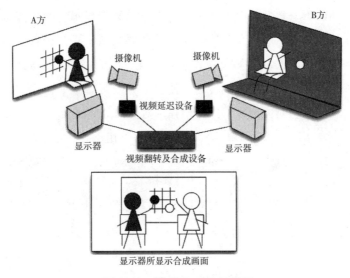

图 4-14 "超镜"系统示意图

近年来，"超镜"系统升级为超清晰度视频格式（High Definition），主要由 SONY 电视会系统、ATEM 数码切换台、HD 反转器、高清数码摄像机、声音合成设备和各类高清数码转换器构成，再配合不间断太阳能电源和卫星通信系统，构成可以进行国际远程多点接入的虚拟教学空间，在外语教学、国际交流、协同学习等方面展开各类教育实践研究。

二 虚拟空间教学实践

"超镜"系统作为日本代表性的远程教育系统,不仅可以传输和合成视频与音频信号,还可以构成远程虚拟教学空间,能够极大提高教学环境的实时性和开放性,跨越地区和国家的限制,参与者无需穿戴任何辅助设备,即可体验到虚拟空间的交互性。日本、新加坡等国家采用该系统共建国际课程,积极开展文化交流和教育实践活动,下一步该系统将配合360°全景影像环视系统开展远程高清视频实践,预计将会为今后的跨区域远程教育带来新的教学环境体验。

大阪大学和日本独立行政法人产业技术综合研究所等单位开展合作研究与实践,利用"超镜"系统多次开展教育远程视频实践,开创了远程视频教育的先河,尤其是在国际教育领域,实现了多个世界"首次"实践。如表4-5所示,2001年是该系统第一次连接中日高校,也是中国高校首次采用国际远程视频课程,实现了清华大学与大阪大学之间的实时课程互动。随后日本与韩国、阿富汗、肯尼亚、蒙古国、美国、泰国、新加坡等多个国家开展了远程教育实践,尤其是2010年,如图4-15所示,首次采用卫星通信开展多点远程视频连线,成功实现了通过卫星通信传输高清影像,验证了卫星通信的稳定性,并通过数据挖掘分析发现,多点对接中视频信号的延迟与参与者空间共同体验感的关联性,高清视频图像与实时合成画面能更为有效地说明复杂的物理知识,提高学生学习积极性和参与度。

表4-5 "超镜"系统教育实践大事件

时间	地点	实践内容	特点
2001年10月	北京(清华大学) 大阪(大阪大学)	远程视频课程	中国高校首次采用国际远程视频课程

时间	地点	实践内容	特点
2002 年 3 月 2003 年 2 月	藤井寺市（小学） 韩国（小学）	教学互动、文化交流	日韩首次小学间远程视频实践
2003 年 11 月	岐阜县川岛町（小学） 阿富汗（小学）	文化民俗交流	日阿间首次远程视频实践
2004 年 2 月	大阪府吹田市（小学） 肯尼亚（小学）	文化体验、语言交流	日肯间首次远程视频实践
2004 年 9 月	大阪府柏原市（小学） 蒙古国（小学与中学）	文化交流	日蒙间首次远程视频实践
2005 年 6 月	大阪府高石市（初中） 美国（初中）	物理课程共建（pH 值测量、距离传感器测量）	日美间视频交流
2006 年 10 月	日本大阪大学 美国阿拉斯加大学	语言学习、研究人员国际会议	日美间首次远程虚拟合成国际会议
2006 年 11 月	三重县大台町（小学） 泰国（小学）	文化体验	日泰间首次远程视频实践
2009 年 11 月	日本（初中） 新加坡（初中）	定期多门课程授课	采用国际高速宽带远程连线
2010 年 2 月	筑波（高能量加速器研究机构） 奈良（奈良女子大学附中） 熊本（南小国中学）	素粒子物理学入门课程 3 次	卫星通信多点远程连接； SD 与 HD 影像远程传输效果与视觉效果验证
2013 年 5 月	武汉（中南财经政法大学） 大阪（大阪大学）	日语课程共建、角色扮演	实时同声传译与可视化教学分析

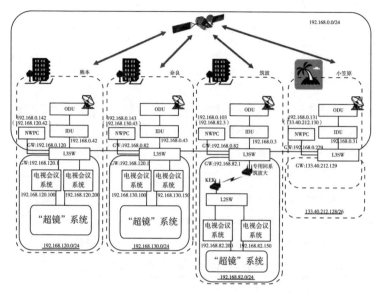

图 4-15　多点连接示意图

　　由于"超镜"系统的诸多特点，大阪大学、东京大学、东京工业大学等单位多次获得日本政府科研立项，以日本文部科学省和日本学术振兴会的科学研究费助成事业为例，如表 4-6 所示，应用"超镜"系统的科研立项从 2002 年至 2015 年已达 13 次，累计相关科研经费超过 2 亿日元，涉及信息技术、教育、文化交流、医疗等多个领域，获得多项专利，并以中日英等多国语言发表相关学术论文百余篇，极大推动了国际远程教育合作与信息系统的研发。

表 4-6　"超镜"系统相关科研立项

课题名称	起止年度 （年）	经费 （日元）
国际视频传输及远程课程共同研究	2002	310 万
利用信息网络的综合学习课中广域视频传输系统研发与评估	2002~2005	3016 万
基于"超镜"与国际 TV 的远程交流学习辅助系统研发	2003~2006	5109 万
远程交流学习辅助媒介"超镜"系统教育效果实证研究	2004~2005	190 万

课题名称	起止年度（年）	经费（日元）
基于"超镜"的远程交流型饮食教育实践	2005～2007	380万
支援教育的地区无线与光纤的信息基础研发	2007～2010	4888万
基于大型素粒子实验设备远程操作系统的体验型学习项目研发	2008～2009	140万
利用信息设备的小学创客教育课程开发	2009～2010	224.9万
基于"超镜"的饮食安全教育国际交流实践	2009～2011	442万
以素粒子物理学为题材的学习教材开发	2010～2011	169万
ICT支援型学习环境·空间对教师教学行为的影响	2011～2012	273万
基于教育云平台的学习支援环境开发	2011～2015	4771万
低容量线路下高清图像"超舞台"的远程交流学习辅助系统开发	2011～2015	507万

第七节　数字教材专题研究

一　日本数字教材发展背景

（一）数字教材定义

数字教材，在日文中普遍称为"数字教科书"，从广义上讲，数字化教材、教辅、教学参考类电子书籍或者软件都可以称为数字教材。2010年文部科学省"应用民间组织·支援技术的特别支援教育研究事业"则以残障儿童为对象开展具体的电子教材研发应用实践，同时也将纸质版教科书的数字化数据，包括教材电子版PDF数据、DAISY教科书、声音数据等均纳入研究范围。

日本"数字教科书"的官方定义是以日本数字教科书教材协议会的定义为基础进行修改的，日本文部科学省在其发布的《教育信息化展望》中将数字教科书定义为：应用于数字化设备或信息终端，在已有的教科书内容基础上再采用阅读软件，应具备编辑、移动、追加、删除等基础功能，主要分为指导者用数字教科书和学习者用数字教科书。在法令上，虽以教科书为准，但不能完全等同于教科书。

同时要求学习者用数字教科书应具备如下功能：①可根据学生个人能力和特性进行自定义化；②支持协调学习等不同的学习形态，共享学习记录；③不仅需要包括纸质版教科书的原文，还需要在指导者用数字教科书所有的语音重放、动画、缩放等功能基础之上，增加联网应用、师生互动、网络实时共享及编辑、学习记录及自学等功能。

因此从广义上，日本数字教材应该包括两大类：即数字教科书和数字化数据，如表 4-7 所示，数字教科书指的是以日本文部科学省指定的教材内容为基础制作的教师用书和学生用书，以及相关的辅助软件、硬件及平台等，而数字化数据则包括以数字化资源形式制作的教学资源。并且，在狭义上，日本数字教材一般指的是小初高阶段（即 K12）所用的教材，并不包括高中以上和6 岁以下的教育阶段，也不包括法定教学单位以外的社会机构所开发和应用的数字化教材和教学资源。

表 4-7　日本数字教材涵盖范围

数字教科书		数字化数据
教师用书	学生用书	
·教师课堂用 ·由教材制作商现行制作试行 ·包含动画等多类元素	·应用于学生人手一台信息设备上； ·学生可独立使用	·可复制、缩放、互动等 ·可数字化存储 ·为残障等特殊情况而开发的具有特定功能的数字资源
数字教科书辅助软件		
数字教科书辅助硬件及平台		

（二）日本教材发行背景与相关政策

日本自 1947 年《学校教育法》发布后，实施全国九年义务制教育，教材发行数量与中小学在校生人数基本相当，但根据文部科学省公开的统计数据显示，自 1985 年全日本总人数达到巅峰后，持续 30 年总人口数不断下滑，新生人口数量在 2016 年时已经跌破 100 万，由此导致纸质版教材的发行量大幅度降低，如图 4-20 所示，日本教材发行书店数量持续减少，预计在 2050 年后日本总人口数将跌至 1 亿左右，教材发行总量将比 2019 年减少三分之一以上。在此背景下，日本的电子教材相关法规日趋完善，信息化教学环境已经实现全国统一。

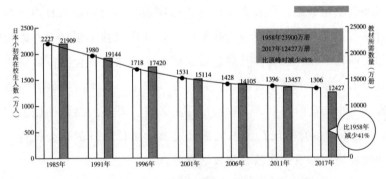

图 4-16　日本小初高学生人数及教材发行册数

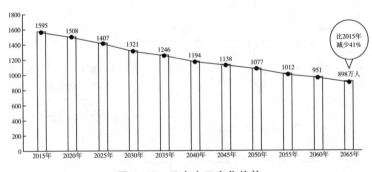

图 4-17　日本人口变化趋势

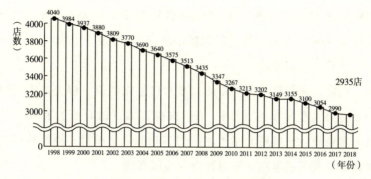

图 4-18 日本教材发行书店数量变迁

　　日本教材发行由日本政府审批的教材发行公司（官方法定教材在日本正式名称为"教科书"，下文同）经书店向全国小学、初中、高中及特别支援学校提供书籍，而狭义上的电子教科书如定义中所述，原则上其内容必须与纸质教材相同，因此也必须通过此类教材发行公司进行制作发行。

　　日本教科书相关行业协会是一般社团法人教科书协会，其作为行业协会进行"产官学"统筹，上级主管部门为日本文部科学省，协会下设 8 个委员会，其中信息化专门委员会负责教材数字化制作、数字教材标准化的调研和行业规范化工作。而根据日本义务教育教材无偿化制度，日本教材发行商必须向学生无偿提供义务制阶段的所有教材，其制作和发行仅获得政府部分补贴，因此数字教材对于日本教材发行商来说是一个投入大、效益低、市场前景不明朗的项目，只能依靠政府大规模投入补贴研发，再加上日本人口数量的持续减少，导致日本数字教材市场并不活跃。

　　日本文部科学省在"有关学校教育信息化的恳谈会"（2011）中，正式提出在 2020 年全国普及电子教科书的目标。此次会议将"数字教科书"分为两大类，第一类指的是"指导者用数字教科书"，主要指教师在课堂上用电子黑板进行授课的教材；第二类则是学生可直接操作的"学习者用数字教科书"。因此，自2011年开始，教材发行商优先制作发行前者，先以教师为对象开展数字教材应用实践。

同年，文部科学省发布的《教育信息化展望》以及数字教科书教材协议会发布的《DiTT 第一次提言书（改订版）》中，均提及需要设计出残障儿童可使用的多功能数字教材，围绕这些功能日本展开了诸多电子教材研发和实践案例。

2012年9月《数字教科书法案》颁布，作为教科书发行的参照性法规，规定了数字教科书的具体适用范围、相关知识产权、制作标准、残障学生应用条件等内容。2015年6月日本制定了《教育信息化推进法》，2019年6月则通过政令修订形式，由文部科学省发布了《学校教育信息化推进相关法律》，从而进一步明确了数字教材的应用标准和规范性条款。

2018年5月，日本修订了《学校教育法》，规定自2019年4月起，可以将"学习者用数字教科书"作为等同于纸质版教科书的替代物用于课堂教学。各类相关法规还进一步规定了数字教科书的具体特征和限制性条件。

1. 使用目的

主要用于改善教学效果，强化学生采用自主性·对话性的深度学习方式；替代纸质版教材用于辅助残障等学习困难的学生。

2. 使用标准

限制采用数字教材的学习时间在各教科规定课时的一半以内，但残障等特殊情况的学习困难者不在此限制之内，所有课时均可以用数字教材替代纸质教材；使用数字教材的前提条件必须是课堂上所有学生人手一台信息化教学设备；必须优先考虑学生健康和学习障碍等特殊情况。

3. 制作发行条件

原则上数字教材必须与纸质教材内容相同；教材发行商可自行制作发行，可作为有偿购买型教材发行，具体功能和价格由各发行商决定。

二 研发与教育应用

（一）背景

日本政府要求在 2020 年前完成义务制阶段数字教材的全国性普及，为完成这个目标，首先需要在所有小初高校园内完成布置高速无线网络、老师和学生均人手一台信息化设备（主要是轻薄型笔记本电脑和平板电脑）、所有教室均有大尺寸信息化教学设备（主要是电子白板和大型液晶显示器）。日本政府制定了"教育振兴基本计划"，自 2008 年开始，每五年为一期，目前已经进行至第三期，通过该计划的实施，截止到 2019 年 12 月底，日本所有小学和初中已经全部完成高速无线网络的布局，多媒体化教室均有大尺寸信息化教学设备，所有教师人手一台教学信息化设备，并实现教学时所有学生均可人手一台信息化学习设备，由此在 2020 年之前基本上实现了电子教材教学应用环境的建设目标。主要学习环境建设费用投入标准如表 4-8、表 4-9 所示。

表 4-8 日本中小学信息化设备普及所需费用

| 年度 | 小学 | | | | | | 初中 | | | 年级数 | 学生人数（万人） | 费用（亿日元） | | |
	1年级	2年级	3年级	4年级	5年级	6年级	1年级	2年级	3年级			1万日元/1台	3万日元/1台	8万日元/1台
2015	○	○	○	○	○	○	○	○	○	9	1008	1008	3024	8064
2016	○									1	107	107	321	856

续表

年度	小学						初中			年级数	学生人数（万人）	费用（亿日元）		
	1年级	2年级	3年级	4年级	5年级	6年级	1年级	2年级	3年级			1万日元/1台	3万日元/1台	8万日元/1台
2017	○									1	107	107	321	856
2018	○		○	○	○	○	○	○	○	7	761	761	2283	6088
2019	○		○							2	210	210	630	1680
2020	○		○							2	208	208	624	1664
2021	○		○				○	○	○	5	531	531	1593	4248
2022	○		○				○			3	307	307	921	2456
2023	○		○				○			3	303	303	909	2424
2024	○		○				○			3	297	297	891	2376

※　标注"○"的为设备配置年度。

表4-9　日本中小学电子教材普及所需费用参考

单位：亿日元

	信息化设备	电子教材	网络	信息技术人员	合计
最高费用	8064	301	1510	4125	14000
最低费用	1008	115	784	573	2480

日本开发电子教材以国家项目为主导，自2010年起，先后投入大量资金进行信息化环境建设和电子教材研发及应用测试，如图4-19所示，主要包括总务省"未来学校推进事业""先导性教育系统实证事业"、文部科学省"学习革新事业"、文部科学省"数字教材等标准化相关企划开发委员会"相关项目、"先导性教育体制构筑事业"以及ICT Connect 21等项目。

（二）功能

特别需要指出的是在电子教材功能上，需要提供更为广泛的教育和学习的公平性，数字教科书中的设计必须覆盖如下几点（见表4-10）。

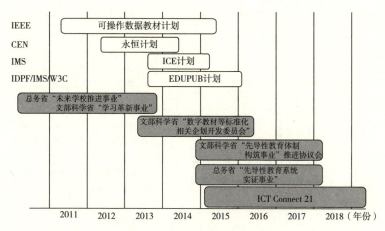

图 4-19 电子教材的开发项目汇总

表 4-10 特殊情况下电子教材所应具备的功能

特殊情况	主要难处	数字教材的对应功能
读写困难	·朗读花费时间 ·难以正确阅读文章 ·部分汉字易出错 ·难以久坐 ·注意力易分散	·文字可缩放 ·可加大文字间距或段落行距 ·可添加不同颜色进行强调展示 ·可添加汉字假名辅助 ·文字自动语音朗读 ·变更部分文字颜色，添加额外的动画辅助说明 ·可大尺寸多屏复制扩展 ·带有分组或个人使用功能
因病无法上学或肢体残障	·难以用铅笔书写 ·难以翻页 ·难以固定书本在合适位置 ·难以长期维持同一姿态学习 ·无法单独学习，无法控制学习进度 ·难以携带书籍纸张等移动	·添加多种输入方法及翻页等指令的辅助功能 ·可外置固定信息化设备的辅助设备 ·可进行远程视频通信或录音录像 ·可将课堂上的板书、临时发放的材料及试卷等进行记录和对照 ·信息化设备的轻量化 ·多系统版本的跨平台泛用性

续表

特殊情况	主要难处	数字教材的对应功能
听力障碍	·无法或难以听清老师和同学的发言	·语音识别及手语转换功能 ·可将提前存储好的数据以文字或手语形式在电子教材中展示
弱势或全盲	·无法阅读纸质材料 ·无法看清板书 ·盲文教材成本高且过于单一化 ·教师难以制作教学辅助材料 ·教师批阅盲文点字答卷费时，交流困难	·语音朗读功能 ·录音存储及回访等功能 ·盲文辅助 ·信息设备及电子教材增加盲文点字速写等功能 ·电子教材显示画面格局自定义、缩放、位置指定等功能 ·板书内容记录及回访等同步和自定义确认功能

以日本文部科学省"学习革新事业"为例，其主要用于开发学习者用数字教科书，以全国数十所中小学为实践基地，进行电子教材应用模型测试。2010～2013年各年度数字教科书研发情况如表4-11、表4-12、表4-13、表4-14所示。

表4-11　2010年数字教材研发统计

	科目	学年	单元	参与出版社数
小学	国语	第4·5学年	2单元	3家
	算数	第4·5学年	4单元	3家
	外国语活动	第5·6学年	4单元	1家

表4-12　2011年数字教材研发统计

	科目	学年	单元	参与出版社数
小学	社会	第5·6学年	4单元	4家
	理科	第5·6学年	4单元	5家
初中	国语	第1·2学年	4单元	3家
	数学	第1·2学年	4单元	4家
	外国语（英语）	第1·2学年	4单元	4家

表 4-13 2012 年数字教材研发统计

	科目	学年	单元	参与出版社数
小学	国语	第 3·6 学年 第 4·5 学年	4 单元 2 单元	3 家
	算数	第 3·6 学年	4 单元	3 家
初中	社会		地理部分 4 单元 历史部分 4 单元 公民部分 2 单位	4 家
	理科		第 1 部分 3 单元 第 2 部分 3 单元	4 家

表 4-14 2013 年数字教材研发统计

	科目	学年	单元	参与出版社数
小学	社会	第 3·4 学年	2 单元	4 家
	理科	第 3·4 学年	2 单元	5 家
初中	国语	第 3 学年	2 单元	3 家
	数学	第 3 学年	2 单元	4 家
	外国语（英语）	第 3 学年	2 单元	4 家

由文部省主持研发的数字教材主要功能包括：

缩放：可扩大画面；

语音：诗歌朗读或英语发音等；

动画：观看动态视频资料；

参考资料：观看纸质教材中没有的图像或资料；

书写：可在界面上划线或书写，增加批注、卡片、地图等；

作图：移动或绘制图像，变更数字调查不同的结果等；

文具：可在界面上使用分度器或指南针等；

保存：保存所书写的内容，可随时再次调用；

正误判断和比较：比较自己的答案与正确答案之间的差异，或语音识别自己的发音，自动进行发音检测。

（三） 应用方案

数字教科书应用方案主要有两种：第一种方案主要用于小学阶段，采用信息终端（个人笔记本电脑或者平板电脑）的浏览器登录指定电子教材的云服务器，即电子教材存储在云端的方式；第二种方案主要用于初中阶段，使用安装好电子教材及相关软件的信息终端，登录指定云服务器，即电子教材存储在个人客户端的方式。

学习者用数字教科书由数字教科书资源和数字教科书阅读器构成，两者均可独立使用，并添加学生辅助应用程序，与教师端和平台互换信息。

根据日本文部科学省公布的《数字教科书实践案例集》，学生用数字教科书的主要应用方法主要有 12 类，具体功能包括缩放、写入（插入笔记或标注等）、保存及再次显示、语音识别及朗读、背景及文字颜色的变色、假名标注（类似中文汉语拼音标注）、朗读（播放嵌入式声频数据、复读及跟读等）、增加笔记及检索、动画播放、练习测试、支持大尺寸设备显示、多画面信息共享等。

三 研发技术标准

（一） 技术标准

日本数字教材主要采用的电子教材研发标准如表 4-15 所示，而根据上智大学田村等的统计，电子教材所需主要功能有 52 项，见表 4-16。

表 4-15 日本电子教材研发标准

主导单位	文部科学省	总务省
研发机构	电通	日本教育信息化振兴会（JAPET）
研发平台	EPUB3	HTML5

表 4-16　电子教材主要功能列表

类别	项目	附加说明
身份验证	LMS 的身份验证（注册）	LMS 检查电子教科书用户是否在 LMS 上注册。
	联机身份验证	当用户连接到互联网时，发布者检查用户是否被授权使用。
	脱机身份验证	即使未连接到互联网，发布者也会检查用户是否有权使用。
版权	数字版权管理	电子教科书文件或包含内容的内容受到保护，不会在未经授权的情况下被复制（社会数字版权管理或商业数字版权管理）。
	侵犯版权情况下的使用限制	在侵犯版权的情况下，禁止演示或操作正文文本、媒体或屏幕图像。
内容演示	文本大小排列	用户可以更改正文文本的字体大小。
	特定语言的文本演示	竖写、红宝石、断字、竖写等。
	桌面支持	显示<table>键。
	多媒体播放（图片、电影、3D)	以 3D-TV、QuickTime-VR 或 VRML 格式进行多种多媒体播放。
	音频播放	音频文件格式为 MP3、WMA 或 QuickTime。
	交互式媒体操作	—
	页面移动	下一页、上一页或指定页码。
	TOC，从 TOC 移动到目标页面	目录
	脚注，从正文文本移动到脚注	页或节的脚注可能不同。
	Word 索引	—
	搜索文本	—
	打印页面	—
	复制文本	—

类别	项目	附加说明
相关信息	字典	—
	参考书	—
	参考书的选择	如果学习者有意挑选参考书，他就能够进行选择。
	网页链接	—
学习者添加的信息	添加、修改、删除或移动正文文本的注意事项	备注是学习者对电子教材的特定部分进行描述的文本（iBooks 的笔记有特定含义）。
	便笺包含图片	允许手写便笺，这对学生很重要。
	便笺窗口可移动或调整大小	—
	在便笺中搜索文本	—
	打印便笺	—
	添加或删除链接	—
	添加、索引、删除或移动书签	一本电子书上有多个书签选项。
	添加或删除下划线和高亮显示	在电子教材正文上加下划线和高亮显示。
	添加或删除到 Web 的链接	—
	添加、重播或删除音频备忘录	记录一个人的声音作为音频备忘录。
	添加信息索引	—
	添加时间点	—
学习支持	数据传输到服务器	自动或手动。
	用户指定的窗口配置	包括窗口分离和配置保存。
	tablet PC 中传感器数据的应用	触摸、加速、倾斜、GPS、摄像头等。
	链接或调用其他应用程序	iBooks：URL 方案
	屏幕图像捕获	—
	自动或手动更新 e - Text 内容	教师、管理人员或学习者可以选择"自动"或"手动"。
	公告板	来自教师和学校的信息公告栏。

类别	项目	附加说明
学习支持	讨论板	用于学习者间的协作学习或主动学习，允许学习者编写、更新和删除。
	问答板	—
	时间表	学员课程表。
	测验的自动判断	—
	学习历史管理	教师或学习者都能回顾学习历史。用于教师评分或学习者的自我管理。
	数据库管理	能够在 LMS 或管理服务器上进行管理的班级名单。
内容和平台的限制	文件格式	电子教材档案是以事实或法律为标准的。
	尺寸和重量	使用设备（笔记本电脑或平板电脑）在重量和尺寸上适合用户的容量。
	电池	电池容量足够支持全天的学习活动。
	用户界面	用户友好的人机界面，例如可轻松开关机、支持垂直书写等。
	网络	PC 已连接到网络。

以 EPUB 标准为例，主要涉及相关技术如图 4-20 所示。

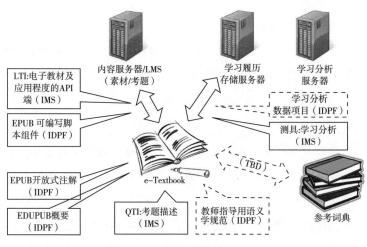

图 4-20　电子教材研发相关技术标准

（二）存在的问题

根据《教科书无障碍法》规定，为制作可缩放的教科书，由日本文部科学省统一提供 PDF 数据。因此，电子教材中所用的教科书数字化数据原则上应该由日本政府认证后统一提供，但其中存在几个重大问题。

1. 数据格式

由文部科学省提供的 PDF 格式数据主要由设计类软件（如 Adobe In Design 等）制作而成，文本与其他图像动画等元素掺杂在一起，导致过于分散，难以提取，特别是在利用语音识别阅读时，需要额外提取文本信息，很难完整阅读一个段落。

2. 日语文本

由于日语具有汉字、假名等多类表记符号，还存在多音字、字符断句等情况，其语言的特殊性导致在语音识别、盲文转化上本身就存在一定的数字化困难，国际上常用的 DAISY 基本上不制作声音数据，英文等单一表记符号语言只需要采用语音合成软件制作语音识别功能，而日语文本还需要增加额外的人工录音和自动识别等功能。

3. 著作权与数据管理

日本著作权法仅提及"对阅读有困难的人"可以免费使用版权，不利于细分教育中电子教材的应用场景，导致电子教材制作方担心造成侵权，从而影响编撰的内容和形式。

4. 系统平台的差异

目前在日本主要采用两个方式进行教科书的数字化数据应用，一种是个人或学校自行扫描后小范围用于教学，另外一种则是由公共图书馆或学校图书馆等被特批认可的机构（包括日本 DAISY 联盟等各类团体）提供数字化信息。教材制作方并不直接提供全套数字化数据，这就导致应用范围难以扩大，还需要大量后期人工操作，而师生却不具备相关信息技术能力，缺乏技术层面的支持。

5. 数据应用系统

学校多采用 Windows 系统，而平板电脑则采用 iOS 或 Android 等各类系统，在不同操作系统之间如何顺利灵活切换，使得数据可以支撑多元化的操作系统也是一个巨大的难题。

四 版权及管理机制

日本数字教材版权主要涉及"著作权法"，涉及小初高数字教科书的内容由文部科学省统一审定，而教材发行商则拥有教材内容的相关知识产权，在学校教育应用时，部分特定情况可以对教学内容进行数字化数据处理，限定在课堂上无偿使用。而教师用和学生用数字教科书所涉及的内容均严格要求与纸质版教材一致，版权均在纸质版教材发行商手中，其审查标准也严格按照纸质版教材进行。因此，只有非日本政府官方定义的其他数字教材才可以自主设计教材内容。

而在知识产权保护方面，为保障教育的公平性，针对残障人士的数字化书籍，日本文化厅在《著作权法部分改正（2010 年 1 月 1 日起施行）》第 37 条第 3 项、第 37 条第 2 款等法规中规定，为确保残疾人士使用数字信息的机会，可扩宽数字化书籍的适用对象，允许面向公众的数字化数据传播，并且学校图书馆可以向残障儿童提供数字化数据。

另外，由于日本并不重视数字教材理论研究，主要通过政府项目引导，教材发行商进行独立研发，经文献检索后，并未发现相关理论。

日本的电子教材具有非常严格的法律法规限制，并通过国家项目示范性地初步建立了行业标准，有利于进一步开展电子教材的研发和普及。

第五章　在线教育与教育的多元化

第一节　在线教育的特点与趋势

一　日本在线教育的发展历程

日本在线教育可追溯到 20 世纪 40 年代的通信教育，当时的主要媒介手段为邮政通信、广播、电视等，随着信息通信技术的发展，20 世纪 80 年代出现了利用计算机内部网络开展教学实践的案例。1984 年，日本大学 Unix 网络（Japan University/Unix NETwork，JUNET）开始运营，标志着互联网连接服务在教育界的普及；至 20 世纪 90 年代中期，Unix 网络取代了昙花一现的计算机内网，至此，基于互联网的 e-Learning 成为日本在线教育的主要手段。长期以来，日本信息通信技术一直处于世界领先地位，日本政府早在 1994 年便将其定位为国家战略产业，但由于学校教育相关的法律法规变革迟缓，且教育信息化软硬件设施所需经费开支甚大，使得日本在线教育的发展历程有着不同于其他国家的特殊之处。

（一）通信教育

日本的通信教育指的是采用邮政或信息通信手段开展的教育活动，涉及《社会教育法》《学校教育法》等法律法规，由日本文部科学省等机构出台相关政策进行审批和认定，如表 5-1 所示。

表 5-1　日本的通信教育

类型	内容	主办单位	授课形式
学校通信教育	根据《学校教育法》，由学校开设的通信制课程，开展学历教育	中学、特别支援学校、大学等	以邮政、广播、电视为主，网络为辅
社会通信教育	根据《社会教育法》，由社会组织、团体、学校等开设的非学历教育课程	文部科学省认定单位（如学校、一般社团法人、一般财团法人等）	以邮政、广播、电视为主，网络为辅
		非文部科学省认定单位（如企业等）	形式自由

1. 学校通信教育

学校通信教育主要以学历教育为主。在初、中等教育阶段，较有代表性的学校通信教育是自 1953 年开始播出的"通信高校讲座"，由日本放送协会（Nippon Hoso Kai，NHK）制作播出，主要目的是弥补当时成人学历教育的不足，通过收听或收看讲座修满学分后即可获得学历证明。随后，学校通信教育逐渐走向正规化，如 1962 年专门成立了"学校法人日本放送协会学园"（即现在的"NHK 学园高等学校"），用来进行课程的录制和学历的认证，设有 3 年制的普通科、2 年制的专攻科和 1 年制的别科，基本涵盖高中阶段的所有科目，另外还包括部分职业资格课程。受信息技术发展的影响，2003 年日本开始利用互联网进行在线教育，目前设有网络学习、海外学习、登校、教养等七类课程，学生可通过广播电视和专用网站"N-gaku Online Space"进行各类课程的学习，亦可登陆网站进行复习、记录、提问、完成作业等，最后到学习中心参加笔试获得学分。

在高等教育阶段，日本的大学早在 1947 年便由法政大学开始了大学通信教育课程，1950 年庆应义塾大学、中央大学、日本大学等高校开设的通信教育课程被政府正式认可为学位课程。1981 年日本放送大学成立后，在全国范围内设置学习中心，与 NHK 等电视台合作播放视频课程，目前设有本科和硕士学位课程，专业包括生活与福祉、心理与教育、社会与产业、人类与文化、自然与环境等。随着互联网的普及，日本放送大学也开始采用互联网开展在线授课，可完成授课视频收看、测验及课程论文的提交、在线讨论等学习活动；每次课程约 90 分钟，包括收看视频 45 分钟、讨论和测验 45 分钟。但受《放送大学学园法》等法律的限制，日本放送大学在原则上仍然要求以广播电视视听为主，因此要想获得学位，七成以上的学分必须通过广播电视形式的课程学习获得，而在线课程最多只能占整个学位课程学分的三成。

根据日本文部科学省相关政策规定，虽然利用包括网络在内的多媒体进行的学习可计入学位课程学分之中，但以在线教育形式完成所有课程并颁发学位的案例尚属少数，故整体而言，日本大学中的在线教育主要还是作为学历教育的扩展方式而存在。随着互联网的普及，2000 年以后日本采用宽带开展 e-Learning 的大学逐渐增多，并成为了日本高等教育在线课程兴起的主要标志。从学位课程的角度来说，最具代表性的是早稻田大学人间科学学部于 2003 年成立的"e-school"，设有人类环境、健康福祉、人类信息等学科，学习方式主要为在线收看课程视频、基于 BBS 在线交流、在线考试以及提交课程报告。与日本放送大学不同的是，早稻田大学"e-school"的所有学位课程均可通过在线学习完成，修满学分后即可获得学士学位，是日本目前少有的在线学历教育类课程。与此类似的还有由软银（Softbank）公司于 2006 年出资设立的通信制大学（Cyber University），通过专用云教育平台"Cloud Campus"和基于智能手机的应用软件"CC Handy"提供在线教育课程，设有 IT 综合和世界遗产两个学科，主要为社会人士进修提供学历教育，培养技术性人才。

值得一提的是，由于 1998 年大学院（即研究生院）设置基准变更，因此日本于当年设置了通信制大学院，1999 年日本大学、佛教大学、明星大学等率先授予通信制硕士学位，至 2003 年博士学位亦可通过通信教育获得。而硕士学位课程的学习时间较短、设置更加灵活，故设置此类课程的学校比设置四年制本科学位课程的学校更多，尤其是经费短缺的私立大学，更是成为积极利用通信教育开展学历教育的主要群体。

2. 社会通信教育

社会通信教育是指基于 1949 年颁布的《社会教育法》，由学校、社团组织等开展的非营利性的教育活动，属于非学历教育，主要由文部科学省进行资质认定。截至 2016 年 7 月，共有 25 个团体（如财团法人社会通信教育协会、一般财团法人日本通信教育学园等）开设的 109 种课程（属于非学历教育类课程，主要包括经济法律等事务类、机械通信等技术类、语言书法等生活技术与教养类课程）逐渐采用在线教育形式，2014 年度听课人数有 5 万余人。

（二）企业教育

除了上述需政府认定的通信教育，日本的企业及各类团体也积极开展各类形式的在线教育活动。由于不涉及学历学位和学分认证，无须向政府申报审批，且开设形式自由简单，故各类在线教育平台层出不穷。日本在线教育服务分类如图 5-1 所示，其中，"N-Academy" 是 2009 年由日本电报电话公司（Nippon Telegraph Telephone，NTT）公司主导成立的在线教育平台，主要通过有偿服务提供由签约讲师或单位进行授课的在线课程，截至 2017 年 6 月底已有技术资格、外语、家教等 207 类课程和 23 万多名会员，成为日本 B2C（Business to Costomer）类规模最大的在线教育平台。此外，由非营利性组织免费提供中小学在线课程的 eboard、由企业有偿提供在线课程的 studysapuri 和 surala 等平台，是拥有数万用户的中小规模在线教育平台。

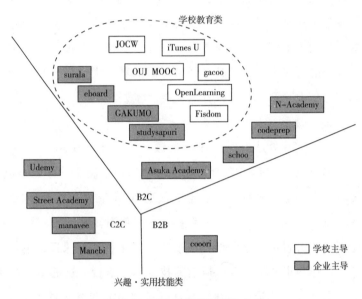

图 5-1　日本在线教育服务分类

在 C2C（Costomer to Costomer）市场上，美国在线学习平台 Udemy 于 2015 年进军日本市场，并与日本教育类公司 Benesse 合作，提供个人在线课程，任何人注册后均可在线开设课程，而听课者可付费购买课程，课程主要包括中小学应试教育、外语、IT、商务等考试技能类。同种类型的还有 Street Academy、Manebi 等平台，也均为收费模式。此外，还有采用 B2B（Business to Business）模式的 Cooori 在线教育平台，主要由运营企业向各类公司提供英语培训类课程。

值得一提的是，日本在线教育市场的竞争比较复杂，由于无须接受政府认证而导致社会认可度不高，且前期投入和后续维护的成本巨大、经营模式的可复制性较强，故目前的在线教育平台尚没有形成有效的产业化盈利模式，失败案例屡见不鲜。如由移动通信公司提供的基于智能手机终端的在线教育平台 GAKUMO 原本提供初、高中在线教育课程，但自 2013 年开始后仅一年的时间便宣告停运。再如由东京大学在校生于 2013 年开设的在线教育平台 Manavee，在创业之初也免费提供在线高考应试教育课程，最高峰时有来自全日本数十所大学的 300 多名师生志愿者在线授课，课程数量接近 6000 门，受众有数十万人次，但随后由于 NPO 法人化、资金链断裂、师资力量不稳定、课程内容杂乱等诸多原因，仅四年的时间便宣告停运。

（三）开放教育

进入 21 世纪后，日本教育界意识到必须打破学校教育的封闭性，使其与社会需要接轨，由此开始着手各种教育改革。随着美国开放教育资源（Open Educational Recourses，OER）相关研究的兴起，日本也意识到了 OER 的重要性，于 2004 年 11 月在东京召开了国际开放课件（Open Course Ware，OCW）研讨会；在美国麻省理工学院的建议下，2015 年由大阪大学、京都大学、庆应义塾大学、东京工业大学、东京大学和早稻田大学 6 所一流大学联合成立日本开放式课程联络会；2006 年，第一届 OCW 国际会议在京都大学召开，会上宣布成立国际开放课件联盟（Open Course Ware Consortium，OCWC）；同年，北海道大学、名古屋大学和九州大学等大学加入，正式成立日本开放课件联盟（Japan Open Course Ware Consortium，JOCWC），由参与院校出资架设教育资源共享平台，对外公开大学课程，鼓励教师上传课件，实现在线公布教学视频，免费提供教学资源和跨校信息检索等服务。截止到 2012 年 6 月底，JOCWC 参与院校已有 22 所，共公开 3061

门课程，访问量累计达数百万次。但是，由于九成以上课程仅采用日语授课，且缺乏统一的系统平台和后续维护，课程也缺乏连贯性和互动性，影响力比较有限。不过，JOCWC 作为由日本一流大学自主发起的开放教育组织，在日本高等教育改革中极具开拓性和革新性，促进了日本高校数字化教学资源的建设。

随着 2012 年开放教育的新形式——大规模开放式网络课程（Massive Open Online Courses，MOOC）在美国的兴起，日本逐渐认识到了 OCW 的局限性及其组织的松散性。自美国的 edX、Coursera 等 MOOC 平台出现后，日本东京大学、大阪大学等高校也陆续参与进来。2013 年，日本本土化的 MOOC 组织——日本开放教育推进协议会（Japan Massive Open Online Courses，JMOOC）正式成立，参与单位不仅包括 40 多所大学和数家科研院所，还包括各类企业、协会等机构，已成为当前日本最大规模的 MOOC 组织。JMOOC 提供 Gacco、OpenLearning、OUJ MOOC、Fisdom 四个在线教学平台，设有 140 多门课程；截至 2017 年 6 月底，听课人数已累计超过 60 万。与上述通信教育和 OCW 不同的是，JMOOC 属于社会性公益组织，大部分课程均为免费或低价收费，教学模式也不再局限于在线学习和交流，而是同时采用了课堂集中授课、翻转学习、混合学习等方式，课程考核合格后还会颁发学习证明。虽然部分课程作为研究实践被应用在学校的课程中，但由于未受到文部科学省的正式认定，仍不属于学历教育课程，因此听课自由，所获履修证明的社会认可度不高，课程完成率不足一成。

此外，日本高校内部的在线教育实践还采用了小规模限制性在线课程（Small Private Online Course，SPOC）形式。根据大学信息通信技术推进协议会的调查，日本约四成的大学均采用在线教育。除各大高校通过设置教学教务系统开展在线教学外，还有多校联合的在线教育实践。其中，比较典型的是由北海道七所大学联合授课的"北海道国立大学教养教育联盟"，其特点是在统一的双向远程教育平台上由各校提供教养教育类课程（类似于我国的基础通识课程），七所大学的在校生均可自行选择且学分互认，采用在线视频、实时远程授课、翻转课堂等多种形式开展学位课程的学习。

除上述以学校为主体的开放教育外，日本政府和各类组织也开展了类似的开放教育活动。如日本总务省"u-Japan"项目中的互联网市民塾，自 1999 年起开始在富山市、和歌山市等地由政府、学校和企业等合作，以志愿者讲师的形式开展以职业技能类为主的学习讲座，所有课件完全免费，截至 2016 年底累计受众达 40 万余人次。此外，还有诸如基于 iPod 的 Podcast 语音教育资源，基于智能手机的 iTunesU 提供大学和 JOCWC 的教学资源，基于在线视频网站 niconico、YouTube 的视频课程，日本版 TED 的在线演讲视频 TEDxUTokyo，以知识地图概念为基础的 ShareWis，以初、中等教育为对象的 Wiquitous 等，组成了多元化的开放教育平台。

二　日本在线教育的特点分析

（一）定义模糊、理论研究欠缺

日本学者一般将在线教育定义为采用网络开展的教育和学习活动。但在日本文部科学省制定的政策文件中，尤其是涉及学校设置及学历教育标准时，并不采用"在线教育"这一术语，而主要采用"媒介"来指代非课堂授课的信息通信技术手段，同时也要求采用"媒介"的课程必须尽量接近课堂授课的形式，如要求保证授课时长、师生交流、考核报告等，使得日本各类教育机构如日本放送大学等在设置学历教育课程时受到很大的限制。因此，若想将在线教育纳入学历教育范畴，首先必须修改相关的法律法规——其中的难度可想而知。另外，e-Learning 是指采用信息技术开展的学习活动，这一定义早已被日本教育界和政府广泛接受；而在广义上，e-Learning 也包含了基于网络的在线教育，因此日本学者提及信息技术学习活动的理论和研究明显偏多，而涉及在线教育的理论研究还比较欠缺，且鲜有文献讨论两者的差异。

（二）教育改革进展缓慢，但商业化市场活跃

日本政府计划于 2020 年前在义务制教育中实现信息化设备学生人手一台，且一直在积极推进教育信息化。但由于日本学校受到诸多法律法规和政策的限制，其教育改革仍以政府为主导，学历教育改革进展缓慢，在线教育也仍被视为传统课堂教学的辅助手段。因此，日本在线教育市场主要体现在学校教育之外，基于信息通信技术的多元化教育模式极大地促进了考试培训、兴趣爱好、职业技能等商业化市场的发展。据矢野经济研究所调查，日本 2016 年的 e-Learning 市场规模为 1767 亿日元，主要来源于 B2C 和 C2C 市场，约占整个教育产业的一成——这一方面体现了日本在线教育发展缓慢，另一方面也从侧面说明了日本在线教育还有充分的发展空间。企业培训大量采用在线教育以降低成本，将培训和考核内容外包，已成为日本的一种趋势。个人或企业通过在线教育，可以实现定制化教学和定向培养，也有利于提升职业价值和核心竞争力。

（三）开放教育发展迅速，但前景并不明朗

近年来，开放教育在日本获得了长足发展。不少高校纷纷采用公开课程和教材的形式，努力向国际化和社会化方向发展；同时，"产官学"联合，在 OER 开源标准、开源数据、开源平台等方面积极开展各类研究实践活动，从而为在线教育的进一步发展提供了诸多机遇。但实际上，由于盈利模式不明、缺乏政府的

有利支持，即便是日本规模最大的 JOCWC 和 JMOOC，也面临着组织体系松散、资金短缺、教员缺乏、教学效果不明朗等诸多难题。

三　对比及启示

对比中日在线教育的异同、总结日本在线教育的经验教训，对我国今后在线教育的实践和政策规划具有重要的参考价值。

（一）教育改革

如前所述，由于受法律政策等的限制，日本学校的在线教育改革迟缓，导致学历教育远远跟不上市场的发展。而中国在 2014 年随着"利用互联网实施远程高等学历教育的教育网校"审批的取消，在线学历教育市场全面放开。2016 年，中国在线教育市场的规模达 1560 亿元，是日本的 10 倍之多，并且其中涉及学历教育的部分就占了 5 成——这是日本在线教育所无法企及的。但是，日本以学历教育为目的的通信教育在取得学位上的要求甚至高于学校教育，以日本放送大学学位课程为例，若想获得该校的学士学位，学生必须收看所有在线课程——所有在线课程均由 NHK 电视台参与制作，代表着日本最高级别的电视节目制作水平，采用的是日本一流的师资力量和录制团队；完成所有在线课程学习后，学生还需前往指定考试中心参加笔试。相比较而言，中国的学历教育还有待提高在线课程的录制水平，从长远角度来说，不能以牺牲教学质量来提高教育产出，不仅要在学历教育认证方面严格把关，还需在在线课程质量上下大功夫。

（二）人才培养

日本的在线教育在人才培养上注重提高学校教育的教学质量、培养学生的宽阔视野，并在社会职业教育、兴趣爱好等终身学习方面拥有很多典型的案例。相对而言，中国虽然也有如教育部的"国家精品开放课程建设项目"、企业参与的网校建设、K12教育中的线上辅导平台等，但其学习内容主要集中在面向青少年和社会成人的学历教育、考试资格、学习工具等方面，很少看到有如日本非营利组织和社区学习共同体性质的公益型在线教育平台，忽略了地区建设与在线教育的关系。今后，我国需将终身学习和地区建设纳入在线教育体系，积极利用在线教育的优势和特点，吸收并培养来自各领域的研发人员和授课人员，在社会资源共享、社会责任和科学知识宣传、高龄人士及残障人士服务等方面做出更多贡献。

（三）教学资源与模式

在线教育最大的特点是教学资源的数字化，尤其是开放教育，更是具有开放登陆（Open Access）、开放许可（Open License）、开放共享（Open Sharing）等特点。日本在教育资源开发方面拥有较多优秀的案例，如以日本文部科学省和总务省为主导开发了统一规格的数字教材和教育云平台，强调教育的均质化，在各类数字教材和信息化设备配置上基本做到了全日本统一。此外，日本各类协会也积极参与各类教学资源标准的制定和建设，如数字教材制作标准、在线视频录制标准、开源数据（Open Data）标准、教育生理指标评测标准等。而中国由于地区差异较大，很难做到教育均一化，经济发达地区的教学资源远比偏远贫困地区要多，教学资源标准化建设方面的研究和实践也较鲜见，因此，中国有必要积极借鉴日本的相关经验，努力加快教学资源标准化的制定，避免重复建设。

最近兴起的O2O（Online To Offline）结合线上教育和线下辅导的模式，在一定程度上缓解了在线教育交流互动难度大、问题解决延迟等弊端。日本的 Benesse、ECC 等大型教育集团在 O2O 模式上投入了不少资金和人力，但效果并不明显。尤其是受少子化、老龄化的影响，日本在线教育出现了用户增长放缓、投资回报率偏低等问题，导致部分不适应市场变化的平台陆续退出市场。目前，日本的在线教育市场仍以 B2C 模式为主，市场投资较为谨慎，诸多教育相关行业协会和学术团体的参与使日本市场趋于平稳。反观中国市场，不仅竞争激烈，还存在诸多中小型在线教育平台盲目跟风和炒作概念的现象，政府和社会团体在市场引导和行业规范方面存在不足，在师资认定、行业标准、教育体制、著作版权等方面也有待进一步完善。

第二节　疫情下中国在线教育状况

一　背景分析

根据中国《经济日报》的报道，新冠肺炎疫情已造成中国大约 2.7 亿名在校学生无法进行正常的教育活动。为此，2020 年 1 月 27 日中华人民共和国教育部发布了《关于 2020 年春季学期延期开学的通知》，要求部属各高等学校、地方所属院校、中小学校、幼儿园等适当推迟春季学期开学时间。多地暂停线下培训活动，并利用互联网和信息化教育资源为学生提供学习支持。教育部在 2020 年 1 月 29 日制定"停课不停教、停课不停学"在线教育应对策略，对国家、地方有关教育资源进行统筹。该措施主要以国家网络云课堂、"一师一优课、一课一名师"项目的教育资源为基础，提供可以覆盖中国各地的优质在线教育资源。截至 2020 年 2 月 2 日已组织 22 个在线课程平台，免费开放在线课程 2.4 万余门，覆盖了本科 12 个学科门类、专科高职 18 个专业大类，供各级学校选择使用，其中不少课程都可以累计学分。2020 年 2 月 4 日教育部发布了《在疫情防控期间做好普通高等学校在线教学组织与管理工作的指导意见》，强调中国各地要实施"一地一策""一校一策"，并制定了九条措施安排。随着"停课不停学"在线教育应对策略的开展，教育部办公厅从总结典型经验、提供借鉴参考的指导服务目的出发，于 2020 年 2 月 27 日印发《关于深入做好中小学"停课不停学"工作的通知》，就有序、有效、深入开展"停课不停学"工作提出包括针对偏远农村地区的"统筹利用电视和网络资源"、针对课程内容的"战'疫'专题教育"、针对学生学习特点的"灵活授课方式"、针对教育资源协调的"国家平台与本地资源的统筹安排"、针对授课教师的"教师分工安排"、针对教学管理的"在线教学行为的指导"六项措施。经过几个月的"停课不停学"实践，中国积累了宝贵的实践经验，2020 年 3 月 13 日由北京师范大学智慧学习研究院和联合国教科文组织国际农村教育研究与培训中心一同举办"How to Keep Students Learning during Schools Disruption in COVID - 19 Situation（教育战疫，停课不停学）"国际在线研究会，发布《弹性教学手册：中国"停课不停学"的经验》，并通过联合国教科文组织教育信息技术研究所官方网站向全世界介绍中国实践经验。

二 在线教育的主要平台和技术

围绕在线教育应对策略的讨论，主要集中在宏观的政策解读、问题及改善举措；中观的在线教育平台建构与技术保障；微观的在线教育方式、学习方法及教育培训三个方面。同时，中国将在线教育的受众分为高校和中小学、幼儿两大类别，由国家的总体指导意见和"一地一策"的地方特色措施共同组成了中国在线教育的应对策略。此外，为应对偏远农村等无网络或信号弱地区在线教育的现实难题，中国拓宽学习资源渠道，统筹教育资源，将城市与农村在网络资源方面的差异纳入应对策略之中。

疫情期间中国在线教育所面临的困境有：一方面有其他国家所遇到的共性挑战，如承担大规模数据访问与传输的在线教育网络保障是否可靠、教师的在线教育的信息化能力是否能够满足在线教育的要求等；另一方面也涉及中国所特有的难题，比如协调本地学习资源与统筹全国教育资源相结合。下文将从在线教育的媒介平台、学习工具、教育资源、学习方式四个方面出发，对除香港特别行政区、澳门特别行政区及中国台湾省外的22个省、5个自治区、4个直辖市的"停课不停学"在线教育策略进行案例分析。

（一）媒介平台与学习工具

目前，从专家学者对中国"停课不停学"在线教育应对措施的研究看，媒介平台与学习工具的研究获得极大的关注。首先，2020年2月13日，中华人民共和国教育部在回应学校疫情防控12热点的国务院联防联控新闻发布会上，就对"停课不停学"策略中在线教育应对措施进行了说明，"停课不停学"是一种广义上的应对策略，不仅仅是单纯的网络授课学习，还要与居家学习的环境、特点相结合。所以，中国各地方结合自身的实际情况，对在线教育进行积极的探索，形成了许多有价值的实践尝试。

第一，疫情期间的在线教育应对措施是一种超大规模互联网教育实践活动。从大规模互联网教育组织的视角出发，疫情期间的在线教育应对措施是否能够有效地支撑"停课不停学"应对策略的实施，对其核心构成要素的分析不失为一种有效评判方法。黄荣怀等通过案例分析将在线教育平台的"流畅性"和学习工具的"便捷性"作为在线教育实践活动的核心构成要素之一。因此，在面对区域与城乡差异，进行在线教育平台和工具的选择时，平台和工具本身所具有的"流畅性""便捷性"成为一种衡量尺度。

疫情期间中国各省份在开展各级各类学校的在线教育时，都将网络通信平台和学习工具的流畅度作为选择的标准，流畅度也成为确保在线教育策略成功运行的根本保障。根据《第 44 次中国互联网络发展状况统计报告》，截至 2019 年 6 月，中国固定网络用户为 8.54 亿，普及率达 61.2%，平均下载速度为 31.34Mbps；移动网络用户为 8.47 亿，平均下载速率为 23.01Mbps。因此，大规模在线教育开展势必会受限于流畅性不足，也会影响在线教育平台和教学工具的教学效果。为此，一方面教育部与工信部共同组织互联网企业，协调电信企业调整带宽和短信资源，重点确保了国家中小学网络云平台的流畅度。据人民网报道，截至 2020 年 3 月 24 日在线教育平台运行平稳流畅，累计访问量达 7.75 亿人次，可以满足 5000 万学生同时在线学习。为此，国家中小学网络云平台成为中国各省份首选平台。另一方面各省份也采取了符合各自情况的应对措施。如黑龙江省对省内哈尔滨、齐齐哈尔、佳木斯、大庆等城市进行了互联网数据负荷压力的测试，与电信运营企业共同建立网络运行监测数据制度，并推出中小学师生专属的优惠流量包及 0 元 20G 的贫困家庭免费流量包措施。面对互联网基础设施的限制和偏远地区无网络的现状，有线电视和卫星电视的直播和点播视频课程成为重要的补充。本书通过对中国各省份"停课不停学"在线教育平台的使用情况统计分析，发现目前在线教育平台包括三个部分，第一，教育部推荐在线平台。如国家中小学网络云平台、中国教育电视台第 4 频道。这类在线学习平台集合了全国优质的教育资源，建设周期和运营时间长，在实践操作和运行管理方面具有良好的平台稳定性。加之成熟的学习平台不需要额外的资金投入，但因这类在线平台的使用人数较多，也会带来网速慢、学习体验效果差等负面影响。第二，各省份已有的在线教育平台。如北京市的北京数字学校网站、上海市的上海开放大学在线学习平台，该类在线教育平台一方面拥有丰富的教育资源和成熟的保障体系，可以迅速投入使用，但另一方面因为区域特色较为明显，在全国推广度和实用性上具有一定局限性。第三，基于已有网络教育资源开发的在线平台。如各省份通过各自的电视、网络资源搭建的"空中学堂"平台，因为这类在线平台与各级地区的教育资源、师资配备及学习进度的吻合度高，能够考虑各地各级学校的实际境况，充分发挥"一校一策"的优势，在教学效果方面具有良好的实用价值。中国各省的在线学习平台使用情况如表5-2所示。

表 5-2　基于中国部分省、自治区、直辖市的在线学习平台使用情况统计

省份	在线学习平台	省份	在线学习平台
吉林省	国家：国家中小学网络云平台、中国教育电视台第4频道	新疆维吾尔族自治区	已有：新疆教育科学研究院官方网站
	自建：希沃云课堂、知识胶囊		自建：新疆教育电视台、新疆基础教育公共资源平台
广西壮族自治区	国家：国家网络云课堂	青海省	国家：国家网络云课堂、中国教育电视台、"人教点读"数字教学资源库
	自建：广西广电网络、广西移动魔百、壮观客户端		
云南省	国家：国家网络云课堂	西藏自治区	国家：中国教育电视台第4频道
	自建：云南教育云、云南省"云上课堂"教育平台、腾讯教育在线课堂平台		自建：西藏教育珠峰旗云平台
湖南省	国家：国家网络云课堂、人人通、湖南电信、湖南移动、长沙广电等互联网电视（IPTV）	黑龙江	国家：国家中小学网络云平台、中国教育电视台第4频道
	已有：北京101网校、北京四中网校		自建：天翼云课堂
	自建：长郡卫星远程学校、电子书包、腾讯空中课堂、云视讯等平台		

省份	在线学习平台	省份	在线学习平台
内蒙古自治区	自建：自治区教育云平台、广电网络的悦互动平台	湖北省	自建：湖北教育云、湖北省中小学线上教学平台、长江云TV
北京市	已有：北京数字学校网站 自建：歌华有线电视（"教育—北京数字学校"栏目、学习e网通"教学资源平台网站、"在线教学平台"（朝阳区）、"直播课堂"（密云区）、中小学资源平台（海淀区）	天津市	已有：天津市基础教育资源公共服务平台、开放学堂"学习平台（天津市中小学数字图书馆）
福建省	已有：福建省教育资源公共服务平台、厦门i教育综合服务平台 自建：智慧校园版钉钉管理平台	山东省	国家：国家教育资源云平台 自建：山东省教育云服务平台、山东省教师教育网、山东各地空中课堂网站、济南教育资源云平台
山西省	自建：太原教育电视台和广电云、APP客户端"学习通"、晋中广播电视台公共频道、视听晋中手机APP或晋中视听网、运城市智慧教育云平台等	河南省	国家：中国大学MOOC等主流慕课平台 已有：河南省基础教育资源公共服务平台 自建：河南省中小学数字教材服务平台
江西省	自建：广电网络有线电视、江西IPTV（中国电信）、中国移动互联网电视、"赣教云"平台	海南省	国家：国家中小学网络云课堂 自建："海南云课堂"在线教育平台、知行云平台、阿里钉钉在线课堂、超星学习通、腾讯课堂
广东省	自建：智慧教育公共服务平台、粤教翔云数字教材应用平台	重庆市	国家：国家网络云课堂 已有：重庆市基础教育资源公共服务平台

省份	在线学习平台	省份	在线学习平台
四川省	已有：四川省教育资源公共服务平台	贵州省	自建：阳光校园·空中黔课
陕西省	自建：陕西省教育厅在线开放"名师资源"平台	上海市	已有：上海市民终身学习云"空中课堂"、上海开放大学在线学习平台
			自建：科大讯飞"智慧空中课堂"
江苏省	自建：江苏智慧教育云平台、"锡慧在线"名师课堂平台、扬州"智慧学堂"	浙江省	自建："之江汇教育广场"在线教育平台
辽宁省	自建："辽宁优质教育资源在线服务联盟"平台	河北省	自建：河北省在线教育教学服务平台
宁夏回族自治区	自建：宁夏教育电视台空中课堂	安徽省	国家：国家网络云课堂
			自建：云视讯同步课堂、钉钉"空中课堂"教学平台、芜湖智慧教育平台
甘肃省	自建：钉钉在线教育服务"云课堂"		

第二，疫情期间的居家学习，成为在线教育平台和学习工具的核心使用诉求。教育部办公厅印发的《关于深入做好中小学"停课不停学"工作的通知》中，提及了"对线上教育规律与特点认识不足""教学互动交流不足""教师信息技术能力不足"等居家学习的难题，问题主要集中在学生的自主学习能力方面。从社会认知理论看，居家学习与自主学习对学生学习能力的要求具有极高的吻合度，自主学习不仅是居家学习的必要条件，也是在线学习的前提和基础。美国著名自主学习研究者齐莫曼将"选择参与""选择方法""控制时限""控制学习结果""控制物质环

境""控制社会环境"这学习任务六个条件看作判断自主学习是否发生的关键（Zimmerman，1986）。本书将目前广泛使用的在线学习工具与自主学习是否发生的六个条件进行对比分析，以便获得对当前在线学习工具与自主学习匹配情况的特征分析。

学习工具不仅是指学习者搜索与获取信息的工具，还包括对信息进行加工、处理及发布的工具。疫情期间在线教育学习工具的选择，一方面要考虑工具与教育方式的契合度，能否帮助老师和学生进行教学活动的开展和互动交流的实现；另一方面也要考虑到居家学习时影响自主学习的要素。在疫情暴发之前，在线教育学习工具市场各种学习工具层出不穷、良莠不齐。为了更好地推动在线教育学习工具市场的发展，为教师、学生及家长在选择学习工具时提供参考，教育部于 2019 年 12 月 16 日公布了首批教育移动互联网应用程序备案名单，共 152 款学习工具获得备案，并成为疫情暴发时各省份选择学习工具的主要依据。此外，通过对各省份在线教育学习工具的使用情况调查，发现微信、阿里巴巴钉钉、腾讯 QQ、超星学习通、教育部云课堂、各省份推出的学习工具、腾讯课堂、沪江旗下实时互动教育工具 CCTALK、知识分享与传播的学习工具 UMU、清华大学和学堂在线推出的雨课堂、教育网 ZOOM 视频会议及在线直播工具、希沃云课堂等成为主要的学习工具。

如表 5-3 所示，通过对在线学习工具与自主学习发生条件的匹配分析，发现目前学习工具只满足了"选择方法""控制社会环境"两个条件。在"选择方法"方面，如腾讯课堂、超星学习通、阿里巴巴钉钉、清华大学和学堂在线推出的雨课堂、知识分享与传播的学习工具 UMU、希沃云课堂等，因具备直播和录播的技术功能，在具体的在线教育活动中教师和学生的选择自由度大。同时，以微信、腾讯 QQ 为代表的视频会议直播类学习工具，完全以教师为主导，学生对学习方式的把控力弱，所以在通过这些工具进行在线教育时，满足学生自主学习的"选择方式"条件不足，产生了自主学习的阻碍因素。在"选择社会环境"方面，如教育部云课堂、各省份推出的学习工具、清华大学和学堂在线推出的雨课堂等，它们的学习受众群体广泛，学习参与的开放性较高。其中教育部云课堂是比较成熟的运行工具，功能较为齐全，能够实现大规模的交流互动，形成了促进学生自主学习的有利条件。根据对比分析可以看出，目前大部分学习工具无法同时满足自主学习发生的所有关键条件，主要包括缺失学习动机、学习时间、学习结果、学习环境四个方面，从而形成了阻碍自主学习发生的抑制因素。

表5-3 中国部分省、自治区、直辖市的在线学习工具
与自主学习的匹配情况

自主学习的关键条件	问题层面	为什么学？	怎么学？	什么时间学？	学什么？	在哪里学？	都由谁来学？
	心理层面	学习动机	学习方法	学习时间	学习结果	学习环境	社会性
	内容层面	选择参与	选择方法	控制时限	控制学习结果	控制物质环境	控制社会环境
"停课不停学"的学习工具	基本情况	1. 维护教育公平 2. 心理健康教育 3. 梳理正确的价值观 4. 完成学校学习任务	1. 同步教学直播 2. 异步课堂录播 3. 多元混合教学	课程时间一般在20分钟左右	1. 先进事迹教育 2. 防疫知识 3. 公共安全教育 4. 心理健康教育 5. 学校教育任务等	居家学习	1. 所在学校班级的在校生 2. 各省、市、地区的在校生 3. 全国各级学校的在校生
	功能特征	自主决定是否参与学习	自主选择学习方法	自主调整学习时间	自主选择学习内容	自主选择学习场所	学习参与的开放性

（二） 教育方法和学习方法

面对新冠肺炎疫情这样的重大突发公众卫生事件时，中国并非首次采取"停课不停学"教育应对策略。同时，围绕在线教育的教育方法和学习方式的讨论也同样是由来已久。首先，2003年的"非典"时期，在教育部的指导下各省进行了应对疫情的教育方式尝试活动，如河北省唐山市就遵循"停课不停学"，于2003年5月6日在全省率先实行"空中课堂"，采用在线平台为中小学生提供以"非常学习、非常课堂"为题的免费教学资源，同时在电视和报纸媒体上预告课程安排。采用混合式的反转教学方式，学生在线学习，老师通过电话进行辅导答疑。其次，以智能手机、人工智能为代表的新兴科技手段，给"停课不停学"的在线教育方式注入了新的发展可能。从目前的研究结论来看，在线教育的教育方式主要由在线同步直播、在线异步录播、混合在线教育三种方式组成。通过对中国（不含港澳台）22个省、5个自治区、4个直辖市的"停课不停学"在线教育案例的梳理，发现这三种方式构成了目前中国"停课不停学"在线教育的主要方法。同时，因为在疫情这样的特殊时期，在线教育理论基础、教育参与人员、教学资源和活动、教学环境及评价机制均发生了变化。

第一，在线同步直播教学方式。该方式是指教学活动的参与人员在不同的教学空间进行同步教育活动。这种在线教育方式的前提是教育资源的数字化，即打破传统的同一物理时空限制，将传统的黑板、粉笔、教师口述等知识载体，变成以音视频为主体的数字媒介来进行知识的传授。这种方式与传统的教学模式最为相似，操作难度低，又因与正常教学任务衔接较为紧密，被广泛采用。疫情中的在线同步直播教学方式应用出现了一些新的变化，例如为减轻家长和学生的负担，教育部办公厅出台《关于深入做好中小学"停课不停学"工作的通知》，对在线同步直播教学方式提出了具体的要求，如授课时长不超过 20 分钟、禁止普遍要求教师进行直播或录播授课，不得每天上网"打卡"、上传学习视频、打印作业或学习资料等。此外，各省份也推出类似的指导意见，如甘肃省天水市三中高三年级"空中课堂"邀请"家长听课"活动。这些具体的指导意见，也促使在线同步直播教育方式在具体的操作上发生变化。

第二，在线异步录播教学方式。这种方式与直播形态的在线教育的主要区别在于，学生的学习行为可以自由调整。在录播教学方式中，教师会将已准备好的各种教学资源上传到在线学习平台，由学生自主选择学习时间，并持续更新教育资源。在线异步录播教学方式因采用的学习工具不同，学习方式和手段也存在差异。如超星学习通利用数据仓储、资源整合、知识挖掘、数据分析、文献计量学模型等相关技术，为教师提供录制视频、PPT 等拓展资源的上传、在线练习和考试测评以及学生学习行为的分析等服务。这种在线教育方式实际上是一种教育资源开放模式，教学资源并不局限于教师的讲述直播，还可以进行网络教育资源的链接和互动，拓展知识范围。

第三，混合在线教学方式。是指通过综合利用教育活动的全体元素，改变传统的教师单向传授的模式。这一教学方式的应用得益于在线教育方式的全媒体特征，即包括音视频、虚拟仿真、交互电子课件、人工智能等技术，为教育活动的各个环节提供便捷的应用功能。目前，混合在线教育方式的代表之一就是翻转课堂模式，不同于以往"学生线上学习视频，教师线下答疑辅导"的教学方式，疫情下的翻转课堂无法在面对面的真实物理教学空间中实施线下答疑辅导，取而代之的是多元交互的线上答疑辅导方式。如芜湖市的"芜湖智慧教育平台"和"阳光云课"两个平台，设置了"我的授课"和"答疑辅导"功能模块，开展翻转课堂的混合在线教学模式，学生在线观看教学视频后，可以在"答疑辅导"模块与教师进行在线讨论，同时教师也可以在该模块布置学习计划，指导学生在线学习操作，并通过统计工具实时监测学生的学习效果。

"停课不停学"在线教育方法的选取与实施，与日常在线教育方法所使用的教学资源、学习平台及教学环境有相似之处，但在线教育方法所要应对的疫情是一种非常态的教育阶段，受限于疫情特殊环境的在线教育方式表现出三个明显的特点。首先，与国家疫情防控的总体教育指导方针相匹配。在应对重大突发公共卫生事件时，对生命健康的坚守永远被放在第一位。所以，在线教育方法不仅要围绕学校的教育活动、学习任务展开，更要符合居家封闭期间学生的身心健康发展要求。为此，在学习时长、课程内容设置、学习任务的安排以及学生心理健康的疏导方面，在线教育都要做相应的调整。其次，与教师、学生居家展开教学活动的教育规律相吻合。一方面，居家环境下的教学环境不同于教室这样的专门物理空间，具备完整的教学辅助设备；另一方面，居家环境下的教学环境因与日常生活空间黏合程度高，会产生不可控的干扰事件和因素，影响授课活动的实施。所以，在线教育要尊重居家学习规律，激发学生的自主学习意识，促使自主学习活动的发生。最后，"大数据时代"思维成为主导。在线教育平台不单纯是一个信息传递的技术工具，它是一个学生学习行为收集与分析的认知渠道。在线教育对传统教育方式的改变，不仅表现为信息传播工具的更换，还体现在对教育活动各个环节的重新认识。教学空间的分离，让过去靠观察学生面部反应和现场互动交流的方式来辨识学生的理解程度、调整教学节奏和学习任务的方法无法有效实施。与此同时，借助在线教学平台提供的学习行为数据的收集与分析，对教学活动进行反馈，成为一种不得不接受的创新方式。

三　问题及对比

（一）主要存在的问题

目前，受限于疫情的影响，关于"停课不停学"在线教育中出现的问题的研究，主要通过网络问卷和个别视频访谈的方式进行。根据教育部发布的指导意见，当前在线教育有待解决的重点问题主要包括网络稳定性的保障、教师信息技术能力的不足、家庭与学生负担、居家学习与常规教学衔接、居家学习的指导、政策机制不够完善等。围绕这些问题，国内部分学者借助问卷调查和案例分析等手段，对上述问题进行了确认。如杨晓哲等（2020）采用网络大规模调研方式，在全国收集 15438 份教师问卷数据，从在线教育的主要参与者——教师角度出发，对"停课不停学"在线教育中所出现的问题进行分析，将教师认为的五个难点总结为学生无法自主投入学习、网络和技术不够稳定、教师自己对技术不熟悉、教师无法把控课堂进度、教师无法与学生互动。本书通过对中国各省份推出的在线教育实施指导举措进行分析，认为目前在线教育中所出现的问题主要由在线网络技术、疫情防控、居家学习三个核心元素组成，涉及政府、学校、家庭三个支点。

第一，在线网络技术。"停课不停学"在线教育应对策略的开展，需要避免由在线网络技术引发的问题。其一，要为大规模在线教育提供网络带宽的支持，保障大规模同时访问的流畅度和信息安全等。其二，在线网络技术的使用者，即教师和学习者的信息化技术能力的培养问题。在线教育与传统教学相比最主要的区别就是信息化技术手段的应用，是否能够熟练地应用这些工具直接关系到学生的学习体验，成为在线教育应用的重要影响因素。

第二，疫情防控。早在"停课不停学"在线教育应对策略实施之初，教育部就明确了在线教育不等于传统教育内容和传播手段的叠加，它是一种广义的学习方式，主要表现为教学资源的多元化。目前在线教育的教学资源包括学校日常教育内容、防疫知识、人身健康、爱国教育等多元化的内容。但通过对各省份在线教育应用案例的分析，发现教学内容仍旧以学校日常教学内容为主体，涉及疫情防控方面的教学资源不足。

第三，居家学习。家是人类生活居住的场地，家庭环境的设计与设备配置都是围绕优质生活而展开，而课堂是人类进行知识传播的专门场地，黑板、讲桌、桌椅板凳、空调、多媒体设备及其他教具都是专门为教学而设计的。居家学习不是简单地更换教学场地，如果将在线教育等同于教学场地的更换的话，其最明显的后果就是增加家长和学生的负担，为了将居家环境改造成具有课堂效能的场地，设备的购买、学习资料的配备都会增加家庭的精神和经济负担。

作为"停课不停学"在线教育的核心参与者，即政府、学校、家庭这三者形成相互影响的支点。政府制定的应对策略通过学校作用到家庭，又由家庭将反馈信息逆向传送。这三者间信息交流的通畅直接影响到在线教育应对策略的良性发展。

（二）国际对比

疫情期间为控制人员流动、降低传染风险，封闭城市和交通，中国为世界控制疫情蔓延做出了巨大牺牲。在此期间，所有学校，从幼儿园到大学，包括各类教育培训机构全部关闭，因此需要及时推出一种有效的可代替人员集中学习的教学环境，在线教育成为抵御疫情的首选方式。但对于日本、欧洲、美国等其他国家和地区来讲，这种大规模投入与快速搭建全民远程教学环境的方式几乎是无法复制的。以日本为例，日本从 2020 年 3 月开始进入疫情大规模暴发期，到 5 月底解除紧急宣言、学校逐步开始复课为止的三个月内，依然是采用大规模"停课停学"的方式，政府并未在远程教育上拨划专项资金，也没有开展相关政策大规模扶持在线教育，因此，日本各地均是采用各自独立的方式来弥补停课停学所造成的教学缺失，其主要模式包括三类。

第一类是彻底全面停课停学，关闭校园，缺失课程不补不上。这个模式直接导致日本每年 4 月开始的新学期课程无法如期执行，甚至有地方政府和议员提议将 2020 年 4 月开始的上半学期课程直接跳过，从此改为每年 10 月新学期开课，这个议案已经在日本多个地区开始谨慎讨论，由此造成的影响将会是巨大的，比如财务周期的变化、培养方案和课程设置的变化，甚至会改变日本升学考试、入职就业等周期。

第二类是部分采用远程在线教育，但不承认其学时或学分的合法性。这种情况比较多见于中小学和培训机构，在不涉及学历教育所规定的学时及学分前提下，开展部分课程的预习或者补习工作。主要采用免费或者价格低廉的在线教育平台或者工具，在日本应用较多的主要是 ZOOM、Google Class 等工具，再配合如 LINE、SKYPE 等免费的 SNS 软件开展具体的教学。这主要是因为日本《学校教育法》等法律法规的限制，原则上不允许在基础教育中，中小学采用大规模远程在线教育替代学校教室面授模式。另外，由于学校的教学内容受到极为严格的限制，教材内容的版权也受到法律保护，大规模的教材教辅全部数字化在网络上共享极有可能违反著作权相关法律规定。因此若想要认可在线教育的学时或学分，需要推动法规的修正，这是一个极其漫长而复杂的过程。

第三类是全面采用远程在线教育，部分承认其学时或学分的合法性。这种情况比较多见于高等教育中，比如专门学校和大学。由于高等教育的课程设置和人员集中方式相对于中小学来说比较灵活，且法律法规原则上允许部分涉及学位的课程采用多媒体进行远程授课，因此具有一定的可操作性，且著作权法也允许在特定条件下将授课内容数字化，进行在线免费共享。相对中小学受教育委员会的制约，高等教育机构在经费投入方面更具有灵活性，因此从 2020 年 4 月开始，部分大学开始大规模自行架构内部在线教育平台，或者定制采购在线教育系统，通过校园网+专用平台解决在线教育问题。这点与中国的学校大规模导入第三方教育平台有着明显的差异，中国的各级学校，包括大专和大学在内，很多都是采购由第三方企业，如教育设备集成商或者教育系统开发商所研发的商务型在线系统，学校只需要采购第三方企业的服务即可，而日本则是由学校自主研发运营，即便是委托第三方企业合作研发，原则上也必须是独立应用，需要设置极为严格的网络安全限制条件，很难出现多所学校都采用第三方某个企业开发的同一款教学平台的情况。

如上所述，中日之间在线教育的政策、法规以及运用环境都有很大的不同，因此，中国的在线教育模式也很难在日本、新加坡、澳大利亚以及欧美等国家和地区推行，但是仍然有必要对各国情况进行深入研究，不同的教学环境造成的差异将会对数代人群产生深远的影响，尤其是信息技术快速发展，如何在这个过程中消除地区差异和贫富差距，培养下一代青少年的科学思维和正确的人生观、价值观，需要通过更多深入的国际对比研究和国际合作来解决。

参考文献

柴虹、李慧勤、丁敬军、郝晓：《中国教育技术发展史的历史经验及其当代意义》，《学理论》2012 年第 1 期。

何克抗：《21 世纪以来教育技术理论与实践的新发展》，《现代教育技术》2009 年第 10 期。

胡来林、安玉洁：《近十年我国教育技术学研究方法的回顾和反思》，《电化教育研究》2006 年第 2 期。

教育部：《普通高中·技术课程标准（实验）》，人民教育出版社，2003。

李哲、Spence Zaorski、前迫孝宪：《日本开放教育资源发展历程分析》，《教育信息技术创新应用与协同发展》，湖北科学技术出版社，2013。

李哲、伊原和夫、笹田能美、张海：《探索电子教科书的多样化——日本 e-kokoro 协议会的 e-Learning 教育实践》，《中国信息技术教育》2013 年第 4 期。

南国农：《中国教育技术发展概述》，《现代远距离教育》2010 年第 5 期。

彭绍东：《论机器人教育（上）》，《电化教育研究》2002 年第 6 期。

谢兰荣：《试论"教育"概念的界定及其方法论问题》，《教育理论与实践》1994 年第 5 期。

徐晓东：《后现代的教育技术学研究方法及方法论》，《开放教育研究》2013 年第 4 期。

杨晓哲、张昱瑾：《疫情防控下中小学教师在线教学与在线培训分析》，《现代教育技术》2020 年第 3 期。

ジメネス フェリックス、加納政芳「教育現場で活用されるロボットの研究動向」、『日本知能情報ファジィ学会誌』No. 26、2014 年.

白井宏明「ビジネスゲームを主体とした授業構成に関する考察」、『横浜経営研究』No. 3、2008.

白井靖敏、斎藤暢久「インターネット上の電子教科書の開発とその分析」、『日本教育工学雑誌』No. 21、1997 年.

白水始、中原淳「人の主体的な問題解決を促すロボットの役割」、『日本ロボット学会誌』No. 29、2011 年.

坂上憲光、小野林太郎、李銀姫、片桐千亜紀、山本祐司、中西裕見子「石垣島における水中ロボットを利用した水中文化遺産教育」、『工学教育』No. 1、2016 年.

坂元昂『教育工学の原理と方法』、東京：明治図書出版、1971 年.

本多一彦「モバイル機器の変遷から情報教育機器としてのiPadを考察する」、『名古屋文理大学紀要』No. 11、2011 年.

本間善夫、千田範夫「高校化学教科書の電子化の動きとタブレットへの3D 分子モデル表示」、『日本デジタル教科書学会2014 年度年次大会』、2014 年.

池本友亮、松井博和、内田早紀「ロボット教師によるダイレクトメソッドの外国語会話学習の提案」、『電子情報通信学会技術研究報告』、2014 年.

赤堀侃司『教育工学への招待―教育の問題解決の方法論』、株式会社ジャストシステム出版部、2002 年.

赤堀侃司『情報教育の方法と実践』、東京：株式会社ぎょうせい、2000 年.

　川島隆太「テレビゲームの脳への影響についての基礎的研究」、『財団リポート』No. 13、2005 年.

　大渡拓朗、島田敬士、峰松翼、谷口倫一郎「授業中の学生の閲覧ページ遷移の分析」、『第 81 回全国大会講演論文集』、2019 年.

　大瀧友里奈、藤原毅夫、辻秀典「東京大学 OCWの応用－電子教科書 Todai-eTEXT」、『平成 25 年度工学教育研究講演論文集』、2013 年.

　大月美佳、大月伸男、鈴木右文、岡野進「仮想三次元空間での外国語教育を支援するTAロボットシステム」、『情報教育シンポジウム2001 論文集』、2001 年.

　高橋佳行、中山実「眼球運動による回答内容に対する確信度の検討」、『電子情報通信学会論文誌』No. 5、2007 年.

　高橋麻衣子、平林ルミ、近藤武夫、中邑賢龍、犬塚美輪「エクストラ電子教科書は学校教育にどのように貢献するのか」、『日本教育心理学会総会発表論文集/第 53 回総会発表論文集』、2011 年.

　高屋敷真人、宮内俊慈「モジュール型教材による中級後期日本語教科書開発プロジェクト実践報告」、『関西外国語大学留学生別科日本語教育論集』No. 25、2015 年.

　高原周一「電子レンジを用いた電磁波に関する教材の開発」、『日本科学教育学会研究会研究報告』No. 6、2019 年.

　古田雅俊、早川真奈美、岸央子、中村恵子「電子教科書の満足度にコンピュータ不安が与える影響」、『日本看護研究学会雑誌』No. 3、2015 年.

　関亜紀子「大学教育における教科書の電子化の技術動向」、

『日本大学生産工学部研究報告』No. 1、2017 年.

花澤洋太「被災地における創作活動を通した教育コミュニケーション形成」、『美術教育学研究』No. 1、2017 年.

菅井勝雄「教育工学の研究方法論」、『教育工学事典』、東京：実教出版株式会社、2000 年.

菅野重樹「ロボット教育・研究の現状と課題」、『日本ロボット学会誌』No. 14、1996 年.

金義鎮、鈴木康洋、金惠鎮「タブレットPCを用いた基礎韓国語の電子教科書の実践活用に関する考察」、『コンピュータ&エデュケーション』No. 33、2012 年.

近藤伸彦「大学におけるビッグデータ・アナリティクスと教学 IR」、『大手前大学 CELL 教育論集』No. 6、2015 年.

井上光洋『教育工学の基礎』、東京：国土社、1971 年.

井上智史、安藤公彦、松永信介、稲葉竹俊「学習者による編集が可能な看護教育向けeBook 教材の開発」、『情報処理学会第 77 回全国大会』、2015 年.

久保田賢一「構成主義が投げかける新しい教育」、『コンピュータエデュケーション』No. 1、2003 年.

久富望「紙の教科書から推測される教育現場に支持されるデジタル教科書の特徴」、『デジタル教科書研究』No. 1、2014 年.

橘岡正樹「ICTを活用した、病弱教育におけるつなぎ支援の在り方を研究する：ロボットやインターネットなどの最先端機器の効果的な活用」、『大阪の病弱教育』No. 52、2016 年.

李哲、孫妷、奥林泰一郎、前迫孝憲「国際遠隔交流学習による日本語会話授業：超鏡を用いた中日の大学間の実践をもとに」、『大阪大学教育学年報』No. 20、2015 年.

　立田ルミ「デジタル教科書に関する大学生の意識調査と結果」、『情報教育シンポジウム』、2011 年.

　林向達「日本の教育情報化の実態調査と歴史的変遷」、『日本教育工学会研究報告集』No. 4、2012 年.

　劉庭秀、齋藤優子「復興教育支援事業の意義と今後の課題について」、『MACRO REVIEW』No. 2、2013 年.

　末吉智奈佐、仲隆「細胞内シグナル伝達系の伝達特性学習用電子教科書の開発」、『情報処理学会第 77 回全国大会論文集』、2015 年.

　木上進「世界におけるロボット教育」、『日本ロボット学会誌』NO. 6、1985 年.

　内木哲也、溝口りか「スウェーデンの事例分析からの情報システムデザインへの示唆」、『経営情報学会全国研究発表大会要旨集』、2017 年.

　平山満義『質的研究法による授業研究』、東京：株式会社北大路書房、1995 年.

　平澤茂一、後藤正幸、中澤真、石田崇、小泉大城「e-learningにおける学習スタイルに関する一考察」、『経営情報学会2013 年秋季全国研究発表大会』、2013 年.

　前田稔「デジタル教科書の展開とアナログ読書の展望」、『日本教育学会第 69 回大会論文集』、2019 年.

　青木浩幸、原久太郎「学習者用デジタル教科書のデザイン―自由化と標準化の両立」、『日本デジタル教科書学会 2013年度年次大会論文集』、2013 年.

　清水康敬、中山実、向後千春『教育工学研究の方法』、京都：株式会社ミネルヴァ書房-学術図書出版、2012 年.

　清原文代、神谷健一「データベースソフトを使用した電子

教科書の開発」、『JSDT 年次大会発表原稿集』、2015 年.

日本教育工学会『教育工学事典』、日本実教出版株式会社、2000 年.

日本文部省『情報教育に関する手引』、日本ぎょうせい、1991 年.

日本総合研究所「デジタルで変貌する世界の教育と日本の課題」、『JRIレビュー』No. 59、2018 年.

森川治、橋本亮一「超鏡対話での共存感・一体感を説明する認知心理モード」、『情処学インタラクション 2004 論文集』、2004 年.

森田裕介、藤島宏彰、瀬戸崎典夫、岩崎勤「デジタル教材を重畳提示する天体学習用 ARテキストの開発と評価」、『日本教育工学会論文誌』Suppl、2011 年.

山本早里、高崎葉子、原忠信、宮原克人、五十殿利治、逢坂卓郎「筑波大学創造的復興教育プログラムの意義とローカルデザインへの展開」、『日本デザイン学会研究発表大会概要集』、2016 年.

山田政寛「インフォーマルラーニングにおける ICT 利用に関する研究動向」、『日本教育工学会論文誌』No. 3、2013 年.

上野直樹『仕事の中での学習—状況論的アプローチ』、東京大学出版会、1999 年.

辻岡圭子、前迫孝憲、森川治「超鏡（HyperMirror）を活用した第二言語学習—協調学習による異文化間コミュニケーション能力向上への取り組み」、『教育システム情報学会研究報告』No. 5、2007 年.

辻元、デジタル教科書の問題点、コンピュータ&エデュケーション、No. 36、2014 年.

石井雄隆「ライティング・フィードバックにおける学習者の選好に関する追行研究」、『早稲田大学大学院教育学研究科紀要別冊』No. 22、2015 年.

石内久次、垣花京子、「知の創造を基調とする次世代統計教材の開発」、『日本科学教育学会研究会研究報告』No. 6、2018 年.

石田崇、小林学、梅澤克之、平澤茂一「大学授業におけるインタラクティブ教材の活用」、『経営情報学会全国研究発表大会要旨集/2013 年春季全国研究発表大会』、2013 年.

矢口博之、大隅昇「電子書籍と読書行動についての実験調査」、『日本行動計量学会第 38 回大会』、2010 年.

寺澤孝文「教育ビッグデータから有意義な情報を見いだす方法：認知心理学の知見をベースにした行動予測」、『教育システム情報学会誌』No. 33、2016 年.

寺澤孝文「教育ビッグデータの大きな可能性とアカデミズムに求められるもの——情報工学と社会科学のさらなる連携の重要性」、『コンピュータ&エデュケーション』No. 38、2017 年.

松河秀哉、今井亜湖、重田勝介、岡野恭子、景平義文、前迫孝憲、関嘉寛「衛星携帯電話を媒体とした遠隔学習における超鏡システムの利用」、『日本教育工学会論文誌』No. 28、2005 年.

藤木卓、元井良行、寺嶋浩介、小清水貴子「探索行動との連携により携帯端末での個別学習を可能とするVR 学習環境の開発と評価」、『日本教育工学会論文誌』Suppl、2010 年.

田村恭久「電子教科書の規格とEDUPUBの現状」、『情報管理』No. 11、2015 年.

田村恭久「生徒用電子教科書・教材の要求機能整理と実現

可能性の検討」、『日本デジタル教科書学会設立記念全国大会』、2012 年.

田近一郎、本多一彦、杉江晶子、森博「タブレット端末を活用したプログラミング教育」、『名古屋文理大学紀要』No. 15、2015 年.

田中雅章、神田あづさ、内田あや、松尾徳朗「デジタル教科書導入時における問題と対策」、『第 12 回情報プロフェッショナルシンポジウム』、2015 年.

田中雅章、神田あづさ、内田あや「電子書籍配信サービスによる電子教科書と電子教材の運用」、『第 14 回情報プロフェッショナルシンポジウム』、2017 年.

文部科学省創造的復興教育研究会『希望の教育－持続可能な地域を実現する創造的復興教育』、東洋館出版社、2014 年.

西端律子「高等学校教科「情報」教員養成の実際」、『情報』No. 7、2011 年.

西田知博、仲林清、加藤泰久、田村恭久、小町祐史、村田真、鈴木俊哉「電子書籍と電子教科書の技術標準化」、『日本デジタル教科書学会設立記念全国大会論文集』、2012 年.

向後千春「教育工学の「世界の構成」と研究方法」、『日本教育工学会論文誌』No. 3、2002 年.

向後千春「教育工学研究論文の実践性による分類とその傾向」、『日本教育工学会第 26 回全国大会講演論文集』、2010 年.

小河智佳子「デジタル教科書導入に必要な費用」、『デジタル教科書研究』No. 1、2014 年.

小柳和喜雄「電子教科書の運用に関する試行調査研究」、『奈良教育大学教育実践総合センター研究紀要』No. 20、2011 年.

小泉大城、須子統太、平澤茂一「電子教材とワークシートを用いた統計基礎教育におけるブレンディッドラーニングに関する一考察」、『第 77 回全国大会講演論文集』、2015 年.

小泉智史、神田崇行、宮下敬宏「ソーシャルロボットを用いた協調学習実験」、『日本ロボット学会誌』No. 29、2011 年.

緒方広明、殷成久、毛利考佑「教育ビッグデータの利活用に向けた学習ログの蓄積と分析」、『教育システム情報学会誌』No. 33、2016 年.

岩谷徹「ゲーム制作の本質とは何か——教育者の立場から」、『映像情報メディア学会誌』No. 1、2013 年.

岩﨑日出夫「デジタル教科書を用いた授業に関する検討」、『東海大学高等教育研究』No. 16、2017 年.

野家啓一『科学の解釈学』、東京：株式会社新曜社、1993 年.

永野和男「情報コミュニケーション技術と教育実践の研究」、『日本教育工学会論文誌』No. 5、2011 年.

原田吏「ユビキタス社会の理想の教科書」、『生物教育』No. 2、2019 年.

原田隆史「電子書籍フォーマットの研究動向と学術情報流通への課題」、『情報知識学会誌』No. 4、2010 年.

源直人、石井夏生利、辻秀典、田中英彦「デジタル教材の著作権料分配方法の提案−新電子教科書プロジェクト」、『情報処理学会研究報告』No. 44、2019 年.

澤田耕介、藤井利江子、戸塚英臣、鈴木潔光「スマートフォン向け電子教材の開発」、『日本物理学会講演概要集』No. 2、2013 年.

張梁、飯塚誠也、垂水共之「電子教科書における動的教材」、『日本計算機統計学会シンポジウム論文集』No. 26、

2012 年.

中山実、植野真臣「教育工学研究の指向性と論文の評価傾向分析の試み」、『日本教育工学会論文誌』No. 1、2006 年.

重田勝介、松河秀哉「事前・事後学習を取り入れた国際間遠隔授業の支援：ケニア・日本の小学校間での国際交流の事例より」、『日本教育工学会大会講演論文集 20』、2004 年.

重田勝介、中澤明子「超鏡における映像遅延の影響」、『ヒューマンインタフェース学会論文誌』No. 4、2006 年.

重田勝介「オープンエデュケーション-開かれた教育が変える高等教育と生涯学習」、『情報管理』No. 1、2016 年.

佐藤修司「東日本大震災被災地における教育の創造的復興と人間・地域復興」、『日本教育学会大會研究発表要項』No. 75、2017 年.

Becker, S. A., Brown, M., Dahlstrom, E., et al. 2018. NMC Horizon Report: 2018 Higher Education Edition. Louisville, CO: Educause.

Becker, S. A. & Cummins, M., Davis, A., et al. 2017. NMC Horizon Report: 2017 Higher Education Edition. Austin, Texas: The New Media Consortium.

Chen, M., Yang, Y., Xu, J. & Chang, C. 2017. Design and Implementation of the Information Literacy Evaluation System for High School Students. Proceedings of Sixth International Conference of Educational Innovation through Technology, Osaka, Japan, IEEE CPS: 182-186.

Chen, Z., Zhang, Y., Bai, Q., Chen, B., Zhu, Y. & Xiong, Y. 2017. A PBL Teaching Model Based on Mobile Devices to Improve Primary School Students' Meta-Cognitive Awareness and

Learning Achievement. Proceedings of Sixth International Conference of Educational Innovation through Technology, Osaka, Japan, IEEE CPS: 81-86.

Cheng, P. -Y., Yu-Cheng Chien & Huang, Y. -M. 2017. The Design and Implementation of a Real-Time Attention Recognition/ Feedback System in Online Learning Course. Proceedings of Sixth International Conference of Educational Innovation through Technology, Osaka, Japan, IEEE CPS: 214-217.

Cheng, Ya Wen, Sun, Pei Chen & Chen, Nian Shing. 2018. The Essential Applications of Educational Robot: Requirement Analysis from the Perspectives of Experts, Researchers and Instructors. Computers & Education 126, 399-416.

Eugene G. Kowch, 2018. Designing Leading Learning Ecosystems: Challenges Opportunities, TechTrends.

Fan, Yaqin, Cui, Ying & Zhou, Dongdai. 2018. A Mathematical Model of Incentive Mechanism of Learners' Personalized Online Learning Based on Virtual Currency. In International Joint Conference on Information, Media and Engineering, pp. 315-319. Osaka: The Institute of Electrical and Electronics Engineers.

Gao, Nan, Xie, Tao & Liu, Geping. 2018. A Learning Engagement Model of Educational Games Based on Virtual Reality. In International Joint Conference on Information, Media and Engineering, pp. 1-5. Osaka: The Institute of Electrical and Electronics Engineers.

Guo, W., Xue, Y., Sun, H., Weiyun Chen & Long, S. 2017. Utilizing Augmented Reality to Support Students' Learning in Popular Science Courses. Proceedings of Sixth International Conference of Educational Innovation through Technology, Osaka, Japan, IEEE

CPS：312-316.

Hashimoto T, Kobayashi H, Polishuk A, 2013, Elementary science lesson delivered by robot, Proceedings of the 8th ACM/IEEE international conference on Human-robot interaction, Tokyo：IEEE Press.

He, J., Lee, Y., Young, B. & Chiang, F. -K. 2017. A Study on the Effect of Joyful Learning Application upon Undergraduate English Vocabulary Learning. Proceedings of Sixth International Conference of Educational Innovation through Technology, Osaka, Japan, IEEE CPS：289-293.

Hokanson, B. 2017. Creativity and Educational Technology. Proceedings of Sixth International Conference of Educational Innovation through Technology, Osaka, Japan, IEEE CPS：229-233.

Hoshikawa T, Ogawa K, Ishiguro H., 2015, Future roles for roid robots：Survey trial. Proceedings of the 3rd International Conference on Human-Agent Interaction. New York：ACM.

Hu, D. & Guo, Z. 2017. Exploring Deep Integration of Information Technology and China's Higher Education in the Era of Big Data. Proceedings of Sixth International Conference of Educational Innovation through Technology, Osaka, Japan, IEEE CPS：262-267.

Hu, Shensong & Jiang, Sha. 2018. Research on the Theory and Practice of IP Courses Construction in China MOOCs. In International Joint Conference on Information, Media and Engineering, pp. 278-281. Osaka：The Institute of Electrical and Electronics Engineers.

Hu, Y., Li, Z., Oyama-Higa, M. & Miyoshi, E. 2017. Exploring the Use of Pulse Waves as Psychological Indicators in Learning. Proceedings of Sixth International Conference of Educational Innovation through Technology, Osaka, Japan, IEEE CPS: 308-311.

Huang, L. 2017. Acceptance of Mobile Learning in Classroom Instruction among College English Teachers in China Using an Extended TAM. Proceedings of Sixth International Conference of Educational Innovation through Technology, Osaka, Japan, IEEE CPS: 283-288.

Huang, Y., Han, X. & Wang, Y. 2017. Learning "B-Learning" through "B-Learning": A Practice Model for Teachers' Professional Development. Proceedings of Sixth International Conference of Educational Innovation through Technology, Osaka, Japan, IEEE CPS: 41-46.

Ji, Suhe & Li, Ke. 2018. A Study on the Effects of Binaural Listening Materials on Second Language Listening Comprehension. In International Joint Conference on Information, Media and Engineering, pp. 20-24. Osaka: The Institute of Electrical and Electronics Engineers.

Jiang, Jie, Zhi, Lin & Xiong, Zhen. 2018. Application of Virtual Reality Technology in Education and Teaching. In International Joint Conference on Information, Media and Engineering, pp. 330-332. Osaka: The Institute of Electrical and Electronics Engineers.

Jieqi, Z. & Xiaohong, L. 2017. Research on the Development of Micro-Course about College Students' Maker Literacy. Proceedings of Sixth International Conference of Educational Innovation through Technology, Osaka, Japan, IEEE CPS: 170-171.

Johnson, L., Becker, S. A., Cummins, M., et al. 2016. NMC Horizon Report: 2016 Higher Education Edition. Austin, Texas: The New Media Consortium.

Johnson, L., Becker, S. A., Estrada, V., et al. NMC Horizon Report: 2014 Higher Education Edition. Austin, Texas: The New

Media Consortium, 2014.

Johnson, L., Becker, S. A., Estrada, V., et al. NMC Horizon Report: 2015 Higher Education Edition. Austin, Texas: The New Media Consortium, 2015.

Johnson, L., Becker, S. A. & Cummins, M., et al. 2013. NMC Horizon Report: 2013 Higher Education Edition. Austin, Texas: The New Media Consortium.

Johnson, L., Becker, S. A. & Cummins, M. 2012. The NMC Horizon Report: 2012 Higher Education Edition. Austin. Texas: The New Media Consortium.

Johnson, L., Levine, A. & Smith, R., et al. 2010. The 2010 Horizon Report. Austin, Texas: The New Media Consortium, 2010.

Johnson, L., Levine, A. & Smith, R. 2009. The 2009 Horizon Report. Austin, Texas: The New Media Consortium.

Johnson, L., Smith, R., Willis, H., et al. 2011. The 2011 Horizon Report. Austin, Texas: The New Media Consortium, 2011.

Ke, D. & Xu, S. 2017. A Research on Factors Affecting College Students' Digital Citizenship. Proceedings of Sixth International Conference of Educational Innovation through Technology, Osaka, Japan, IEEE CPS: 61-64.

Kowch, Eugene G. & Liu, Juhong Christie. 2018. Principles for Teaching, Leading, and Participatory Learning with a New Participant: AI. In International Joint Conference on Information, Media and Engineering, pp. 320 - 325. Osaka: The Institute of Electrical and Electronics Engineers.

Kowch, Eugene G. 2018. Designing and Leading Learning Ecosystems: Challenges and Opportunities. TechTrends 62, 132-134.

Li, Bo, Zhao, Yang & Zhang, Hai. 2018. Video Analysis of the Influence of Intelligent Media Application on Teachers' Knowledge Structure: A Case Study of Physics Lesson at Middle School. In International Joint Conference on Information, Media and Engineering, pp. 249 – 254. Osaka: The Institute of Electrical and Electronics Engineers.

Li, H., Wang, L., Du, X. & Zhang, M. 2017. Research on the Strategy of E-Learning Resources Recommendation Based on Learning Context. Proceedings of Sixth International Conference of Educational Innovation through Technology, Osaka, Japan, IEEE CPS: 209–213.

Li, Zhe, Hu, Yuyu, Cheng, Sheng & Liu, Liqun. 2018. Exploring the Use of Pulse Waves as Psychological Indicators in Analysis of Learning and Study Pressure. In International Joint Conference on Information, Media and Engineering, pp. 104 – 107. Osaka: The Institute of Electrical and Electronics Engineers.

Li, Zhe, Yuan, Yuan, Zhao, Fuzheng, Zhang, Hai & Lei, Ming. 2018. Characteristics and Trends of FD and Educational Information Technology Training in Japanese Universities. In International Joint Conference on Information, Media and Engineering, pp. 16 – 19. Osaka: The Institute of Electrical and Electronics Engineers.

Liu, J. C., John, K. S. & Courtier, A. M. B. 2018. Development and Validation of an Assessment Instrument for Course Experience in a General Education Integrated Science Course. Journal of Geoscience Education 65 (4), 435–454.

Liu, S., Yang, X., Zhang, H., Wang, Y., Yoneda, T. & Li, Z. 2017. Study on Teaching Methods for Developing Higher

Order Thinking Skills for College Students in Flipping Classroom. Proceedings of Sixth International Conference of Educational Innovation through Technology, Osaka, Japan, IEEE CPS: 254-257.

Luo, L., Zhang, H., Tao, Y., Yang, X., Yan, B. & Wang, Y. 2017. A Study on Characteristics of TPACK Structure for MOOC Teachers. Proceedings of Sixth International Conference of Educational Innovation through Technology, Osaka, Japan, IEEE CPS: 5-9.

Metwally, A. H. S. & Yining, W. 2017. Gamification in Massive Open Online Courses (MOOCs) to Support Chinese Language Learning. Proceedings of Sixth International Conference of Educational Innovation through Technology, Osaka, Japan, IEEE CPS: 294-299.

Mohamed, O. & Wei, Z. 2017. Motivation and Satisfaction of International Student Studying Chinese Language with Technology of Education. Proceedings of Sixth International Conference of Educational Innovation through Technology, Osaka, Japan, IEEE CPS: 272-277.

Na, R., Zhang, H., Wang, Y., Wang, Y., Yoneda, T. & Li, Z. 2017. A Study of TPACK Structure of Outstanding English Teacher. Proceedings of Sixth International Conference of Educational Innovation through Technology, Osaka, Japan, IEEE CPS: 300-303.

Nie, Y. & Zhi, F. 2017. The Discussion on the Effectiveness of Reconstructing of University Teaching by the Flipped Classroom Model. Proceedings of Sixth International Conference of Educational Innovation through Technology, Osaka, Japan, IEEE CPS: 198-202.

Nie, Z., Xu, H. & Wang, L. 2017. From the Driving Force to Influence: The Contest of Micro Course's Problems, Reflections and Transcendence: Based on the Analysis of the Chinese Contest of Micro

Course in Recent Three Years. Proceedings of Sixth International Conference of Educational Innovation through Technology, Osaka, Japan, IEEE CPS: 192-197.

Niu, C., Zhang, H., Wang, Y. & Yang, X. 2017. A Study on Factors Affecting Satisfaction of Junior Middle School Teachers Participating in Online Training. Proceedings of Sixth International Conference of Educational Innovation through Technology, Osaka, Japan: 10-13.

Okubayashi, T., Zaorski, S., Morikawa, O. & Maesako, T. 2017. The Effects of Presenting in HyperMirror. Proceedings of Sixth International Conference of Educational Innovation through Technology, Osaka, Japan, IEEE CPS: 340-345.

R Pennington, KC Welch, R Scott, 2014. "Using Robot-Assisted Instruction to Teach Students with Intellectual Disabilities to Use Personal Narrative in Text Messages". Journal of Special Education Technology, 29 (4): 49-58.

Ren, Zhuo & Yin, Chengjiu. 2018. Collecting Digital Book Reading Log in Commercial Law Course. In International Joint Conference on Information, Media and Engineering, pp. 337-340. Osaka: The Institute of Electrical and Electronics Engineers.

Saito, Y. 2017. Adapting Prior Educational Practices in Materials to Current Educational Practices: Use of Digital Archives. Proceedings of Sixth International Conference of Educational Innovation through Technology, Osaka, Japan, IEEE CPS: 178-181.

Shangying, Y. &Jing, S. 2017. Learning to Learn from MOOCs from Teachers' Perspective: Data Analysis Based on the Course "Micro-Class Design and Production". Proceedings of Sixth International

Conference of Educational Innovation through Technology, Osaka, Japan, IEEE CPS: 1-4.

Sun, Z., Li, Z. & NishimoriI, T. 2017. Development and Assessment of Robot Teaching Assistant in Facilitating Learning. Proceedings of Sixth International Conference of Educational Innovation through Technology, Osaka, Japan, IEEE CPS: 165-169.

Sun, Zhi, Wang, Kai, Li, Zhe & Li, Zhangjie. 2018. Development of CDIO-Based SPOC Model in Facilitating Learning Instructional Design. In International Joint Conference on Information, Media and Engineering, pp. 236 - 239. Osaka: The Institute of Electrical and Electronics Engineers.

Takenaka, Y. 2017. A Survey of the Effective Utilization of Services Provided at Learning Commons in Japan. Proceedings of Sixth International Conference of Educational Innovation through Technology, Osaka, Japan, IEEE CPS: 99-103.

Tian, H., Li, X., Ren, S., Zhang, L. & Wu, F. 2017. The Initial Development of the Factors to Influence the Maker Teachers' Acceptance of Maker Education Scale. Proceedings of Sixth International Conference of Educational Innovation through Technology, Osaka, Japan, IEEE CPS: 250-253.

Tsujino, Junko, Oyama-Higa, Mayumi, Tanabiki, Mitsuko & Kihara, Hiroshi. 2018. Longitudinal Study on Mental Interactions Between Difficult Children and Their Nursery Teacher Based on DUAL Measurements of Finger Pulse Waves. In International Joint Conference on Information, Media and Engineering, pp. 326 - 330. Osaka: The Institute of Electrical and Electronics Engineers.

Ueda, H. 2017. Evaluation of a Reflection Support Method for

Students in PBL. Proceedings of Sixth International Conference of Educational Innovation through Technology, Osaka, Japan, IEEE CPS: 51-54.

Wang, Fei & Tao, Xinrong. 2018. Visual Analysis of the Application of Artificial Intelligence in Education. In International Joint Conference on Information, Media and Engineering, pp. 187 - 192. Osaka: The Institute of Electrical and Electronics Engineers.

Wang, J., Jing, J. & Li, Y. 2017. An Experimental Study on the Digital Collection, Judgment and Improvement of Strokes' Supplement Behavior. Proceedings of Sixth International Conference of Educational Innovation through Technology, Osaka, Japan, IEEE CPS: 326-331.

Wang, Kai & Sun, Zhi. 2018. A Virtual Technology Aiding for Hand-Impaired Persons. In International Joint Conference on Information, Media and Engineering, pp. 240 - 243. Osaka: The Institute of Electrical and Electronics Engineers.

Wang, X., Wang, Z., Li, H. & Zhou, W. 2017. An Eye-Movement Study on Text Font Size Design Rules in the Digital Learning Resources. Proceedings of Sixth International Conference of Educational Innovation through Technology, Osaka, Japan, IEEE CPS: 187-191.

Wang, Yue, Zhang, Hai, Wang, Yining & Liu, Yujia. 2018. An Investigation on the Development of Informatization Ability of Teachers by Applying the Technology Acceptance Model. In International Joint Conference on Information, Media and Engineering, pp. 172 - 176. Osaka: The Institute of Electrical and Electronics Engineers.

Wei, Xiaodong & Guo, Dongqiao. 2018. Exploring the Influence of WebVR on the Creative Attitude of Digital Media Art Major Students. In International Joint Conference on Information, Media and Engineering, pp. 231 - 235. Osaka: The Institute of Electrical and Electronics Engineers.

Xu, F., Jin, B., Xu, Y., Liu, B., Li, X. & Wang, Y. 2017. Does Learning Stickiness of Students on Network Educational Platform Affect Students' Academic Performance?. Proceedings of Sixth International Conference of Educational Innovation through Technology, Osaka, Japan, IEEE CPS: 120-125.

Xu, S., Yang, H. H., Zhu, S. & MacLeod, J. 2017. The Relationship between Computer Experience and College Students' Digital Citizenship. Proceedings of Sixth International Conference of Educational Innovation through Technology, Osaka, Japan, IEEE CPS: 65-69.

Yang, Shangying, Liu, Yanming & Liang, Mengjie. 2018. Teachers' Personal Knowledge Management Tools and Application Strategies Exploration Based on the SECI Model. In International Joint Conference on Information, Media and Engineering, pp. 341 - 346. Osaka: The Institute of Electrical and Electronics Engineers.

Yang, X., Cheng, P. - Y. & Yang, X. 2017. The Impact of Three Types of Virtual Reality Scene on Learning. Proceedings of Sixth International Conference of Educational Innovation through Technology, Osaka, Japan, IEEE CPS: 323-325.

Yang, Xu, Ji, Mengxue, Zhang, Jiayu, Zhang, Jingyuan & Zhang, Hai. 2018. A Study on the Influencing Factors of Mathematics Pre-Service Teacher's TPACK. In International Joint Conference on Information, Media and Engineering, pp. 168 - 171. Osaka: The

Institute of Electrical and Electronics Engineers.

Yoneda, T., Itami, K., Yasuhara, O., Seki, K., Kawabata, Y., Maesako, T. & Zhe, L. 2017. Changes in Subjective Understanding of an Accident and Risk Awareness in First-Year Nursing Students Following Medical Accident Simulation-Based Experimental Learning. Proceedings of Sixth International Conference of Educational Innovation through Technology, Osaka, Japan, IEEE CPS: 159-164.

Yu, Luyao, Cui, Yulu & Zhang, Hai. 2018. Teacher Behavior Sequence Under Smart Learning Environment. In International Joint Conference on Information, Media and Engineering, pp. 158 - 161. Osaka: The Institute of Electrical and Electronics Engineers.

Zhang, A. & Zhou, T. 2017. Future Classroom Design of Teaching from the Perspective of Educational Technology. Proceedings of Sixth International Conference of Educational Innovation through Technology, Osaka, Japan, IEEE CPS: 203-206.

Zhang, K., Liu, X., Chen, J., Liu, L., Xu, R. & Li, D. 2017. Assessment of Children with Autism Based on Computer Games Compared with PEP Scale. Proceedings of Sixth International Conference of Educational Innovation through Technology, Osaka, Japan, IEEE CPS: 106-110.

Zhang, Rui, Zhang, Xiaojuan, Zhang, Zhihua, Xie, Shuangyuan, Wang, Zuyuan & Wu, Tiangang. 2018. Performance Drop Detector Based on Bayesian Network and Logistic Regression. In International Joint Conference on Information, Media and Engineering, pp. 288 - 291. Osaka: The Institute of Electrical and Electronics Engineers.

Zhang, T., Xu, Y., Qi, P., Li, X. & Hu, G. 2017.

Predicting the Performance Fluctuation of Students Based on the Long-Term and Short-Term Data. Proceedings of Sixth International Conference of Educational Innovation through Technology, Osaka, Japan, IEEE CPS: 126-127.

Zhao, Jian. 2018. Thinking Critically with Data: Technology, Curriculum and the Cases. In International Joint Conference on Information, Media and Engineering, pp. 274 – 277. Osaka: The Institute of Electrical and Electronics Engineers.

Zheng, Ling, Xie, Tao & Liu, Geping. 2018. Affordances of Virtual Reality for Collaborative Learning. In International Joint Conference on Information, Media and Engineering, pp. 6 – 10. Osaka: The Institute of Electrical and Electronics Engineers.

Zheng, YuJie, Cheng, ILing & Chen, Nian-Shing. 2018. The Effect of 3D Electronic Board Game in Enhancing Elementary Students Learning Performance on Human Internal Organ. In International Joint Conference on Information, Media and Engineering, pp. 225 – 230. Osaka: The Institute of Electrical and Electronics Engineers.

Zhou, G. & Wang, G. 2017. Application and Thinking of Blended Teaching Mode in Modern Chinese. Proceedings of Sixth International Conference of Educational Innovation through Technology, Osaka, Japan, IEEE CPS: 238-241.

Zimmerman, B. J. 1986. Becoming a Self-regulated Learning. Contemporary Educational Psychology 11 (4): 307-313.

图书在版编目（CIP）数据

教育信息化：中国与日本的比较／李哲著. -- 北
京：社会科学文献出版社，2021.5
ISBN 978-7-5201-8360-4

Ⅰ.①教… Ⅱ.①李… Ⅲ.①教育工作-信息化-对
比研究-中国、日本 Ⅳ.①G43

中国版本图书馆 CIP 数据核字（2021）第 089160 号

教育信息化：中国与日本的比较

著　　者／李　哲

出 版 人／王利民
责任编辑／张小菲

出　　　版／社会科学文献出版社·群学出版分社（010）59366453
　　　　　　地址：北京市北三环中路甲 29 号院华龙大厦　邮编：100029
　　　　　　网址：www.ssap.com.cn
发　　　行／市场营销中心（010）59367081　59367083
印　　　装／三河市尚艺印装有限公司

规　　　格／开　本：787mm×1092mm　1/16
　　　　　　印　张：18.25　字　数：230 千字
版　　　次／2021 年 5 月第 1 版　2021 年 5 月第 1 次印刷
书　　　号／ISBN 978-7-5201-8360-4
定　　　价／128.00 元